《当代中国俄语名家学术文库》荣获

第二届中国出版政府奖图书提名奖
第三届中华优秀出版物奖图书提名奖

СЕРИЯ «ИЗБРАННЫЕ ТРУДЫ СОВРЕМЕННЫХ КИТАЙСКИХ РУСИСТОВ»

У И-И

吴贻翼集

黑龍江大學出版社

图书在版编目（CIP）数据

吴贻翼集：汉、俄 / 吴贻翼著 . —哈尔滨：黑龙江大学出版社，2007.12（2021.9 重印）
（当代中国俄语名家学术文库 / 王铭玉主编）
ISBN 978-7-81129-013-4

Ⅰ. 吴… Ⅱ . 吴… Ⅲ . 俄语－语法学－文集－汉、俄 Ⅳ . H354-53

中国版本图书馆 CIP 数据核字（2007）第 201773 号

吴贻翼集
WU YIYI JI
吴贻翼　著

责任编辑　靳铭吉
出版发行　黑龙江大学出版社
地　　址　哈尔滨市南岗区学府三道街 36 号
印　　刷　三河市春园印刷有限公司
开　　本　720 毫米 ×1000 毫米　1/16
印　　张　21.25
字　　数　337 千
版　　次　2007 年 12 月第 1 版
印　　次　2022 年 1 月第 2 次 印刷
书　　号　ISBN 978-7-81129-013-4
定　　价　68.00 元

《当代中国俄语名家学术文库》

编辑委员会

吴贻翼，男，1934年出生，江苏苏州人，教授，博士生导师。曾任北京大学俄罗斯语言文学系主任，中国俄语教学研究会常务理事、副会长。普希金奖章获得者。

吴贻翼教授长期从事俄语语法的教学和研究工作，尤以研究俄语句法见长。主要著作有《现代俄语句法学》、《现代俄语功能语法概要》、《现代俄语模型句法学》（合著）等。曾在中国、苏联/俄罗斯、美国及捷克斯洛伐克等国的学术刊物上发表论文七十多篇。

出版前言

中国的俄语教育从初始迄今，已走过了整整300年的历史。从清朝康熙年间理藩院开设的俄罗斯文馆（1708年）算起，先后经历了京师同文馆（1862年）、京师大学堂（1901年）、译学馆（1903年）等早期俄语教育时期，以及俄语专修科（1921年）、延安大学俄语系（1941年）、中央军委俄文学校（1942年）、延安外国语学院（1944年）、哈尔滨外国语专门学校（1946年）等建国前俄语教育时期。但中国俄语教育有计划、成规模的发展，主要还应归功于中华人民共和国建国后的60年。据不完全统计，到1951年全国共有36所大学设立俄语系科，另有俄语专科学校7所；到了21世纪，全国开设专业俄语的高校就有90余所，开设大学俄语的高校300余所，以北京外国语大学、上海外国语大学、黑龙江大学为中心的中国俄语教育体系正在发挥着越来越重要的作用。在这60年的时间里，中国造就了大批俄语专家学者，他们投身于俄语教学与研究之中，取得了辉煌的成就，可谓名家如云，群星璀璨。他们的名字在中国俄语界个个耳熟能详，有的还享誉中国外语界、语言学界，乃至国外俄语界。其主攻方向和学术成就俄语界同人大都能说出一二，但因种种原因，不少学者的成果或散见各处，或无暇集成。所以，要想系统地推介他们的学术成就，迫切需要搭建一个展台。

2007年8月，黑龙江大学出版社正式成立。成立之初，出版社就高瞻远瞩地担负起了一种历史的重任：梳理成果、审视学群，为一些推动中国俄语教育发展进程的学术名流树碑立传。由出版社总编辑李小娟策划，出版社会同黑龙江大学俄语学院、教育部人文社科重点研究基地——黑龙江大学俄语语言文学研究中心以及中国俄语教学研究会拟共同出版“当代中国俄语名家学术文库”，以填补中国俄语学界的一个空白，弘扬中国俄语学界著名学者的学术成果，力争为全国俄语学术研究尽绵薄之力。

黑龙江大学之所以始终如一厚待俄语教育、全力推动中国俄语事业的发展，正是秉承了始建于1941年的中国人民抗日军政大学第三分校俄文大队"服务国家"的光荣传统。黑龙江大学的俄语教育事业历经了中央军委俄文学校、延安外国语学校、哈尔滨外国语专门学校、哈尔滨外国语专科学校、哈尔滨外国语学院、黑龙江大学等阶段，至今已有66年的历程。目前，黑龙江大学俄语学科已成为中国高校俄语语言文学学科中历史最悠久、积淀最深厚、层次最齐全、队伍最坚实的学科之一，是对当今中俄战略协作伙伴关系和东北亚地区合作发展具有重大推动和建设性作用的学科。同时，俄语学科是黑龙江大学的创校学科，也是学校目前的龙头学科。2007年恰好是黑龙江大学俄语专业创办66周年，恰逢黑龙江大学出版社创立，并且十分明确地认定俄语学科是出版社应瞄准与支持的重点学科，可谓喜上加喜。

作为后学，作为当代学人，光大前辈的学术思想，我们义不容辞，责无旁贷。对其学术思想梳理出版，不仅是当下学术思想传播的需要，也是学术精华传承的需要，从某种意义上说，更是一种抢救人类非物质文化财富的学术义举。为了做好本文库名家的遴选以及丛书的出版工作，我们特邀国内同行专家共同组成文库编委会，根据老一辈学者在全国俄语界的贡献与影响，经全国俄语同行的提名推荐，首批入选了11名专家。他们均是新中国培养出来的俄语名家，数十年献身于中国俄语教学与科学研究，见证了俄语学科的兴衰更替。他们中间有为中国俄语事业作出重要贡献的学者型领导王福祥（北京外国语大学前校长）、赵云中（华东师范大学前副校长），有成果丰硕的语言学家华劭（黑龙江大学）、信德麟（北京外国语大学）、吴贻翼（北京大学）、倪波（上海外国语大学），有令人敬佩的中国资深翻译家李锡胤（黑龙江大学）、张会森（黑龙江大学）、俞约法（黑龙江大学），有奋斗在国防教育战线上的俄语专家丁昕（解放军外国语学院）、徐翁宇（解放军国际关系学院）。他们融入了历史，也创造了灿烂的俄语人生。

该文库由黑龙江大学王铭玉教授担任主编，由黑龙江大学俄语学院孙淑芳教授、黑龙江大学俄语语言文学研究中心黄忠廉教授、黑龙江大学《外语学刊》李洪儒编审等担任副主编，黑龙江大学黄忠廉教授、靳铭吉副研究员、李洪儒编审同黑龙江大学出版社编辑惠秀梅、赵颖一并担任文库责任编辑，吴丽坤、黄东晶、杨志欣、彭玉海、张春新、刘锟、李芳、张志军、张金忠等博士参与了校对工作。他们共同托出俄语界同人期待已久的 11 份精神大餐，使学术经典锦上添花。

在文库的出版过程中，得到了黑龙江大学国家级教学名师张家骅教授和邓军教授、俄罗斯专家 И. Б. 沙图诺夫斯基以及黑龙江大学俄语学院 И. А. 科切尔金娜、Т. А. 谢瓦斯季亚诺娃等外籍教师的悉心指导，使文库内容更加精当、准确，形式更加完美、统一。

我们相信，集名家一生学术财富的文库定能穿越时空，流芳后人。

王铭玉

2007 年 12 月

目　录

上编　现代俄语语法理论、句子结构及其模型

下编　现代俄语句法结构

СОДЕРЖАНИЕ

Часть I Грамматическая теория, структура предложения и его модель в современном русском языке

Часть II Синтаксические конструкции современного русского языка

上　编

现代俄语语法理论、句子结构及其模型

现代俄语句法学的发展及其研究对象

1 20 世纪初至 50 年代俄语句法学的研究

从 20 世纪初到 50 年代俄语句法的研究可以划分为三个时期：1. 十月革命前的时期（从 1900 年到 1917 年）；2. 1917 年到 30 年代初；3. 30 年代到 50 年代初。这三个时期是根据每个时期存在的俄国和苏联语法学家致力于解决的主要问题而划分的。

1.1 十月革命前的时期

在十月革命前的时期，俄语语法思想发展中的主要问题是学校语法与科学语法的相互关系问题。当时的学校语法是在概念混淆的基础上编写成的，因此它们只会给学生们带来思想混乱。显而易见，学校语法与科学语法之间的联系被割断了。

十月革命以前学校语法教科书中占统治地位的是布斯拉耶夫（Ф. И. Буслаев）在 19 世纪所创建的逻辑学派的观点。当时学校语法的基本特征是混淆语言与逻辑范畴。这种混淆首先表现在把语言中的句子与逻辑中的判断等同起来。布斯拉耶夫在《俄语历史语法》一书中指出："我们所判断的对象称为主语，针对该对象（主语）我们所思考的结果和作出的判断叫做谓语，主语和谓语合并在一起称做判断，用词表达出来的判断便是句子。"①其次，这种混淆表现在某些实质上并非省略的词在句中被"省略"的说法。他们认为现在时系词 есть 是被省略了的，是所谓"意念"中的系词。这样，思想和语言就分了家，似乎思想离开语言也可以存在。最后，由于混淆了语言范畴和逻辑范畴，在学校语法中把表达同一逻辑关系的语言形式等同起来，例如把形动词短语与不定形式短语看成是"简化的从句"等。

① Ф. И. Буслаев, Историческая грамматика русского языка. М., 1959, стр. 258.

学校语法的另一个典型特征是，对词类、句子次要成分和从句按意义进行分类。这些分类，特别是次要成分的分类，存在着严重的缺点。正如库兹涅佐夫（П. С. Кузнецов）指出的那样，次要成分的划分……只从意义差别出发，而这些意义差别又没有通过不同的语言材料表达出来，因此划分时往往因人而异，带有主观色彩①。

所谓"科学语法"的代表人物是波捷布尼亚（А. А. Потебня）和福尔图纳托夫（Ф. Ф. Фортунатов）等，尽管他们来自不同的语言派别，语言观点不同，但是他们之间存在着极其重要的相似点，即他们与逻辑学派对立，对逻辑与语言接近这一观点抱否定态度。

波捷布尼亚认为必须把语法与逻辑完全分开，提出了语法和逻辑的关系并不比其他任何一门科学更接近的重要论断。他在强调语法与逻辑区别的同时，却又否定了它们之间的联系，陷入了另一种片面性。但是，否认语法与逻辑的任何联系，并没有影响波捷布尼亚考虑语法范畴和思维范畴间的相互作用和相互联系。他在研究俄语历史句法学的过程中，根据俄语的实际情况总结出谓语，特别是名词性谓语的各种各样的语法形式。波捷布尼亚利用这一事实证明，把句子和判断笼统地套入一个逻辑公式中去是不合理的。这种混乱现象导致把句子和逻辑公式合二为一，取消了民族语言的特点，取消了活生生的表情色彩、主观-言语色彩及语法特点。波捷布尼亚明确指出："逻辑学派的语法学不能理解各种语言所具有的差异，因为被这种语法思想所强加于语言之上的逻辑范畴根本没有民族的差异。"②因此，作为语法研究对象的句子，要比全人类的逻辑判断形式具有多得多的民族语言的特色。这一番探讨正是波捷布尼亚在俄语历史句法学研究工作中最重大的成果之一。

福尔图纳托夫从形式主义的观点出发，对学校语法也提出了极为尖锐的批评。他否定了语法与逻辑的联系，指出了语法教科书的落后性，他说，这些教科书"基本上是模仿那些远在人类语言的科学研究出现以前问世的著作"③。

学校语法与"科学语法"之间的斗争以 1917 年十月革命前召开的全俄罗斯俄语教师第一次代表大会宣告结束。大会的决议明确指出："不

---

① П. С. Кузнецов, О принципах изучения грамматики. М., 1961, стр. 76.

② А. А. Потебня, Из записок по русской грамматике. М., 1959, стр. 69.

③ 伯恩斯坦：《介绍彼什可夫斯基的语法体系》，时代出版社 1959 年版，第 1 页。

容许阻挠中学里以形式语法的观点为基础的语法教学，这种观点是最符合语言科学的现状的。”[1]大会的决议确立了以福尔图纳托夫为代表的形式学派的观点在语法教学中的地位，也宣告了以逻辑学派为基础的学校语法的彻底失败。

1.2 1917 年到 30 年代初

十月革命以前，各种反对逻辑学派的派别与以逻辑学派为基础的学校语法之间的争论居于首位。但是，十月革命以后由于逻辑学派已被击溃，学校语法学中普遍采纳形式学派的观点，因此各种反对逻辑学派的派别之间的分歧逐渐上升为当时的主要矛盾。它们之间争论的焦点是意义与形式之间关系，即形式语法的实质。

在研究语法的过程中，经常会碰到语法范畴和语法形式的关系问题，也就是表示某种概括意义的语法范畴和表达这种意义的语法形式之间的关系问题。这个问题正是 20 年代各语法流派的代表们所争论的对象。当时存在着两种不同的观点。一种是以波捷布尼亚为代表的哈尔科夫学者所持的观点，他们对形式的看法是从结构-语义的角度来看的。波捷布尼亚十分重视形式，但是同时强调内容和形式的统一。他说：“在形式语言中，思维与语法形式永不会断绝联系：它脱离开一个形式，就必定同时创造另一个形式。”[2]他又指出形式在语言中不能孤立地存在。“实际上没有一个孤立的词，有的只是言语，词只有在言语中才有意义。脱离了联系，词就没有生命，不发生作用，不能显出它的词汇特点，更不用说语法特点了。”从以上叙述中可以看出波捷布尼亚对形式与内容统一的理解是很深刻的。但是，他也有其片面性。他从“形式即意义”这一论点出发，研究了由各种不同形式所表达的各种意义，认为在说话时形式“每次都有一个意义，说得确切一些，就是每次都有另一个形式”[3]。从而他得出了所有不同的意义都有不同的表现形式的错误结论。

波捷布尼亚学说中最有价值的结构-语义的观点却遭到了以福尔图纳托夫为首的形式学派的强烈反对，因为这种观点和形式学派的形态主义是相互对立的。福尔图纳托夫的形式学派只注意语言的外部形式，其

---

① Г. Т. Хухуни, Основные тенденции развития русской грамматической мысли первой половины XX века. Вопросы языкознания, 1981, №6.

② А. А. Потебня, Из записок по русской грамматике. М., 1959, стр. 50.

③ А. А. Потебня, Из записок по русской грамматике. М., 1959, стр. 43.

研究也只局限于语言的外部形式。他认为,“语法包括两部分:词法和句法。词法是从单个的词与其他词的关系的角度来分析单个的词的形式,而句法则从单个的词的形式在词组中的运用方面来研究单个的词的形式。”[①]他还认为,语法形式是“单个的词的形式……乃是指单个的词在说话者的意识中从自身分出一个词的形式部分与基本部分的能力”[②]。福尔图纳托夫对形式的理解很狭隘,仅以词的形态变化特征为其依据,而词的其他语法特征(词与其他词的关系、重音等)都一概排斥在外。此外,福尔图纳托夫将“词的形式”的概念与被他看做“形式部分”的唯一标志的词缀等同起来。按照这种理论,词不是内容与形式的辩证统一,而是两个并列单位,即“基本部分”与“形式部分”的几何组合。这样就形成了语言学中形式与内容在方法论上的脱节,也就是说,形成了语法学中的形式主义。

在这场争论中,由于福尔图纳托夫为首的形式学派是以对传统语法革新者——“新语法学派”的面貌出现的,又由于它博得了广泛的支持,特别是广大教师的支持,因此形式学派的观点风行一时,成了左右这场争论的主宰。

到 20 年代中期,形式学派的对立面波捷布尼亚学说在语言学界和教学界没有引起什么反响,渐渐就销声匿迹了。这时形式学派内部的分歧逐渐显露出来,并日趋尖锐,终于分裂成两派:温和的形式学派和极端的形式学派。前者以佩什科夫斯基(А. М. Пешковский)为代表,后者以彼得松(М. Н. Петерсон)为代表。佩什科夫斯基的早期著作是以福尔图纳托夫的学说为基础的,并试图调和波捷布尼亚与福尔图纳托夫学说间的分歧,使两个学说体系不致发生矛盾。尽管佩什科夫斯基在关于“词的形式”的定义中也谈到了词的意义,但他却错误地将词的意义和形式割裂开来。因此佩什科夫斯基的早期著作仍然是形式主义的。福尔图纳托夫的形式主义在彼得松的著作中更是变本加厉。彼得松在专门研究语法形式而完全不考虑其意义方面比福尔图纳托夫更严重。福尔图纳托夫对传统的词类学说有一定的怀疑,但还没有完全否认,而彼得松却根本否定了这种学说。福尔图纳托夫还多少设法将词组学说和句子学说联系起

① 伯恩斯坦:《介绍彼什可夫斯基的语法体系》,时代出版社 1959 年版,第 10 页。
② 伯恩斯坦:《介绍彼什可夫斯基的语法体系》,时代出版社 1959 年版,第 11 页。

来,而彼得松则认为完全不要句子学说,对句子采取全盘否定的态度。因此彼得松是福尔图纳托夫学派中极端形式主义的代表。

温和的形式主义和极端的形式主义都以维护福尔图纳托夫的学说为口号,并相互指责对方背离了福尔图纳托夫的学说。因此他们争论的焦点仍然是"什么是形式主义的实质"。

极端形式主义的出现造成了语法理论研究的危机。更为严重的是,他们这种观点给当时的语言教学带来了极大的困难。曾经拥护过形式学派观点的广大教师逐渐走向反对这一学派的立场。这一形势促使一些学者逐渐形成了一股反对福尔图纳托夫形式学派的力量。

1.3 30 年代到 50 年代初

从 20 世纪 30 年代起苏联语法学界开始了反对形式学派的斗争。当时反对形式学派的有两部分学者。一部分学者重新捡起了逻辑学派的观点。他们在再版布斯拉耶夫著作的前言中肯定了逻辑学派的体系,说:"形式主义者反对语言与思维统一、反对学校中科学的斗争,致使布斯拉耶夫教学法体系的原则失去了光辉……"[①]学校语法教科书也摒弃了形式学派的观点,又开始部分地采用逻辑学派的观点。这一反形式学派的流派由于得到不少教师的支持,力量还不算小。但是,时代在前进,语言在发展,陈旧的逻辑学派观点终究不能成为语法思想发展的主流。另一部分学者在反对形式学派斗争的过程中,开始探求一种新的语法思想,即结构-语义的观点。他们在波捷布尼亚曾经提到过的结构-语义观点的基础上,批判地继承了布斯拉耶夫、波捷布尼亚、福尔图纳托夫等学说中的合理因素,创建了辩证统一的结构-语义的观点。这一观点符合语法思想发展的趋向,随着时间的推移,得到了越来越多学者的支持,逐渐成为反对形式学派的中坚。

用结构-语义的观点来反对形式学派的是以谢尔巴(Л. В. Щерба)、沙赫马托夫(А. А. Шахматов)、维诺格拉多夫(В. В. Виноградов)为代表的学者。谢尔巴侧重在词法范围内与形式学派进行斗争。他严肃地批判了福尔图纳托夫仅以词的形态变化为依据划分词类的原则。沙赫马托夫虽然是福尔图纳托夫的学生,但是他在语法研究中摒弃了形式学派的

---

① Г. Т. Хухуни, Основные тенденции развития русской грамматической мысли первой половины XX века. Вопросы языкознания, 1981, №6.

方法论。他坚决反对以形态划分词类的原则，指出："按形态原则区别词类是经不起批判的。"[①]他认为，鉴别词类的主要依据不是形态上的特征，而是每个词类所具有的句法条件。此外，"还有更深刻的区分词类的根据——语义上的根据"[②]。

由于福尔图纳托夫把语法看做是论述"语言形式"的学说，因此他将句法学看做研究词与词组合成"词组"的学说。他认为句子只是词组的一种。"言语中凡是实词（不是虚词）与实词组合，具有完整含义者，不论它表示整个心理判断，抑或只表示判断的一部分，都称之为词组"[③]。这样就取消了词组与句子这两种不同结构范畴之间的差别。沙赫马托夫在认真分析语言材料的基础上提出了词组和句子是两个相关的句法单位的重要论断。他认为词组与句子是有差别的："在形式上，也就是语言外形上，句子具有语调，以区别于相应的、由同样一些词构成的不完整词组；在意义上，句子与不完整词组的区别，则在于句子是完整的思维单位。"[④]他又指出："句子是被说话人或听话人理解为一个语法整体的言语单位，是用词表达思维的单位。"[⑤]从中可以看出，沙赫马托夫把句子的概念与人的交际活动联系了起来。这一正确的观点反映在之后其他语法学家的一系列著作之中。当然，不能不指出，沙赫马托夫尽管把词组和句子看做两个句法单位，但是他却又受到福尔图纳托夫观点的影响，认为完整的词组（句子）乃是词组中的一种。

维诺格拉多夫不仅继承了俄国语法学家（其中特别是谢尔巴和沙赫马托夫）的一切优秀传统，而且创造性地发展了这一传统。他提出："每一个语法研究的基本对象都必须同时从形式和功能两方面来研究。"[⑥]这就使俄国和苏联的语法传统建立在结构和语义辩证统一的基础之上。因此，维诺格拉多夫的语法著作包含了俄语语法科学从18世纪中叶到20世纪中叶整整200年的历史。

维诺格拉多夫既充分肯定了谢尔巴和沙赫马托夫在划分词类方面所

---

① Г. Т. Хухуни, Основные тенденции развития русской грамматической мысли первой половины XX века. Вопросы языкознания, 1981, №6.

② А. А. Шахматов, Синтаксис русского языка. Л., 1941, стр. 427.

③ Ф. Ф. Фортунатов, Избранные труды. Т. Ⅱ. М., 1957, стр. 451.

④ А. А. Шахматов, Синтаксис русского языка. Л., 1941, стр. 274.

⑤ А. А. Шахматов, Синтаксис русского языка. Л., 1941, стр. 19.

⑥ В. В. Виноградов, Русский язык. М.-Л., 1947, стр. 8.

取得的成就，又明确指出了他们的严重缺点。维诺格拉多夫认为："词的分类应该是结构性的。它不能忽视词的结构中的任何一个方面。当然，词汇标准和语义标准（其中包括语音标准）应该起决定性作用。在词的语法结构中，词法特点与句法特点结合为有机的统一体。……因此，研究词的基本形态范畴时就不能脱离开句法体系。"[①]这就是说，词类的划分首先是根据它们的语义，而词类的语义是通过一定的语法特点体现出来的，因此划分词类时还必须考虑它们的语法特点，即词法特点和句法特点。

维诺格拉多夫认为句子在语法中占有特殊地位。他强调，除了词以外，句子是语法的中心概念，它是语言交际中基本的句法单位。他在批判福尔图纳托夫以词组为中心的句法学说的基础上，进一步发展了沙赫马托夫关于词组和句子是两个句法单位的观点，并提出，词组有别于具有交际功能的句子，是另一个句法单位。维诺格拉多夫还进一步指出词组与句子的关系，他说："词组只有在句子结构中，只有通过句子才能进入语言交际工具的体系。但是若把词组从句子中抽出来看，那么它作为句子的建筑材料，也像词一样，只能作为语言的称名手段，表示事物、现象、过程等。"[②]

维诺格拉多夫还从结构和语义两个方面对句子进行研究，他认为句子是形成、表达和传达思想的主要手段，是"语言交际中最小的完整单位"。词的组合如果不表达完整的思想，就不能起交际作用，就不能成为句子。此外，句子还必须具有述谓性和表述语调两个语法特征。述谓性是通过情态性、时间和人称三个句法范畴具体表示的。表述语调既是表达述谓性的重要手段，又是使句子区别于其他句法单位的重要特征之一。

总之，维诺格拉多夫的语法思想不但与语法中的形式主义尖锐对立，而且在与它斗争的过程中把俄国的传统语法推向了一个新阶段。他的这些思想主要体现在 1952—1954 年苏联科学院《俄语语法》（以后简称《54年语法》）之中，对当时和今后语法思想的发展都有着极其深远的影响。正如什韦多娃（Н. Ю. Шведова）所指出的那样："现代高等学校和中等学

① 维诺格拉多夫：《词的语法学说导论》，科学出版社 1960 年版，第 29 页。

② АН СССР, Грамматика русского языка. Т. Ⅱ, Ч. Ⅰ. М., 1954, стр. II.

校的俄语语法教学在很大程度上依赖于他的体系。”①

2 现代俄语句法学的研究对象

句法学是研究语言的句法结构的科学。语言的句法结构是指由词或句按照一定的语法规则组成的整体，它们有词组（словосочетание）②、句子（предложение）和超句子统一体（сверхфразовое единство）。词与词的组合既可构成词组，如 красное знамя，又可构成句子，如 Знамя красное. 而超句子统一体是由句与句组合而成的，是大于句子的句法单位，如 Развитие навыков овладения родным языком — это сложный процесс. Он включает，во-первых，постоянное обогащение словарного запаса учащихся；во-вторых，овладение нормами русского литературного языка и，в-третьих，формирование умений и навыков связного изложения мыслей в устной и письменной форме. 因此，句法学就是研究词组、句子和超句子统一体的科学。

词组、句子和超句子统一体有着本质的不同。从逻辑、语义的角度来看，词组的逻辑基础是概念，句子的逻辑基础是判断，而超句子统一体的逻辑基础则是思维的另一种结构单位“逻辑统一体”。因为一个思想并不总是同单个句子的界限相吻合。通常一个思想在一定的逻辑和句法联系的基础上，由一个句子转向另一个句子，构成逻辑统一体。从结构的角度来看，句子具有述谓性和语调两个基本特性，而词组则不具备这两个特征。超句子统一体在结构上由两个以上的句子组成，而且在这些句子之间有着特殊的联结手段，如连接词、具有地点或时间意义的副词或前置词-名词、谓语的时体、插入语、词序、代词、词汇重叠和语调等。

由此可见，词组、句子和超句子统一体都各有自己固有的特点，因此有必要把它们区别开来，分别加以研究。这样就形成了句法学的三个组成部分：一是词组学说，研究词组的本质、词组的界限、词组的结构、词组的类型等问题；二是句子学说，研究句子的本质和特征、句子的结构和类

---

① Н. Ю. Шведова，Грамматические труды академика В. В. Виноградова. // В. В. Виноградов Избранные труды. Исследования по русской грамматике. М.，1975.

② 维诺格拉多夫认为词组是个句法单位。对此作者不敢苟同。因为词和词组从逻辑角度来看，都具有同一个逻辑基础，即概念；从结构角度来看，不是每个词组都是句法的。因此从普通语言学的高度来看，词组不宜单独列为句法单位。这里暂按维诺格拉多夫的观点来写。

型、句子的成分、各种类型的复合句等问题；三是超句子统一体学说，研究超句子统一体的本质和特征、它的结构和类型、它与段落的关系等问题。

句法学既要研究静态的句法结构，又要研究动态的句法结构。这就是说，句法学既要从静态观点（статический аспект），又要从动态观点（динамический аспект）来对句法结构进行研究。静态观点认为，句法结构是不受上下文或语境影响的，在任何情况下都保持其固有形态的静态结构。持此观点的学者认为句子是述谓单位，它是由词和词形按照历史形成的规则构成的，它的构成与上下文或语境没有任何联系。动态观点认为，句法结构是与上下文或语境联系在一起的，它随着交际任务的不同而变化其形态，因此它是动态结构。无论是静态结构，还是动态结构，它们都是句法学研究的对象，因为语言是社会交际的工具，人们使用语言时，既要注意语法的正确性，又要注意使用的恰当性。语言的使用并不是语法上正确就行了，还受到语言习惯、语境、语体等多种因素的制约。因此，句法学不仅要对句法结构进行描写和分析，而且还要研究它们在交际使用上的问题。

现代俄语句法学是以现代标准俄语为其描写对象的。而现代标准俄语正经历着很大的变化。一般说来，语言具有较大的稳定性，其发展变化是比较缓慢的，但是社会性的政治变革，经济、文化、科学技术的发展，往往会加速语言的演变过程。现阶段俄语就是进入了这样一个相对迅速发展的阶段。大众化（демократизация）是现代俄语发展的一个重要特征。千百年来，标准语始终以书面语，特别是社会名流、作家的语言为其唯一依据。近几十年来，由于人民大众参与政治文化生活，由于无线电、电影、电视等的广泛使用，人民大众的语言、日常口语的地位和作用日益提高，逐渐取得了“标准语”的地位，并大量渗入书面语中。这一倾向已成为现代标准俄语发展的趋势。这种趋势充分体现在苏联科学院在两个不同时期编写的两部俄语语法中。《54 年语法》是以作为标准语的书面语为其描写对象的，而 1980 年的《俄语语法》（以后简称《80 年语法》）却把现代标准俄语的两种基本形式，即书面语和口语作为其描写对象。因此现代俄语句法学必须是研究现代标准俄语的句法结构的科学，也就是研究现代标准俄语中书面语和口语两种形式的句法结构的科学。

3 苏联科学院1954年《俄语语法》和1980年《俄语语法》

十月革命后苏联科学院编写了两部语法:一部是以维诺格拉多夫为首编写的《54年语法》,另一部是什韦多娃主编的《80年语法》。

《54年语法》是一部描写-规范语法,它在总结前人研究俄语语法科学所取得的成果基础上,系统地阐述了标准俄语中语法结构的规则。它对语法结构规则的描写是以俄国和苏联传统语法的语法思想为主导的。所谓俄国和苏联的传统语法是指以谢尔巴、沙赫马托夫、维诺格拉多夫为代表的语法学家在波捷布尼亚提出的结构-语义观点的基础上,批判地继承布斯拉耶夫的逻辑学派、福尔图纳托夫的形式学派等学说中的合理因素,创建的以结构-语义观点为主导的语法体系。特别值得一提的是维诺格拉多夫,他不仅继承了俄国语法学家的一切优秀传统,而且加以发展,使传统语法建立在结构和语义、形式和内容辩证统一的基础之上。《54年语法》具体体现传统语法的语法思想有:

(1)作为语言结构的语法是一个有组织、有条理的多层次体系。体系中的每一层次不仅是相对独立的分系,而且与其他层次有着紧密的联系。每一层次又可划分出若干语言单位;这些语言单位都是作为整体的一个部分进入这个体系的,与层次内和层次间的其他语言单位互相联系。低一级的语言单位按照一定的规则组成高一级的语言单位,而高一级的语言单位又可分解为低一级的语言单位。因此,作为一个体系的语法存在着层次内部的各种不同关系以及层次间的相互关系。

(2)任何语言单位都是外部结构与其内在的内容、功能有机结合起来的。正如维诺格拉多夫所指出的:"每一个语法研究的基本对象都必须同时从形式和功能两方面来研究。"[①]因此,在语法描写上结构和语义必须相互联系在一起。

(3)任何句法结构都是独立的,不受上下文或语境制约的静态结构。它的属性只能由其内部——它的纯形态组织所表达,例如句子是个述谓单位,它是由词和词形按照一定的规则构成的,它的构成与上下文或语境没有任何联系。因此除了对句子本身进行分析外,就没有必要对句子以外的上下文或语境再进行什么分析了。

---

① В. В. Виноградов, Русский язык. М.-Л., 1947, стр. 8.

（4）在描写方法上是从形式到意义，也就是从语法单位的外部形式出发进行分类，然后对这些单位进行多方面的描写，揭示其内在的语法意义。这一方法既可保证对语法单位有顺序、有系统的研究，又可避免把语法意义与其他意义相互混淆。

《54 年语法》不仅对语言理论的研究，而且对实践语言的教学都起了极其重要的作用。但是，它在保持俄国和苏联语法传统的同时，却明显地脱离了当时语法科学发展的水平。它的各章之间以及各章与理论性导论，特别是维诺格拉多夫所写的第二卷的导论之间，反映出来的对语法科学的研究水平是极不平衡的。其中不少章节写于 40 年代，甚至 30 年代。因此，随着时间的推移，它越来越不符合时代的要求。

鉴于上述原因，苏联科学院俄语研究所于 1963 年组成了新科学院语法的编写组。1966 年出版了什韦多娃主编的该语法的编写原则《现代标准俄语描写语法的编写原则》[①]，并在这基础上试编了 1970 年的《现代标准俄语语法》（以后简称《70 年语法》）。这部语法仅被认为是 80 年苏联科学院语法的一个准备阶段，它属于理论上的探求，因此，仅供语言学家们讨论和研究。尽管这部语法引起了国内外语言界的争论，但是它仅起理论试验阶段的作用，为正式编写《80 年语法》作了准备。

《80 年语法》是在总结《54 年语法》、《70 年语法》的基础上编写的。它是以俄国和苏联传统语法为基础，反映现代语言科学的一部新型的描写-规范语法。它既继承了俄国和苏联语法科学的优秀传统，充分体现了传统语法的语法思想，又反映了当前苏联语法科学发展的水平，特别是反映了苏联语法学家在构词法和句法方面为语言学所作的贡献。

从 50 年代到 80 年代，苏联语法学界对俄语句法的研究进入了一个新阶段。他们一方面开始以交际观点、功能观点来研究俄语的句法结构，从而突破了俄国和苏联的传统句法在研究对象（句子的静态结构、单个句子等）、研究方法（从形式到内容）等方面的局限；另一方面，持有传统语法思想的学者对句法的研究也有了新的进展。他们不仅探索用句子结构模式这种新形式描写句子的形态组织，而且还开始从句子形态组织的研究转向对其语义结构的研究。《80 年语法》句法部分主要反映了后一

---

① Институт русского языка АН СССР, Основы построения описательной грамматики современного русского литературного языка. М., 1966.

方面研究中所取得的成果。当然,在某些部分也吸取了前一方面和国外语言学研究的成果,如实义切分的理论、聚合关系在句子中的体现、多层次分析法等。

《80 年语法》与《54 年语法》一样既面向语言学家和语法学家,又把广大对俄语感兴趣的读者作为自己的对象。因此它一方面不可避免地使用一些语法术语,并用科学语体来进行阐述,另一方面又尽量避免使用太专的术语,叙述也尽可能地通俗。

4 20 世纪 50 年代至 80 年代苏联对俄语句法学的研究

这 30 多年苏联语言学界对俄语句法的研究进展较快,进入了一个新的阶段。

长期以来,苏联语言学界一直是以传统观点(结构观点,即静态观点)来研究句法的。他们在这方面的研究比较深入、比较系统,并建立了较为完整的科学体系。从 50 年代起苏联语言学界着重把语言当作交际工具来研究。语言是社会的产物,是人们进行交际、交流思想的工具。因此他们主张把语言作为一种社会现象来研究,强调语言的社会交际功能。这一观点影响了语法学界。不少语法学家开始从交际观点和功能观点来研究俄语句法,从而突破了俄国和苏联的传统句法在研究对象(句子的静态结构、单个的句子等)、研究方法(从形式到内容)等方面的局限。

以交际观点来研究句子的实际意义,也就是揭示句子在相应的连贯言语(上下文或语境)中的直接的、具体的意义,称之为实义切分。苏联语法学家拉斯波波夫(И. П. Распопов)、科夫图诺娃(И. И. Ковтунова)等对句子的实义切分作了很多研究,并初步揭示了句子交际组织的类型以及它们的词序和句重音变化的规律。他们还将其研究成果编入了苏联科学院《70 年语法》和《80 年语法》之中。他们认为,同一形态组织的句子由于交际任务的不同,由于上下文或语境的不同就会有不同的结构、不同的意义。同一形态组织的句子在意义和结构上的差异往往表现在词序和句重音的各种变化上。由此可见,句子的结构不是静态的,而是动态的。对于句子实义切分的研究维诺格拉多夫早在 50 年代就作了肯定,他说:“值得注意的是,已经有人尝试摆脱赤裸裸的形式-逻辑的窠臼来研究这类语法现象了。”“研究这些问题,对于更深刻地理解俄语的表情手段(其中包括词序)无疑是有很大帮助的。”①

在苏联从交际观点来研究大于句子的句法单位——超句子统一体(又称复杂句法整体)是从40年代末开始的。但是在50年代和60年代这方面的研究进展不大。到70年代初,由于话语语言学在世界各国已发展成为一门独立的学科,苏联对超句子统一体的研究才取得了较为明显的进展。波斯佩洛夫(Н. С. Поспелов)等语法学家初步揭示了超句子统一体的本质、地位和结构、语义上的特点。他们认为,超句子统一体是大于句子的结构-语义的统一体,它由两个以上的句子构成,是具有结构上完整性和意义独立性的一段话语。在结构上,超句子统一体以联系手段把独立的句子联结成一个整体;在意义上,它具有自己特殊的小主题,统一体中每个句子都是为揭示小主题而联结在一起的。换言之,超句子统一体就是有着共同小主题的句子的总和。尽管研究超句子统一体的历史还很短,但是,对它的研究已经打破了传统语法把研究局限在句子范围之内的框框。

语言的基本功能是交际。从功能观点研究俄语句法,就是要揭示各种语言单位在交际过程中所表示的句法功能。苏联语法学家佐洛托娃(Г. А. Золотова)在这方面很有研究。在1973年出版的《俄语功能句法概要》一书中,她不同意把功能与意义等同起来的观点。她认为,形式-功能-意义三者组成一个三角形,因此功能有别于意义。佐洛托娃又“从句法的交际功能出发,把句法单位的功能确定为它们在构成句子这个交际单位中所起的作用。因此,功能表现为句法单位与交际单位的关系”②,她提出了各种句法单位的三种基本的句法功能:第一句法功能是独立话语的功能;第二句法功能是话语构成部分的功能;第三句法功能是话语构成部分中的从属部分的功能。她又进一步指出,任何一个句法单位(词形、词组或句子)在交际过程中都有这三种功能:或起着独立交际单位的作用(第一功能),或具有交际单位中构成部分的作用(第二功能),或起着交际单位中构成部分的扩展成分的作用(第三功能)。由此可见,佐洛托娃的功能句法基本上是属于结构性的。

苏联语法学家邦达尔科(А. В. Бондарко)对功能语法的看法是在继

① АН СССР, Грамматика русского языка. Т. Ⅱ, Ч. Ⅰ. М., 1954, стр. 91.

② Г. А. Золотова, Очерк функционального синтаксиса русского языка. М., 1973, стр. 9.

承和发扬谢尔巴关于"消极语法"和"积极语法"的基础上提出来的。他在《功能语法的原则和体学问题》一书中指出:"在我们看来,功能语法不能只局限于以积极语法为基础的原则——'从内容到形式表达手段'。从形式到内容的方向是任何一部语法(其中包括功能语法)所必须的,因为语法的体系性统一是靠它来维持的。""因此功能语法包括的不仅是语法的积极观点,而且也是语法的消极观点。这时这两种观点都包括在'手段-功能'两个方面必须联系的原则之中。"[①]他认为,我们理解他人的话时,其过程是从形式到内容,即从手段到功能;如果我们表达思想,其过程则是从内容到形式,从功能到手段,因此这两个原则相互联系,相辅相成,它们构成功能语法的体系性统一。由此可见,邦达尔科的功能语法观点反映了理解和表达两种言语活动的过程。

此外,不少语法学家认为,功能语法应着重研究通过什么样的手段来表达一定的意念,即从功能到手段,也就是从内容到形式。在这30多年里苏联编写了不少给外国学生用的语言教材和语法教材,其中大多数是采用这种功能观点,即"从功能到手段"的原则编写的。这符合思维表达的过程。因为人们在交际过程中先要对要说的话有个想法,然后再寻找恰当的语言形式来表达所要说的意思。

无论是从交际观点,还是从功能观点来研究句法,都是把语言当做交际工具来研究。这不仅填补了俄国和苏联传统语法在这方面的空白,而且也是对俄语语法思想的发展。尽管在研究过程中存在着这样或那样的问题,对很多问题阐述得还很不充分,但是它符合语法思想的发展趋向,有着极其强大的生命力。

在这30多年里,苏联语法学界一方面以交际观点、功能观点来研究句法,另一方面以静态观点对句法进行研究,并有了新的进展。持这一观点的学者不仅探索用句子结构模式这种新形式来描写句子的形态组织,而且还开始从对句子形式的研究转向对其内容——句子语义的研究。

句子结构模式是由造句所必需的最低限度构成部分组成的抽象的样板。苏联语法学界对句子结构模式的研究是从60年代开始的。由于结构模式是建立在对句子抽象的不同层次的基础上,因此存在着两种不同

① А. В. Бондарко, Принципы функциональной грамматики и вопросы аспектологии. Л., 1983, стр. 33.

的观点。一种是以什韦多娃为代表的。她认为句子结构模式是作为最低限度述谓单位的形态组织。她说:“简单句是报导的独立句法单位,这一单位的语法意义是述谓性,其形式则是最低限度的结构模式。”①这种结构模式是由体现述谓性的主要成分组成的,它们是模式所必需的构成部分。模式的扩展成分都被排斥在模式的结构之外。因此,什韦多娃的句子模式只是具有语法完整性的非扩展结构。以最低限度述谓单位为界限的结构模式对句子的描写是在传统语法的基础上发展起来的。正如什韦多娃所指出的那样,她的结构模式“起源于俄语传统语法对非扩展句的界限以及句子和词组的相互关系的理解”②。另一种观点是以阿鲁秋诺娃(Н. Д. Арутюнова)、洛姆捷夫(Т. П. Ломтев)、佐洛托娃等为代表的。他们把“语义上独立的界限”、“实现称名功能的界限”看做是划分最低限度句子的标准。因此句子结构模式是最低限度的称名单位。他们又进一步指出,作为称名单位的句子结构是由句子的语义核心(述谓语)和与述谓语发生关系的表示事物的构成部分(事物名词)组成的。所谓事物的构成部分就是事件的参加者,即行为的主体、客体等。它们与述谓语处在一定的关系之中。由此可见,这种结构模式不仅是述谓单位的形态组织,而且也是句子的语义组织。它既具有语法上的完整性,又具有内容上的独立性。因此有人把这种结构模式称之为“扩展的结构模式”。

尽管句子的结构模式是以传统语法的静态结构为描写对象的,但是,它的出现反过来对传统语法的句子成分学说,特别是次要成分的学说起了一定的冲击作用。这主要因为结构模式中的构成部分是按词法形态组成的,体现模式时只要根据要求填入所需要的词法形态就能构成句子。因此,在句子结构模式中句子成分的地位就不像过去那样重要了。

除简单句的结构模式外,别洛沙普科娃(В. А. Белошапкова)等还致力于复合句结构模式的研究。别洛沙普科娃认为:“简单句是由一定形态的词组成的,因此简单句公式可归结为对其述谓核心的词法性质的表示”;“而复合句是由按照简单句公式建造的述谓单位或它们在上下文中的等价物组成的,因此复合句公式必须在其组成中反映述谓单位组合的

---

① АН СССР, Грамматика современного русского литературного языка. М., 1970, стр. 544.

② Н. Ю. Шведова, Спорные вопросы описания структурных схем простого предложения и его парадигм. Вопросы языкознания, 1973, №4.

规则”①。但是，众所周知，复合句是句子内部复杂程度最高的单位，在简单符号表示的结构模式中要反映出各种类型复合句的基本特征，其困难是可想而知的。因此，至今尚未见到比较完整的复合句结构模式的材料。

苏联语法学家在研究句子形态的同时，还对句子的语义结构、构成句子意义的因素等方面进行研究。有些语法学家，如苏联的波格丹诺夫、捷克的阿达梅茨（П. Адамец）等认为，句子是赋予事件、情景称名的单位，而述体对于称名情景来说是最重要的称名，因为它不仅指出主体在一定时间、情态范围内所具有的特征，而且还决定这一特征参加者之间的作用分配。这就在述体周围建起一个使必需词汇自然卷入的配价场（валентное поле）。他们把述体看做句子整个情景的潜在负荷者，因此他们的语义结构是以述体为中心的。还有些语法学家，如阿鲁秋诺娃等，他们主张以语义结构的基本成素（主体、述体和客体）之间的逻辑关系为基础。尽管他们的观点各有差异，但是他们之间有共同之点，即双方都认为，对言语交际过程来说，具有决定意义的不是句子的结构特征，而首先是句子所表达的意义，即句子的语义结构。换句话说，句子的语义结构与其结构模式的关系是：前者是第一性的，后者是第二性的，是由前者派生的。

与上述观点相对立的是什韦多娃的观点。尽管她在句子语义结构中明确规定了客体范畴的存在，但是在结构模式的目录表中却没有列出表示客体的补语。这就是说，类似 Я встретил его 的句子只能归结为 N_1—V_f的结构模式，即归到 Я встретил 的句子类型中去。因此什韦多娃的语义结构就其与结构模式的关系来说，后者起决定作用，而前者从属于后者，甚至使前者适应，迁就后者。

无论是句子形态上的抽象（句子的结构模式），还是语义上的抽象（句子的语义结构），它们的描写对象都是不受语境影响和制约的句子的静态结构。因此对这两方面的研究属于以传统语法为基础的静态观点的进一步发展。

① В. А. Белошапкова, О понятии «формула предложения» на уровне синтаксиса сложного предложения. //Единицы разных уровней грамматического строя языка и их взаимодействие. М., 1969.

试谈苏联科学院《现代标准俄语语法》中的限定语

一

维诺格拉多夫在《54 年语法》中指出：有些次要成分是说明一个词的，有些是说明整个句子的，如…В селе за рекою Потух огонек. 他认为："前置词后面的间接格形式，与其说是依附于对它们不发生支配作用的动词，还不如说是依附于表示具体处所意义的前置词。"他又接着说："带前置词的结构，不但可以和表示运动或表示居留的动词、各种名词及形容词搭配，而且可以与整个句子发生关系。"①维诺格拉多夫这一观点为不少语言学家所接受。什韦多娃在 1964 年《用做句子独立扩展成分的限定客体和限定状语》一文中，对维诺格拉多夫这一观点加以发挥，并首次把这种语言单位称之为限定语②。随后，在《70 年语法》中，什韦多娃对限定语进一步加以论述，并把它与句子结构模式联系起来，成为她句子结构模式理论中的一个组成部分③。她指出，作为最低限度述谓单位的句子结构模式是以非扩展句为基础的，是由主要成分构成的。一切扩展模式的词形，即传统语法中的次要成分，都被排斥在模式之外。她又把扩展结构模式的扩展成分分成扩展词语（присловные）和限定语两类。前者与句中的个别词语发生关系，而后者与整个句子发生关系。她就是以这两种扩展成分代替和取消了传统语法中的次要成分。什韦多娃还把限定语的概念应用于主从复合句。她认为："带有疏状意义的从属句经常起限

---

① АН СССР, Грамматика русского языка. Т. Ⅰ, Ч. Ⅱ. М., 1954, стр. 29－30.

② Н. Ю. Шведова, Детерминирующий объект и детерминирующее обстоятельство как самостоятельные распространители предложения. Вопросы языкознания, 1964, №6.

③ АН СССР, Грамматика современного русского литературного языка. М., 1970, стр. 624－633.

定语的功能。”[①]《70 年语法》复合句部分的作者别洛沙普科娃在继承双部结构复合句和单部结构复合句的看法的基础上，又接受了什韦多娃关于限定语的观点。她把主从复合句分成从属部分说明主要部分某一成分的和说明整个主要部分的两类。前者包括代词对应句和扩展词语句，后者包括限定语句和关联延伸句[②]。由此可见，什韦多娃关于限定语的观点不仅是她简单句结构模式理论中的组成部分，而且也是《70 年语法》主从复合句体系中的一个重要环节。

什么是限定语？什韦多娃认为：“有的词形可以进入句子作为其扩展成分，但它在形式上不与扩展这一模式的任何词形发生联系。……这种与整个句子发生关系的、有独立性的扩展成分叫做限定语。”[③]从这一定义中可以清楚地看出，限定语“不与扩展这一模式的任何词形发生联系”，而“与整个句子发生关系”。换言之，限定语不是扩展句中的词的，不是与词组合成词组，而是与整个句子发生关系，是扩展整个句子的。例如 Дом отдыха находится на берегу моря 和 В Москве ожидается тёплая погода. 前一句中的 на берегу моря 是与表示坐落意义的动词 находится 发生关系，与它组合成一个词组，表示一个统一的但又可分解的概念。后一句中的 в Москве ожидаестя“在语义上是偶然的”，不是“系统的预示联系”[④]，因为 ожидается 不具有坐落意义。因此 в Москве 不是说明 ожидается 的，而是说明整个句子的，起着指示地点背景的作用，是限定语。

什韦多娃在《70 年语法》中又指出了限定语的语法特征。它们是：

(1)限定语可用带前置词或不带前置词的间接格、副词或副动词等表示。“这些词形在词的联系体系中可用做支配关系(通常是弱支配关系)或静词性的附加关系。但是远非所有受弱支配关系支配的词形或附

---

① АН СССР, Грамматика современного русского литературного языка. М., 1970, стр. 625.

② АН СССР, Грамматика современного русского литературного языка. М., 1970, стр. 682 – 683.

③ АН СССР, Грамматика современного русского литературного языка. М., 1970, стр. 624.

④ АН СССР, Грамматика современного русского литературного языка. М., 1970, стр. 631.

加关系的词形都能起限定语作用,因为限定语的范围比较窄。”①这就是说,只是有些用做弱支配关系或静词性附加关系的词形可以起限定语作用,例如 Для любителя он хорошо поёт 中的 для любителя 就是什韦多娃认为的弱支配关系。любителя 与其说是依附于对它不发生支配作用的动词 поёт,还不如说是依附于前置词 для,与 для 组合成带前置词的结构,用来扩展整个句子。又如 На заводе выписывают более ста названий газет 中的 на заводе 是静词性附加关系,在句中用做地点意义的疏状限定语,与整个句子发生关系。《70 年语法》还指出,静词性附加关系不同于弱支配关系,它不具有对象意义,而具有像副词或形容词那样所起的限定意义②。

(2)限定语位于句首或直接依附于句子的主要成分。对双部句来说,限定语或依附于主语–谓语部分,或依附于其中一个主要成分。例如 На таком грунте трудно показать высокие результаты 和 Высокие результаты на таком грунте показать трудно.

(3)同一限定语可以与不同的句子结构模式搭配,例如 В городе ожидается приезд гостей; В городе масса народа; В городе есть чему поучиться; В городе никого не найти; В городе тишина 等。

(4)同一限定语可以与同一句子的各种形式(变体)搭配,如 В городе тишина; В городе была тишина; В городе была бы тишина 等。

什韦多娃又指出,限定语可以从报导的那件事情发生在哪些具体情况方面和从感受或经受某事的人或事物方面来对句子加以说明③。因此限定语根据其表示的意义可分为疏状限定语和主、客体限定语两类。

疏状限定语具有 10 种意义:①地点;②时间;③因果;④目的;⑤条件和让步;⑥行为方法;⑦符合或不符合;⑧包括或排除;⑨比较;⑩限制、确切和伴随。这些限定语除⑦⑧和⑩外,与传统语法中的状语基本相似。而⑦⑧和⑩却与传统语法中的补语相近,如符合或不符合的限定语用带前置词 по, согласно, соответственно 的第三格表示:По проекту здесь

---

① АН СССР, Грамматика современного русского литературного языка. М., 1970, стр. 625.

② АН СССР, Грамматика современного русского литературного языка. М., 1970, стр. 516.

③ АН СССР, Грамматика современного русского литературного языка. М., 1970, стр. 624.

будет завод; Согласно программе объем товарооборота возрастает 等。包括或排除的限定语用带前置词 в числе, помимо, кроме, из 的第二格或带前置词 на, включая, исключая 的第四格表示：Кроме машин завод выпускает предметы быта; Пришли все, включая стариков 等。限制、确切和伴随的限定语用副词或副词词组，不带前置词的第五格，带前置词 в масштабах, с точки зрения, в отношении, вместо, с, вместе с 等的间接格表示：Первым в цехе он получил почетное звание ударника; В масштабах всей страны это дело кажется маленьким; Вместе с выполнением плана растёт уверенность в успехе 等。

主、客体限定语表示与句中报导的那件事发生关系的事物，即感受的主体、状态的具有者、描述的事物、领受者等。什韦多娃在《70 年语法》中指出，这类限定语的“主体和客体意义经常汇合在一起，不能分割”[①]。但是她在 1973 年的《关于限定语的争论》一文中发展了自己的看法，把这类限定语明确地分成主体限定语和客体限定语，并对它们的特点进一步加以论述[②]。

什韦多娃在该文中提出了主体语境和非主体语境。“主体语境就是指与语境的存在相联系的人或事，它或与语境发生关系，或产生语境，或与语境有直接外部、内在的关联，还可能是语境具有者。”[③]不具有这个特征的就是非主体语境。具有主体语境的句子可能有一个或两个主体。例如 Ногам холодно 表示状态语境，ногам 是状态的具有者，是主体$_1$（Sub_1）。因此这个句子是一个主体的语境。Отъехав с полверсты, мне стало холодно ногам 表示存在主体状态的语境，мне 是主体$_2$（Sub_2）[④]，所以这是两个主体的语境。又如：Нет времени 表示缺乏什么的语境，времени 就是该语境的主体，即 Sub_1。У студента нет времени 是两个主体的，студент 是 Sub_2，是缺乏时间的语境的具有者。从这两个例子中可以看出，在只有一个主体语境的句子里，有的主体是限定语，而有的是结

① АН СССР, Грамматика современного русского литертурного языка. М., 1970, стр. 629.

② Н. Ю. Шведова, К спорам о детерминантах. Филологические науки, 1973, №5.

③ Н. Ю. Шведова, К спорам о детерминантах. Филологические науки, 1973, №5.

④ 在《关于限定语的争论》一文的第 71 页上，什韦多娃指出，在 Мне стало холодно ногам 句中 холодно ногам 是第二主体。在该文的第 72 页上又指出，这个句子的第二主体是 мне。显然，第二种说法是正确的，第一种说法可能是作者的笔误。

构模式的构成部分。什韦多娃明确指出，在具有状态语境和过程语境（在这种语境中过程在结构模式上不被看做是与行为发出者相联系的）意义的句子中，主体是由限定语表示的，如 Praed, Praed Inf, Vf3s, Vf3s Inf, Inf, Inf neg Praed, Есть Adv Inf 等结构模式，因为它们是不包括主体意义的构成部分的单部结构模式。而 Neg Gen（Нет времени），N_1 — N_1（Мать — учительница）等结构模式不表示状态或过程语境，而且在这些结构模式里都包括主体意义的构成部分，因此这类句子的第一主体不是由限定语表示的。

在只有一个主体的句子中，主体限定语由第三格、с + 第五格、для + 第二格、у + 第二格等表示：Старику идти не к кому; С женщиной плохо; Для больного здесь шумно; У старика идти не к кому 等。

在有两个主体的句子里，第一主体或用主体限定语，或用具有主体意义的模式的构成部分表示。第二主体通常用限定语表示。大致有以下几种情况：

（1）状态的语境。第二主体是状态的具有者，可用第三格、у + 第二格、для + 第二格、с + 第五格的限定语表示：Тебе руку больно; Для писателя необходимо знание людей; С больной случился обморок 等。

（2）存在或缺乏某一事物的语境。第二主体是事物的具有者或不具有者，可用第三格、у + 第二格、для + 第二格的限定语表示，如果表示具有的事物是非物质性的，可用 за + 第五格的限定语表示，如 Мне нет никого родней тебя; У следователя недостаточно улик; За ним — авторитет, годы работы, слава, а у меня что?

（3）过程的语境。实际行为的发出者是第二主体，而第一主体在结构模式上处在行为发出者的位置，但在语义上却是行为的对象。第二主体用第三格、у + 第二格、с + 第五格、между + 第五格、со стороны + 第二格等限定语表示：Нам этот процесс мыслится иначе; Между ожидающими прошел слух, что… Со стороны профсоюза последовал протест 等。

（4）独立的诉述语境。实际语境的具有者是第一主体。第二主体是与语境有内在关系者、语境的感受或评价者等。可用第三格、для + 第二格、у + 第二格、в глазах（кого）等限定语表示：У него внук в школу ходит; Для нее комсомол — это вся жизнь; Я понял, что я дитя в ее глазах 等。

什韦多娃在《关于限定语的争论》一文中还指出，客体限定语表示这样的人或事，即主体语境受谁无意地制约，依赖什么来实现，为谁或什么而扩展。客体限定语不受结构模式的限制，可用第三格、для + 第二格、относительно + 第二格、в смысле + 第二格等表示：Отсев вузу не планируется; Относительно жилья нет ясности; В смысле работы он не очень-то ретив 等。

什韦多娃认为，疏状限定语与主、客体限定语的区别在于：前者对整个句子的扩展不是必需的，而是任意的，给句子增加一些补充意思；后者虽然不是句子结构模式中的构成部分，但是它是"句子语义结构中基本的、主要的范畴"，所以从语义上来说，不能把它"排除在句子的最简单的'语义公式'之外"[①]。

从上面列举的材料中可以看出，什韦多娃对疏状限定语，主、客体限定语作了详细的论述。但是在实践中要对这三种限定语加以区别是十分困难的，其中特别是主、客体限定语，正如她自己所指出的那样，"主体和客体意义经常汇合在一起，不能分割"[②]。

二

最近认真学习了什韦多娃关于限定语的论述，觉得她的观点很有道理，应该充分肯定。因为在俄语中确定存在着或与个别词语，或与整个句子发生关系的两种不同的扩展成分。但是，同时也感到在她的论述中某些地方道理还不够充分，还存在着一些矛盾。因此谈一点极不成熟的想法，供大家参考。

2.1 关于限定语和扩展词语之间的界限

什韦多娃认为，限定语不是说明词的，不是与词组合成词组，而是说明整个句子的。这说明了她竭力要把限定语从词组的范围中划分出来，而进入到句子的范围。但是，有时她却又把限定语放到了词组的范围里去。这就出现了自相矛盾的情况。例如她在《用做句子独立扩展成分的

---

① Н. Ю. Шведова, К спорам о детерминантах. Филологические науки, 1973, №5, стр. 75.

② АН СССР, Грамматика современного русского литературного языка. М., 1970, стр. 629.

限定客体和限定状语》一文中谈道,限定语是"依赖于双成分的随意联系的简单词组结构"①。众所周知,词组是表示实词与实词的关系的。这就不能不使人产生疑问:限定语到底是扩展词的,还是扩展句的?又如在《70年语法》中她认为,限定语"在词的联系体系中可用做支配联系(通常是弱支配联系)或静词性的附加联系"②。支配联系和附加联系都是词与词之间主从联系的两种类型。既然限定语是扩展整句的,怎么又能与句中的某些词构成支配联系和附加联系呢?再如《70年语法》中列举了两个限定语的例子:В городе ожидается приезд гостей. В Москву ожидается приезд зарубежных гостей. 前一句中的 в городе 不与 ожидается 发生关系,而与整个句子发生关系,因此是具有地点意义的疏状限定语。但是后一句中的 в Москву 是 приезд 所要求的,并与它构成词组。所以 в Москву 是扩展 приезд 这个词的,不是限定语。什韦多娃却把这两种完全不同的语言现象都列在限定语中,这就混淆和违背了她自己规定的扩展词语与限定语的界限。

2.2 限定语是扩展整句的,还是扩展句中述谓核心的

在这个问题上苏联语言学家们有分歧。有的认为,疏状限定语不是与整个句子发生关系,而是与句中的述谓核心发生关系。他们说,如果把句中的其他扩展成分都去掉,只保留疏状限定语,那就会发现限定语与句中述谓核心的联系。什韦多娃在《关于限定语的争论》一文中批驳了上述观点。她指出:"只要我们扩展这个核心,同时保留限定语,就能证明,限定语是把其状语意义转向句子的整个组成的。"③值得提出的是,什韦多娃对这个问题的看法也是前后不一致的。她1964年的文章认为:"限定状语在表现述谓特征的条件和性质方面说明句中的述谓核心。"④这不正是她自己后来批驳的那个观点吗?

事实上,在实际语言中很难划分清楚疏状限定语,特别是地点和时间

---

① Н. Ю. Шведова, Детерминирующий объект и детерминирующее обстоятельство как самостоятельные распространители предложения. Вопросы языкознания, 1964, №6. стр. 80.

② АН СССР, Грамматика современного русского литературного языка. М., 1970, стр. 625.

③ Н. Ю. Шведова, К спорам о детерминантах. Филологические науки, 1973, №5. стр. 68.

④ Н. Ю. Шведова, К спорам о детерминантах. Филологические науки, 1973, №5. стр. 81.

的疏状限定语究竟是扩展整句的，还是扩展述谓核心的。就连什韦多娃本人列举的地点疏状限定语的例句中也存在两种不同的情况：

（1）扩展整句倾向比较明显，如 От Советского Союза сильный соперник немецкого спортсмена-москвич К; С формальных позиций безынициативный работник неуязвим 等。

（2）扩展句中述谓核心的倾向比较明显，如 Со стороны сада раздаются голоса; По всему лесу растут грибы 等。

这两种情况的区别在于：前一种情况中限定语与句中的词所属的词类范畴之间并没有直接的语法依附关系，依附程度几乎等于零，根本觉察不出来，所以它们是扩展整句的，给整句加以某方面的限制；后一种情况中限定语与句中的词所属的词类范畴之间有着语法依附联系，因为这些动词都有某种程度的运动或处所意义，需要给予地点上的限制，因此它们与句中谓语发生关系的倾向要比与整句发生关系的倾向更为明显。

但是，这两种情况在具体的句子里有时是很难划分清楚的，很可能是兼而有之。因此，要明确地回答关于限定语扩展整句还是扩展述谓核心的问题，还有待于语言学家们进一步探讨研究。

2.3《70 年语法》中限定语的内容庞杂

如果从它们在句中的功能和作用来看，可分为三种不同的类型：

（1）有一些限定语虽然在语法上不是作为述谓单位的句子结构模式的构成部分，但是在语义上是句子表达思想所必需的，是句子语义结构中的组成部分，如 Больному плохо; Старому мастеру без учеников как без рук; Матери понравилась картина; Шинель была ему не по росту; С этим делом совсем худо; С женщиной обморок 等。如果把句中的限定语删掉，句子就无法表达思想。

（2）有一些限定语虽然不是语义结构中的组成部分，不是句子表达思想所必需的，但是它们是句子语义上的条件。如果把它们删掉，句子在语义上就显得不够完整，如 Для родителей ты опять мальчишка; Без глубокой идеологической работы партии невозможны были бы победы китайского народа 等。

（3）还有一些限定语是对整个句子的意义进行补充，因此它们不是句子语义结构中的组成部分，不是句子思想完整性所需要的，而是可有可无的，任意的，如 В честь юбиляра был устроен банкет; Мы в юности часто мечтали о полетах на другие планеты 等。如果把句中的限定语删掉,通常不影响整个句子意义的完整。

什韦多娃把这三种不同功能和作用的扩展成分都归到了限定语里,这就必然使限定语的内容十分庞杂,给人一种混乱之感。

2.4 关于主要成分和次要成分问题

《70 年语法》认为:"主要成分属于句子结构模式的范畴,其他以各种方法扩展模式的词形和模式的构成无关,所以不能作为'次要成分'和主要成分对立。"[①]这就是说,《70 年语法》在采用主要成分这一术语的同时,却取消了次要成分的名称。众所周知,主要和次要是矛盾的双方,它们互相依存,互相对立。既然没有次要,哪里还有主要?由此可见,什韦多娃的这一做法是值得商榷的。

由于水平有限,对什韦多娃提出的限定语研究得很不够,缺点、错误在所难免,请批评指正。

---

① АН СССР, Грамматика современного русского литературного языка. М., 1970, стр. 546.

句子及其特征

1 句子的概念

对句子的看法有些语言学家和语法学家只看到判断和句子相联系的一面，片面地把两者等同起来，例如布斯拉耶夫《俄语历史语法》一书中指出，句子是“用词表达出来的判断”①。另一些语言学家只强调两者区别的一面，从而全面否定它们之间的联系，例如波捷布尼亚认为：“语法中的句子与逻辑的判断完全不同，而且也不是平行的。”②这两种观点都是片面的。

众所周知，判断是肯定或否定客观事物具有某种属性的思维形式，例如在“任何基础都有与其相适应的上层建筑”这个判断中，肯定了任何基础都有某种上层建筑的属性。又如在“上层建筑不是和生产直接联系的”这个判断中，否定了上层建筑和生产直接联系这一属性。因此，客观事物或具有某种属性，或不具有某种属性，思维就用判断这种形式把它反映出来。而思维与语言是相互依存、密切相关的。它们之间存在着有机联系，但是又有本质差别。这种辩证关系也同样表现在作为语言单位的句子和作为思维形式的判断的相互关系中。

在交际中思维的表达离不开语言，因此判断的表达也要用语言句子的形式。由此可见，句子是判断的语言外壳，判断是句子的逻辑内容。例如Наша страна прекрасна. Он никогда не приходит вовремя. 从思维形式的角度来看，是两个判断；从语言单位的角度来看，是两个句子。判断和句子两者辩证地结合在一个统一体中。

判断和句子除了有相对应的一面以外，还有其不相对应的一面。首

① Ф. И. Буслаев, Историческая грамматика русского языка. М., 1959, стр. 258.

② А. А. Потебня, Из записок по русской грамматике. М., 1958, стр. 68.

先，不是任何句子都表示判断。语言中的陈述句总是肯定或否定什么，因此它包含判断。而语言中的疑问句 Сколько сейчас времени？ 和祈使句 Принесите стакан воды！ 都不包含判断，因为它们既不肯定什么，又不否定什么。

其次，同一个判断，即使在同一种语言中也可用不同的句子形式表达，例如 Я нездоров. Мне нездоровится.

最后，从构成上看，判断和句子也是有时对应，有时不对应。判断总是由两个成分组成：主词和述词，例如 Птица летит；Орел — хищник 等。而句子就不同了，既可以是双部的，有主语和谓语两个主要成分；也可以是单部的，只有一个主要成分，例如 Светает；Морозит；Морозно；Молнией убило человека；Тишина 等。按照沙赫马托夫的话来说，"这个按意义来讲适应于主词和述词的结合体的句子成分，我们管它叫主要成分，单部句的主要成分。因此在单部句中，'表述'（即判断——作者注）本身所具有的那种可分析性没有词面上的表现。"①

尽管判断和句子有着密切的联系，但是它们之间并没有绝对的对应关系。这主要因为它们属于两个完全不同的范畴。判断是思维形式，是逻辑学研究的对象，是属于逻辑范畴的。句子是语言单位，是语法学研究的对象，是属于语言范畴的。逻辑思维的形式和规律是全人类共同的，而语言都有显著的民族特点。因此，同一个判断在不同的语言中以不同的形式表达。正如维诺格拉多夫所说的，"判断是一个逻辑结构，具有全人类的性质。而句子是按照某一种具体的全民语或某一群亲族语的独特规则构成的，它服从于这些语言的内部发展规律"②。

到底什么是句子？维诺格拉多夫认为："句子是按着某种语言的规律获得语法形式的完整的言语单位，是形成、表达和传达思想的主要手段。"句子是"交际的基本形式"，是"语言交际中最小的完整单位"③。"述谓性与表述语调是句子的主要语法特征。"④

句子是按照语法规则组织起来的。所谓按照语法规则组织起来，是指句子中的词不是任意结合在一起的，例如 веселый，он，вернуться 这三

---

① АН СССР，Грамматика русского языка. Т. Ⅰ，Ч. Ⅱ. М.，1954，стр. 72.

② АН СССР，Грамматика русского языка. Т. Ⅰ，Ч. Ⅱ. М.，1954，стр. 69.

③ АН СССР，Грамматика русского языка. Т. Ⅰ，Ч. Ⅱ. М.，1954，стр. 65.

④ АН СССР，Грамматика русского языка. Т. Ⅰ，Ч. Ⅱ. М.，1954，стр. 76.

个词，如果不按语法关系组合，就不能构成句子，只是表示单个概念的词。如果把这些词按语法规则组织起来，就成了句子，如 Он вернулся веселым.

句子是语言中最小的完整交际单位。词的组合如果不表达完整的思想，就不能起交际作用，就不能成为句子。但是，句子表达的思想完整性是相对的。因为一个句子，即使很长，也不可能把人们复杂多样的思想一下子都表达出来。

句子还必须具有述谓性和表述语调两个语法特征。述谓性是指说话内容与现实中情景的关系。任何一个句子都表示说话内容与客观现实中情景之间的关系。因此述谓性是区别句子与其他语言单位的主要特征。述谓性具体表现在情态性和时间两个句法范畴之中，也就是说，述谓性是通过这两个句法范畴具体化的。

情态性是指说话者对句子内容和现实中情景的关系所持的态度。说话者可以认为某一事件、某一现象在现实中存在或不存在、可以祈求或假设它们的存在，可以认为它们可能、应该、必须存在，等等，这些都是不同句子可能有的情态性。例如：Сын работает.（肯定存在）Сын не работает.（否定存在）Сын работает?（对存在表示疑问）Сын работал бы, ...（假设存在）Работал бы сын!（希望存在）Пусть сын работает!（祈求存在）等等。这些句子涉及的是同一个人，同一个行为，但是它们是不同的句子，有着不同的情态性，反映了说话者不同的态度。

情态性主要通过句法方式（синтаксические наклонения）来表示的。句法方式可分为：(1)具有现实意义的句法陈述方式，如 Сын учится; Сын учился; Сын будет учиться 等。(2)具有非现实意义的句法非现实方式，如假定方式 Сын учился бы, ... 应该方式 Сын учись... 愿望方式 Учился бы сын! 祈使方式 Пусть сын учится!

与情态性这个范畴有着密切联系，并使述谓性具体化的另一个句法范畴是句子的时间范畴。任何句子所述的内容总是和时间紧密联系着的。句子的时间是指句子所述的事情发生、进行、完成的时间，主要通过句法时间（синтаксическое время）表示。句法时间可分为现在、过去、将来三种时间，如 Сын работает; Ночь темна. / Сын работал; Ночь была темна. / Сын будет работать; Ночь будет темна 等。此外，句法现在时还可表示将来时或过去时，句法过去时也可表示将来时，如 Завтра я еду;

Сегодня ещё студент, завтра я инженер! — Иду я вчера по улице, вдруг … — До свидания, я пошел 等。

表述语调既是表达述谓性的重要手段,又是把句子区别于其他句法单位的重要特征之一。词或词的组合在没有进入句子之前是无所谓语调的,例如 сюда 作为一个单词时,没有什么语调。但当它成为句子,表达完整的思想时,就有了语调;而且根据它作为句子表达的意义的不同,可带有与意义相应的不同的语调,如 Сюда! Скорее!（祈使语调）Куда надо положить? Сюда?（疑问语调）Да, сюда.（陈述语调）

2 句子研究中的结构观点和交际观点

上世纪60年代初,苏联语言学界在对现代俄语句子的研究中除了结构观点(конструктивный аспект)外,还出现了一种新的观点,即交际观点(коммуникативный аспект)。前者主要来源于俄国和苏联的语法传统,后者是受捷克布拉格学派马泰休斯(В. Матезиус)的影响而形成的。结构观点(又称静态观点)把句子看成独立的,静止的,结构上完整的句法单位。它是不受语境影响的,在任何情况下都保持其固有形态的静态结构。而交际观点(又称动态观点)却认为,句子是话语的一个部分,也就是说,句子存在于连贯言语之中,持有这种观点的学者把句子看成是受语境影响的交际组织,它随着交际任务的变化而变化其形态,所以它是动态结构。例如 Иван Иванович приехал 这个句子,从形态方面来看,它具有述谓核心,是由两个相互联系的必需的成素组成的,即名词第一格表示的主语和动词变位形式表示的谓语。又如 Рабочие строят дом 和 Дом строится рабочими 两个句子,都是由名词第一格加动词变位形式构成。从这些句子的形态方面来看,它们是完整的,静止的,不受语境影响的,因此,除了对句子的本身的组织进行分析外,就没有必要对句子以外的语境进行什么分析了。这就是结构的观点。如果把 Иван Иванович приехал 这个句子放在一定的语境或上下文中,它就不可能是静止的了,对这个句子来说,语境可以归结为以下三个问题:①Что слышно об Иване Ивановиче? ②Кто приехал? ③Что нового? 第一个问题表示,提问者想知道 Иван Иванович 发生了什么事情,因此回答时词序应是 Иван Иванович приехал, приехал 上有句重音。第二个问题表示,提问者已经知道有人来了,但不知道是谁。回答这个问题的词序应是 Приехал Иван Иванович，句重音在 Иван Иванович 上。第三个问题不是对句子的个别方面提问，而是对整个事情、整个报导提出问题，回答的词序和句重音都与第一个问题的回答一样。上述三个问题的回答只适用于修辞中性的情况下。如果在具有表情色彩的言语中，则回答的词序恰好相反，句重音的位置也随之而变化。如：

① — Что слышно об Иван Ивановиче?

— Приéхал Иван Иванович.

② — Кто приехал?

— Иван Ивáнович приехал.

③ — Что нового?

— Иван Ивáнович приехал.

从上面所讲的情况可以看出，用同一形态的句子回答上述问题时，其词序和句重音随着问题的不同而有所变化。因此，句子的动态结构是由产生交际任务的语境所决定的，它具有不依赖于句子形态的独立性。这就是交际观点对句子的看法。

对句子的研究所以会出现两种不同的观点，其根本原因在于句子本身就存在着静态和动态两种不同的结构。语言学家们各自以不同的对象为其研究的基础。有的侧重研究句子的静态结构，有的以句子的动态结构为其研究对象。这样就形成了两种不同的观点。

这两种观点是从不同的方面，也就是从结构方面和交际方面对句子进行的研究，因此它们不是相互矛盾的，而是相辅相成、互为补充的。无论是句法理论的研究，还是实践语言的教学，句子静态结构和动态结构都是两个不可分割的方面。缺少其中任何一方都是不可能的。

3 句子的形态组织、语义组织和交际组织

在现代句法科学中句子是个复杂的现象，它的结构有三个方面：形态组织（формальная организация）、语义组织（смысловая организация）和交际组织（коммуникативная организация）。它们可概括为符号与符号之间的形式关系；符号与符号所指对象的关系；符号与符号使用者的关系。后两种组织虽然都对句子的意义进行描写，但是它们互不相同。语义组织描写句子的认知意义，是不受语境或上下文影响的意义。交际组织也描写句子的意义，但那是言语使用上的意义，也就是在语境或上下文

中才能确定的意义。总之,这三种组织是从三个不同的角度对句子进行描写。它们各成体系,互不相同。但是,它们之间又有联系,相辅相成,互为补充。由此可见,句子是三个相对独立的体系的综合体。其中任何一个方面都是句法科学研究的专门对象。

句子的静态结构,如果从形态角度来概括,就是句子的形态组织。例如 N_1— V_f(静词第一格+动词变位形式)等。这一组织在任何情况下都始终保持其固有的形态,对句子的语境或上下文没有任何反应。句子的动态结构就是句子的交际组织。这种组织能够对言语中句子的语境或上下文作出反应,因此句子依赖于使这种组织得以实现的交际任务,进入语境或上下文。

除了这两种组织外,句子还有另一种语义组织。句子的静态结构如果从语义角度来概括,就是句子的语义组织,例如 Иван Иванович приехал 的语义组织由名词第一格表示的行为发出者和动词变位形式表示的积极、有目的的行为组成。

句子的形态组织和其语义组织是有联系的。通常是句子的语义组织决定其形态组织,因为辩证唯物主义认为,内容决定形式。但是,具体句子的形态组织与其语义组织的关系往往不是一对一的。同一个语义组织可能有若干个形态组织与之相对应,例如表示主体与其存在关系的语义组织,既可能用 N_1的形态组织(Тишина 等)表示,又可能用 N_1— V_f的形态组织(Стоит тишина 等)表示。而同一个形态组织也可能有若干个语义组织与之相对应,例如形态组织 N_1— V_f既可能表示行为发出者与积极、有目的的行为之间的关系(Птицы улетели 等),又可能表示状态主体与其状态之间的关系(Ребёнок спит 等)。

句子的语义组织与交际组织也有联系。因为作为交际单位的句子,其意思的组成不仅依赖于语义组织,而且还取决于交际组织。这就是说,作为语言交际单位的句子的意思不可能仅仅依赖于组成语义组织的成素而确定,还必须把这些成素安放在线性序列之中,并使整句具有一定的语调。试比较:Пальто — на вешалке. /На вешалке — пальто. 这两个句子在交际上的差别是与其不同的语义组织联系在一起的:前者为空间句,后者为存在句。这恰好说明句子的语义组织与其交际组织是有联系的。

句子组织的三个不同方面既有联系,又有区别。由于它们是从三个不同的角度对句子进行概括,是三种截然不同的组织,因此它们的区别是必然的。其区别首先表现在三种组织切分的成素不相对应上。形态组织从结构上可切分为主语和谓语,它们都是句子述谓性的承担者,它们是相互依存、相互制约的:谓语决定主语必须用第一格形式,而主语又决定谓语必须与它保持性、数、人称一致。它们之间是协调一致的关系。主语和谓语的位置是不固定的,可前可后的。语义组织从语义上可切分为主体和述体。主体是言语的对象,它是由名词化成素表示的述谓特征的具有者。这就是说,主体除必须由事物意义名词化成素表示外,没有其他形态的要求。述体是对主体的叙述,是述谓特征的体现,即指出主体在一定的时间和情态范围内所具有的特征(行为、状态、性质或关系)。它们之间可概括为被说明者与说明者的关系。主体和述体的位置通常是固定的,即主体在前,述体在后。交际组织可实义切分为主位和述位。主位在句中起承上启下的作用,它是表述的出发点,通常表示已经知道的或是从语境中能猜测出来的内容。述位是句子交际功能的主要承担者,它表示的是说话者所要告诉给听者的内容,点明这句话的目的所在,是句子意义的中心,是对主位有关内容的叙述。述位是表述的中心,因为有所未知,才需要表述。因此任何句子中都不可能没有述位,而主位则可以有,也可以省略。主位和述位的表达手段是语调和词序。在修辞上中性的表述中,词序的排列是主位在前,述位在后;在富有感情色彩的表述中,则述位在前,主位在后。但是,不管词序如何,句重音总是落在述位上。由此可见,主语、主体、主位与谓语、述体、述位都各有它们自己的内涵和体系。因此它们之间的不相对应是必然的。当然,有时也可遇到它们之间对应的情况。这只是借助于一定的词序和语调而形成的,通常不是因为它们“本身”的因素,绝不是因为主语、谓语是表示主体、述体或主位、述位所特有的语法形式。

三种组织的区别还表现在它们的结构不相对应上。形态组织的双部句可能是语义组织和交际组织的单成素句,例如 Идет дождь;Дует ветер 等句子,从形态组织来看是双成素的;但是,从语义组织和交际组织来看却是单成素的。两个形态上的成分组成语义组织的一个成素,即表示自然界状态的述体。因为报导同样的语义可用单成素句,如 Дождливо;Дождит;Ветрено 等。从交际组织来看它们是不可切分的,因为它们与报导整个事件的交际任务(Что случилось?)相适应,整个句子构成一个述位。反之,形态组织的单部句可能是语义组织和交际组织的双成素句,

例如 Ему нездоровится；С ней обморок 等句子，从形态组织来看是单成素的，而从语义组织和交际组织来看，则两句都有主体、述体和主位、述位。

总之，尽管句子结构的三个不同方面之间存在着联系，但是，由于这三个不同方面都具有相对独立性，因此它们之间不相对应的情况在现实中是经常存在的。

俄语句子的形态组织及其结构模式

1 句子的形态组织

俄国和苏联的传统语法认为,句子是独立的、自足的,它所有的特性都来自句子的内部。它不受上下文或语境的影响,是在任何情况下都保持其固有形态的静态结构。例如 Иван Иванович приехал 的句子,从结构或形态的角度来看,它具有述谓核心,是由两个相互联系的必需成素组成的,即名词第一格表示的主语和动词变位形式表示的谓语。从这个句子的形态方面来看,它是完整的。这就是说,除了句子结构本身以外,就没有必要去分析和考虑其他什么因素。这就是句子的形态组织。

形态组织以各成素之间在形态上的区别为依据可切分为主要成分和次要成分两类。凡进入句子述谓核心的是句子的主要成分;否则,就是次要成分。用这一标准来划分,主要成分和次要成分的界限十分清楚,泾渭分明。这是应该肯定的。但是,这一标准也有不足之处:只着眼于句子形态上的因素,忽视了句子语义上的因素。例如有些只有主要成分的非扩展句:Он лишился; Он очутился; Квартира состоит; Не курят; Продают. Лихорадит; Дремлется 等。句子虽然形态上是完整的,但是一般无法使用,其原因在于这些句子语义上不完整,需要加上所谓的“次要成分”来补充其语义的不足。由此可见,这些“次要成分”也是句子表达完整思想所必需的。

传统句法在双部句中根据其形态上的特点把主要成分分为主语和谓语。它们相互依存,相互制约:主语依赖于决定它必须用第一格形式的谓语,主语又决定谓语必须与它性、数和人称一致。它们之间是协调一致的关系。

传统句法对主语的划分只着眼于形态,这样必然会产生一些不可解决的矛盾。例如有些“次要成分”尽管和主要成分一样具有行为或状态主体的意义，是述谓特征的具有者，但是由于它们在形态上是间接格形式，因此不是主要成分。试比较：Сад цветет. — Саду цвести. Старушка спит. — Старушке спится. Больной температурит. — Больного лихорадит. 传统句法对谓语的划分还比较成功，因为它在语义上是述谓特征的体现者，在结构上是受主语制约的。

大多数的语法学家认为单部句只有一个主要成分。它不同于双部句中的主要成分——主语和谓语。主语和谓语是两个相互对应的语法范畴。有主语就有谓语，有谓语就有主语，它们相互依存，矛盾地统一在双部句中。单部句却不然，它只有一个主要成分。这一说法很难自圆其说。在俄语中所谓主要成分是指主语和谓语，除此之外，怎么又出现一个既非主语，也非谓语的"主要成分"呢？

次要成分是对主要成分的扩展。它可分为定语、补语和状语。很多语法学家认为，尽管主要成分的划分还存在着这样或那样的问题，但是与次要成分相比还可以算是比较成功的。这就是说，次要成分的划分存在着严重的缺陷，主要是没有严格的划分标准。维诺格拉多夫说得好，"生硬地规定句子次要成分的三个范畴，把丰富多彩的句中词的结构联系固定在三者之中，势必造成句子结构的人为公式化，而且往往不合语法原则。因此，关于句子次要成分的传统学说，应该彻底重新考虑。"①

传统语法对句子的形态组织可从不同的角度进行分类：

(1)按有无次要成分可分为非扩展句和扩展句。

(2)按有无省略成分可分为完全句和不完全句。

(3)按说话目的可分为陈述句、疑问句、祈使句和感叹句。这一分类法有其优点，可以把所有的句子都囊括进去。但是也有其不足之处，主要表现在这四类句子不是从一个角度划分的。陈述句、祈使句和感叹句是从表达情态意义的不同类型划分的。而疑问句却与众不同，它不是一种表达情态意义的类型。

(4)按主要成分的组成可分为双部句和单部句。单部句又可分为确定人称句、不定人称句、泛指人称句、无人称句、不定形式句、主格句和属格句(例如 Народу! Цветов, цветов!)七类。这些类型是从不同的角度划分的。主格句、属格句和不定形式句是从结构的角度，即从主要成分形

---

① АН СССР, Грамматика русского языка. Т. Ⅱ, Ч. Ⅰ. М., 1954, стр. 96 – 97.

态的角度划分的。而确定人称句、不定人称句、泛指人称句和无人称句主要是从逻辑-语义的角度划分的。作为思维范畴的确定（определенность）和不定（неопределенность），是逻辑-语义的标志。这些句子中的确定和不定的意义体现在行为脱离其行为发出者的各种不同的程度上。当然，在划分时也对其形态有所考虑。总之，分类的标准不一致，这不能不说是个严重的缺点。

综上所述，句子的形态组织重视语言结构或形态的本身，这是值得肯定的。当然，也有其缺陷：只着眼于结构或形态的因素，忽视句子语义上的因素。

2《俄语语法》中的简单句结构模式

苏联科学院《80 年语法》是在总结《54 年语法》、《70 年语法》的基础上编写的。它是以俄国和苏联传统语法为基础，反映现代语言科学的一部新型的描写-规范语法。它既继承了俄国和苏联语法科学的优秀传统，又反映了当前苏联语法科学发展的水平，特别是反映了苏联语法学家在构词学和句法学方面对语言学所作的贡献。

本文试图对《80 年语法》句法的简单句部分作些扼要的介绍。

2.1 从 50 年代初到 70 年代末，苏联语法学界对俄语句子的研究进入了一个新阶段。在这 20 多年中他们一方面开始以交际观点、功能观点来研究俄语的句子，从而突破了俄国和苏联的传统句法在研究对象（句子的静态结构、单个的句子等）、研究方法（从形式到内容）等方面的局限；另一方面，持有传统语法思想的学者对句子的研究也有了新的进展，他们不仅探索用句子结构模式这种新形式来描写句子的形态组织，而且还开始从对句子形态组织的研究转向对其语义结构的研究。《80 年语法》主要反映了后一方面研究中所取得的成果。当然，在某些章节它也吸取了前一方面研究的成果，如实义切分的理论等。

《70 年语法》和《80 年语法》对句子形态组织的描写采用了句子结构模式这种新形式。所谓句子结构模式就是由造句所必需的最低限度成素组成的抽象的样板。它的出现不仅符合各种不同语言学派对语言规则公式化、句子结构模式化的要求，而且也满足句法学的实际应用，特别是语言教学、机器翻译等的需要。

《70 年语法》和《80 年语法》虽然都描写了句子结构模式，但是后者对模式的描写比前者更进了一步。在描写的内容上,《70年语法》对模式进行了六个方面的描写:①用什么词类的什么形式作模式的成素;②在双部结构的模式里各成素间的关系;③模式所具有的语法意义,即述谓性;④模式的聚合体(парадигма);⑤模式的体现(реализация);⑥模式的词序。而《80年语法》除了对以上六个方面描写外,还对模式的语义、语义结构进行了描写;并且把结构模式、聚合体、正规体现(регулярная реализация)、语义结构和词序变化有机地结合起来,构成一个句子结构模式的语法体系。在描写方法上,《70年语法》虽然也采用了区分不同程度语法抽象的分析方法,但是它还没有形成一套完整的方法。而《80年语法》采用了一整套从抽象到具体、从形式到意义的多级分析的方法。它首先把句子分解出各种不同抽象程度的形式和意义方面的成素,然后从最抽象的句子形态组织出发,逐级进行分析和描写,最后深入到较为具体的语义结构和词序变化,从而把句子这个句法单位的特征从各个方面充分地揭示出来。因此,《80年语法》对结构模式的描写无论在广度上,还是在深度上都比《70年语法》来得广和深。

2.1.1 结构模式

《80年语法》把具体的句子抽象为结构模式。它认为:"简单句的述谓核心(结构模式)是具有自身形态组织和语言意义的句法样板,按照它可以构成独立的非扩展句"。"每个作为语法单位的简单句都具有述谓核心,也就是按照某一抽象的样板所构成的。"[①]这就是说,《80年语法》把结构模式与述谓核心等同起来。因此,它的结构模式是以最低限度的述谓单位为其界限的。

《80年语法》又指出:"构成句子述谓核心……的词形叫做句子述谓核心或结构的成素。在句子中这些成素就是它的主要成分,即它的述谓核心。"换言之,句子的主要成分就是组成结构模式或述谓核心的必需的成素。所以《80年语法》的主要成分既包括传统语法中双部句的主语和谓语、单部句的主要成分,又包括传统语法中的某些"次要成分"和不能作为句子成分的语气词 ни,例如 Видно следы; Наготовлено запасов; Нет времени; Ни звука 等句型都是双成素的模式,也就是说,在这样的模式里有着体现述谓核心的两个主要成分。这一看法比《70年语法》更

① АН СССР, Русская грамматика. Т. Ⅱ. М., 1980, стр. 85.

为明确。《70年语法》一方面认为主要成分就是模式的成素，但是另一方面它又接受了传统语法的主要成分学说，认为双部结构模式是由主语和谓语两个主要成分构成的，而单部结构模式由一个既不是主语，又不是谓语的主要成分构成。这样一来，对有些单部结构模式，如 Gen（Neg）V_{f3s}（Дел хватает）；Нет Gen（Нет времени）等，《70年语法》就无法自圆其说。因为在这些模式中它认为的主要成分只有一个，即 V_{f3s} 或 Нет，而 Gen 不是它所谓的主要成分，但又是它模式中的必需成素。这不就自相矛盾了吗？从上面所谈的情况可以看出，《80年语法》与传统语法、《70年语法》尽管都用同一个术语——主要成分，但是它们对于这个术语的内涵都各有自己的理解。

《80年语法》认为模式的数目有限，可以全部列举详述。它总共列了68个模式，其中非疑问句47个，疑问句21个。在非疑问句中又分双成素句22个，单成素句9个，成语结构句16个。

双成素句模式中，变位动词句有3个模式（例如主谓句 Лес шумит，非主谓句 Воды убывает 等）；非变位动词句有19个模式。这种类型的模式又可分为：词汇上不受限制的成素句14个模式（例如主谓句 Отец — учитель；Ребёнок послушный；Отец на работе 等，非主谓句 Можно ехать；Видно следы 等）；词汇上受限制的成素句5个模式（例如 Нет времени；Ни звука 等）。

在单成素的模式中，变位动词句有2个模式（例如 Светает；Стучат），非变位动词句有7个模式（例如名词型 Тишина；Народу！动词不定形式型 Молчать 等；副词型 Холодно；Закрыто 等）。

成语结构模式又可分成：带连接词的2个（例如 Люди как люди. Нет чтобы помолчать），带前置词的2个（例如 Праздник не в праздник），带语气词的2个（例如 Вот голос так голос！），带感叹词的3个（例如 Ай да молодец！），带有代词的7个（例如 Всем пирогам пирог！Что за характер！）。

从上面谈的情况可以看出，《80年语法》所列的具体模式与《70年语法》有所不同，主要表现在：①由于这两部语法对主要成分各有不同的理解，因此在分类上也相应地有所不同。《70年语法》按传统语法的单部句和双部句把模式分成单部结构模式和双部结构模式，而《80年语法》却按组成模式成素的数量分成单成素句和双成素句。所以《70年语法》中的一些单部结构模式(例如 Adv_{quant} Gen, Нет Gen, (Gen) V_{f3s}, Praed Inf 等)却在《80 年语法》中被归为双成素句。②对《70 年语法》所列的模式作了一些调整。例如扩充某些模式,《70 年语法》中的模式 N_1— N_1 在《80 年语法》中扩充为 4 个模式:N_1— N_1, N_1— Adj_1 полн. ф., N_1— Adj_1 кратк. ф., N_1— $Part_1$ кратк. ф. 等。又如删减个别模式,《70 年语法》中的模式 N_1 чтобы Inf 在《80 年语法》中被删掉。再如合并某些模式,《80 年语法》把《70 年语法》中的 N_1— Adv (N_2…) 和 N_1 это Adv 两个模式并成一个模式 N_1— N_2… или Adv 等。此外,还增加某些模式,如 Никакого N_2; N_2/ N_4 等。③成语结构模式在《70 年语法》中只有 6 个,而且分属于双部结构模式和单部结构模式之中,而《80 年语法》认为这类结构模式通常不是单成素的,而且有些可以分解,有些则不能,所以单独把它划成一类为妥。这类模式在《80 年语法》中数量上也有增加,共有 16 个。其中有些《70 年语法》认为不是成语结构模式,如 Inf так Inf, Есть Adv Inf 等。还有些,如 Только и разговоров, что… Нет чтобы помолчать 等,纯属《80 年语法》增加的。

总之,《80 年语法》在所列的模式上与《70 年语法》相比较,不仅在数量上有所增加,分类上有所变化,而且还对一些模式作了必要的调整。总的说来,前者的模式比后者的更加合理,更加完善。

2.1.2 聚合体

20 世纪初瑞士语言学家索绪尔(Ф. де Соссюр)在《普通语言学教程》中详细阐述了句段关系(синтагматическое отношение)和联想关系(ассоциативное отношение),即聚合关系(парадигматическое отношение)①。前者是指构成线性序列的语言要素之间横的关系,后者是指在同一结构中占据同一位置具有同一作用的语言要素之间纵的关系。语言中的各种要素、各种单位就是通过这两种关系相互联系、相互制约的。

句子的聚合体这一概念是由苏联语言学家根据索绪尔的句段关系和聚合关系的论述于 50 年代末提出来的。他们有两种不同的意见:狭义的理解和广义的理解。前者以什韦多娃为代表,后者以佐洛托娃、别洛沙普科娃等为代表。

---

① 索绪尔在《普通语言学教程》中提出了句段关系和联想关系。后来丹麦语言学家叶尔姆斯列夫于 1983 年在《形态单位理论试探》一文中进一步阐述了这两种关系。只是他把索绪尔的联想关系的名称改为聚合关系。

什韦多娃把句子的聚合体狭义地理解为句子的形态体系，即句子结构模式内的变形。具体是：(1)述谓性是句子的语法意义；(2)述谓性具体体现在情态意义(各种形式的现实和非现实方式)和时间意义(过去时、现在时和将来时)之中，而且时间意义在一定的范围内与情态意义相关联；(3)情态-时间意义是由句子形态组织的变形表达的，这种变形称之为句子的形态，而表达述谓性范畴的形态的体系叫做句子的聚合体。

句子的聚合体可分为完全聚合体和不完全聚合体两种类型。前者有8种形式的变化，例如N_1— V_f(Он работает) 这样的结构模式就可有：句法陈述方式中的现在时(Он работает)、过去时(Он работал)、将来时(Он будет работать)3种形式，非现实方式中的假定方式(Он работал бы)、应该方式(Он работай…)、愿望方式(Работал бы он!)、祈使方式(Пусть он работает!)和条件方式(Работал бы он…或 Если бы он работал…)5种形式。不完全聚合体是指不满8种形式的变化。这是由于句子结构模式的语义与聚合体中的某些形式发生矛盾，不能进行某些形式的变化。例如N_2(Народу!) 的结构模式只有4种形式的变化：现在时(Народу!)、过去时(Народу было!)、将来时(Народу будет!)和假定方式(Народу было бы!)。又如N_2/N_4(Денег! Деньги!)的结构模式只有两种形式的变化：祈使方式(Денег! Деньги!)和愿望方式(Денег бы! Деньги бы!)。

对于条件方式是否列入聚合体的问题，《70年语法》和《80年语法》简单句部分的作者什韦多娃是动摇不定的。她在1966年的《现代标准俄语描写语法的编写原则》中指出："条件方式只用在复合句结构中"，所以没有列入聚合体①。但是在1967年的《现代俄语中简单句的聚合体系》一文中，她却把它列入了聚合体系。她一方面承认它只能用在复合句中，另一方面又指出它是非现实方式的意义之一②。《70年语法》给条件方式作了个注释，指明这一方式在形式和意义上的特点，并明确表示它"从来不能在独立的、相对独立的位置上发挥作用"，因此被排斥在简单句聚

---

① Н. Ю. Шведова, Основы построения описательной грамматики современного русского литературного языка. М., 1966, стр. 149.

② Н. Ю. Шведова, Парадигматика простого предложения в современном русском языке. // Русский язык. Грамматические исследования. М., 1967.

合体之外[①]。而《80 年语法》又把它列入了聚合体。从中可以看出,什韦多娃之所以犹豫不决,其根本原因在于这一方式本身的特点:既是非现实方式之一,又不用在简单句结构之中。因此问题的关键在于充分揭示条件方式结构和语义的特点。至于列入聚合体与否,作者认为按《70 年语法》的处理为好,因为这一方式并不属于简单句的聚合体。

2.1.3 正规体现

《70 年语法》和《80 年语法》把用词形填入模式构成句子称之为模式的体现。所谓模式的正规体现是指模式体现时可以有某些规律性的变异。例如模式可以完全体现,也可以不完全体现。前者是严守模式的,如 N_1— N_f的模式构成 Я читаю 等的句子。用词形填入双成素结构模式时省略其中某一成素的,叫做模式的不完全体现。如受上下文的影响省略某一成素的(— Ученики опоздали? — Опоздали. — Кто опоздал? — Ученики.),受纯语法因素(单复数第一、二人称的变位动词或命令方式)的制约省略某一成素的(Иду; Идем; Идешь; Идете; Идемте; Идите 等)。再如在双成素结构模式中可加入系词、半实体动词、助动词等,如 Ученик пишет (стал, станет, стал бы писать); Марксизм — (это, есть, это есть …) философия современности; Больного знобит (продолжало знобить)等。由此可见,模式的正规体现也是一种句子的变形,而且这种变形也相应地影响句子的语义。但是它不涉及客观情态意义的表达,不是表达句子述谓性范畴的形态体系。因此什韦多娃把它看做与表达客观情态意义的聚合体在性质上不同的另一种形态体系。

《70 年语法》把 N_1— N_1和 N_1 это N_1等分列为两个不同的模式,《80 年语法》却把它们合并为一个模式 N_1— N_1,而把这一模式加系词 это 的情况看做模式的正规体现。这样的处理是合适的,它既使模式和模式的正规体现之间的界限泾渭分明,又减少了模式的数量。

2.1.4 语义结构

《70 年语法》没有对句子的语义结构进行描写,而《80 年语法》不仅对它进行了详细的描写,而且还对每一结构模式的语义结构作了阐述。它认为:“句子的语义结构是一种抽象的语言意义,它表示由句子成分的

---

① АН СССР, Грамматика современного русского литературного языка. М., 1970, стр. 582.

语法意义和词汇意义相互作用而形成的语义成素间的关系。”①从这段话中可以看出,语义结构虽然也是一种抽象的语言意义,但是这种语言意义由于词汇的参与,因此要比结构模式的语义较为具体。这种语言意义由以下三部分组成:

第一是句子结构模式所具有的语义。这种语义可分为两类;一类是所有结构模式都具有的述谓性,这是最抽象的语义;另一类是每个模式所固有的语义,例如 Praed (Холодно 等)模式的语义表示无主体或某一主体状态的存在,而 Praed part (Закрыто 等)模式的语义却表示作为行为结束后的无主体或某一主体状态的存在。这两个模式的语义之所以不同,不在于填入句中的词的词汇意义,而在于每一模式所固有的语义。这种语义是纯语法上的,比较抽象的,但比述谓性这种语法意义要具体些。

第二是填入模式的词汇所具有的语义。同一模式填入不同类型的词汇,就可形成不同的语义,例如 N_1— V_f的模式填入词汇后可构成类似 Ученик пишет; Отец сердится 等句子,它们虽然都表示主体与它的述谓特征间的关系,但是由于填入词汇的语义不同,因此整个句子的语义也有所差异:前一句表示主体与它行为间的关系,后一句表示主体与它感情状态间的关系。

第三是结构模式的扩展成分所具有的语义。这些扩展成分有扩展词语成分、限定成分、带有双边关系的扩展成分等,例如 Отец любит сына 中,由于扩展词语成分 сына 的出现,句子的语义就有所变化,表示主体与涉及客体的感情状态间的关系。又如 У нас друзей, знакомых! 中主体限定成分 у нас 的增加使整个句子表示主体与具有很多客体的状态间的关系。再如 Увидел ребёнка спящим 中,扩展成分 спящим 既与 ребёнка发生关系,表示“睡着的小孩”,又与谓语 увидел 发生关系,表示“看见小孩睡着了”,所以 спящим 给整个句子增添了一些新的语义。

什韦多娃侧重对句子结构本身各成素之间关系的研究,因此她的看法被称之为结构观点。她重视语言结构成素本身的作用,这是值得肯定的。但是她忽视了语言与客观现实、语言与思维的关系,这使得她在对句子结构模式及其语义结构进行描写时往往出现矛盾,总是试图用句子语义结构来补充其结构模式的不足。也正因为这样,《80 年语法》尽管在简

① АН СССР, Русская грамматика. Т. Ⅱ. М., 1980, стр. 284 – 286.

单句的语义结构中明确规定了客体这一范畴,但在结构模式的目录表中却没有表示客体的补语。这就是说,这类结构模式在很多场合与其语义结构并不对应,例如 Саша писал другу письмо; Я встретил его 等句子只能归结为 N_1— V_f的结构模式,即归到 Саша писал; Я встретил 的句子类型中去。由此可见,《80 年语法》中就结构模式与其语义结构的关系来说,前者起决定作用,而后者从属于前者,甚至竭力使后者适应、迁就前者,后者似乎是前者派生出来的。这一观点在实践上无法生成信息完整的句子,在理论上颠倒了句子语义结构与其结构模式的派生关系。

2.1.5 词序

每个说出来的或写出来的句子总是有说话者的参与,所以说话者对所说内容持有的态度可使句子的语义有所变化。有关这方面的语义叫做主观情态意义。表达主观情态意义的手段是多种多样的,其中最主要的是词序和语调。

词序和语调是由交际任务所决定的。句子根据其交际任务通常可切分为两部分:主位和述位。前者是表述内容的出发点;而后者是对主位的叙述,因此它是表述的目的,表述的中心。在修辞上中性的陈述句中一般的词序是"主位—述位",语调中心也落在句尾的述位上。但是在表达感情色彩的疑问句、祈使句或感叹句中,为了使言语更富有表现力,说话者可从述位开始,然后再补叙主位。这种"述位—主位"的结构中语调中心也随述位位置的变化而变化,通常落在句首或句中。由此可见,词序和语调的变化可以使同一形态组织的句子具有不同的结构和不同的语义。

《70 年语法》对词序的描写不仅有理论的阐述,而且还有具体模式的词序变化。但是应该指出的是,它并没有对所有模式的词序变化都进行描写。而《80 年语法》除继续保持《70 年语法》对词序描写的特点外,还对每一模式的词序变化(其中包括《70 年语法》没有描写的单成素结构模式)进行了详细的描写。由此可见,《80 年语法》在词序变化的描写上也比《70 年语法》前进了一步。

总之,从体现述谓性的结构模式到表达客观情态意义的聚合体,再到体现模式变异的正规体现和由模式的语义、词汇意义相互作用而形成的语义结构,最后到反映主观情态意义的词序变化,构成了一个结构模式的完整体系。这一体系与俄国和苏联的传统语法有着显著的不同。但是它们之间是有联系的,因为结构模式的理论是在传统语法的基础上发展起来的。正如什韦多娃所指出的那样,她的结构模式理论"起源于俄语语法传统中所形成的如何理解非扩展句的界限以及句子和词组的相互关系"①。

2.2 苏联语法学界对句子结构模式的研究是从60年代开始的。学者们持有两种不同的观点。一种是以什韦多娃为代表的。她认为句子结构模式是作为最低限度述谓单位的形态组织。这种结构模式是由体现述谓性的主要成分组成的,它们是模式必需的成素。模式的扩展成分都被排斥在模式的结构之外,因此什韦多娃的模式只具有语法完整性的非扩展结构。这种模式的优点是界限明确,数量有限,不太繁琐。但是这种模式不能区别形态组织相同而语义组织不同的主动结构和被动结构,而且按照这种模式建造的句子有时不能起交际作用,如 Я встретил; Я очутился; Линия А параллельна 等,因为它们只具有语法上的完整性,不具有意义上的完整性。这一观点在《70年语法》和《80年语法》中得到了充分的反映。

另一种观点是以阿鲁秋诺娃、洛姆捷夫等为代表的。他们把"语义上独立"、"实现称名功能"看做划分最低限度句子的标准。所以他们的结构模式是最低限度的称名单位。这种模式是由句子的语义核心(述谓语)和与述谓语发生关系的表示事物的成素组成的。所谓表示事物的成素就是事件的参加者,即行为的主体、客体等。它们与述谓语处在一定的关系之中。由此可见,这种模式不仅是述谓单位的形态组织,而且也是句子的语义结构。它既具有语法上的完整性,又具有内容上的独立性。这种模式实质上就是作为述谓单位的结构模式加上表达内容完整性所必需的扩展成分,因此有人把这种模式称之为"扩展的结构模式"。按照这种模式建造的句子既具有语法上的完整性,又具有意思上的独立性,可以独立进行交际。而且这种模式可区别形态组织相同而语义组织不同的主动结构 N_1 Vtrans N_4(名词第一格 + 及物动词 + 名词第四格)和被动结构 N_1 Vrefl N_5(名词第一格 + 反身动词 + 名词第五格)。但是这种模式的界限不十分明确,而且数量较多,比较繁琐。由于模式数量较多,因此很难列出模式的全部目录的清单,甚至可能失去模式抽象的样板作用。

① Н. Ю. Шведова, Спорные вопросы описания структурных схем простого предложения и его парадигм. Вопросы языкознания, 1973, №4.

这两种观点相持不下,争论了十几年。但是,由于这两种模式反映了对句子抽象的不同程度,最低限度述谓单位是句子的较高抽象,而最低限度称名单位则是句子的较低抽象;因此它们不是相互排斥的,而是相辅相成、互为补充的。

3 作为外语的俄语句子结构模式

3.1 Структурная схема предложения — это отвлеченный образец, состоящий из минимума компонентов, необходимых для построения предложения. Она является новым видом описания формальной организации предложения. Появление структурной схемы предложения не только отвечает тенденции разных направлений современной лингвистики к схематизации объектов лингвистики, но и соответствует требованиям описательного синтаксиса к практическому применению.

В современной синтаксической науке выдвинуты два принципиально различных понимания структурной схемы: структурная схема как минимальная предикативная единица и структурная схема как единица минимального сообщения. Эти два понимания ориентированы на разный объем минимума предложения. В формальном отношении структуры схема предложения совпадает с минимальной предикативной единицей. В семантическом отношении она является единицей минимального сообщения. Эти два понимания отражают разные уровни абстракции предложения. Первое понимание более высоко по степени абстрактности, чем второе.

Первое понимание, выдвинутое Н. Ю. Шведовой, отражено в «Грамматике современного русского литературного языка» 1970 г. и в «Русской грамматике» 1980 г. Н. Ю. Шведова утверждает: «Предикативная основа (структурная схема) простого предложения — это имеющий свою формальную организацию и свое языковое значение синтаксический образец, по которому может быть построено отдельное не распространенное элементарное предложение.» «Каждое простое предложение как грамматическая единица имеет предикативную основу, т. е. построено по тому или иному отвлеченному образцу.»[1] Отсюда понимание полного тождества структурной схемы и предикативной основы. Автор дальше подчеркивает: «Формы слов, организующие предикативную основу предложения как минимальный грамматический образец его построения, называются компонентами предикативной основы структурной схемы предложения. В предложении такие компоненты представляют собою его главные члены, его предикативный центр.»[2] Иначе говоря, главные члены предложения — это компоненты, необходимые для построения структурной схемы предложения. Ими могут быть подлежащее и сказуемое в двусоставном предложении, главный член в односоставном предложении, а также некоторые так называемые в традиционной грамматике второстепенные члены предложения. Например: Видно следы; Наготовлено запасов; Нет времени; Ни звука и т. д. Эти предложения являются двукомпонентными схемами. Из структурной схемы исключены все распространители, в результате чего ее характерная особенность заключается в обращенности к цельности грамматической организации нераспространенной структуры.

Все плюсы и минусы структурной схемы Н. Ю. Шведовой тесно связаны с тем, что она ограничивает структурную схему предикативной основой. Плюсы такой структурной схемы в том, что ее границы оказываются четкими и количество образцов предполагается практически обозримым. Однако в силу того, что такая структурная схема достигает более высокой степени абстрактности и учитывает только грамматическую достаточность предложения, она часто реализуется как информативно недостаточное предложение типа «Я встретил», «Он очутился» и др. Опираясь на такое понимание структурной схемы, нельзя разграничить даже такие разные по своей семантической и формальной организации построения, как активный и пассивный обороты:

---

① АН СССР, Русская грамматика. М., 1980, стр. 84–85.

② АН СССР, Русская грамматика. М., 1980, стр. 85.

оба они воплощают одну и ту же структурную схему $N_1 — V_f$.

Другое понимание структурной схемы предложения обращено не только к формальной организации предложения как предикативной единицы, но и к семантической организации предложения как единицы сообщения, т. е. учитывает одновременно и грамматическую и информативную достаточность предложения. Такое понимание поддерживает все больше и больше грамматистов, потому что исследование семантики предложения становится тенденцией в современной лингвистике. Такую структурную схему можно реализовать как коммуникативно достаточное предложение, в результате чего она соответствует требованиям описания русского языка как иностранного. Без сомнения, ввиду более низкой степени абстрактности границы структурной схемы нечетки, их количество увеличивается. Все это осложняет обучение русскому языку и запоминание структурных схем.

Это понимание представлено большим количеством работ советских грамматистов Н. Д. Арутюновой, Т. П. Ломтева, И. П. Распопова, Г. А. Золотовой, С. И. Кокориной, чехословацких русистов П. Адамца, Е. Беличовой-Кржижковой и др. Они работают над такой структурной схемой уже больше двадцати лет, но из них только С. И. Кокорина и Е. Беличова-Кржижкова перечисляют замкнутый список структурных схем. Попытаемся дать оценку этих двух списков структурных схем с точки зрения изучения русского языка как иностранного.

С. И. Кокорина перечисляет 40 структурных схем при иерархической классификации или 64 структурные схемы при линейной классификации. Из этих схем видно, что, кроме компонентов, образующих предикативную основу, необходимыми компонентами схемы С. И. Кокориной являются: (1) субъектные распространители: *Ему* нездоровится; С *ним* плохо; (2) объектные распространители с субъектным значением: *Его* ранило; *Ему* рады; *С ним* не договоришься; (3) обстоятельственные детерминанты: *Над нами* загудело; *Там не* отдохнешь; *Здесь* не курят; *В комнате* убрано; (4) некоторые определители, которые вместе с существительными образуют предикативную основу: Спорт — дело *хорошее*; Машина — *черного* цвета; Сегодня *прекрасная погода.* Необходимые присловные распространители составляют две группы. В первую группу включены необходимые компоненты структурных схем, формирующие грамматическую семантику конструкции. Во вторую группу — распространители, хотя информативно необходимые, но не формирующие грамматическую семантику конструкции. В этом случае они не являются необходимыми компонентами структурных схем, например: Дима изучает *физику*; Они требовали *дисциплины* и т. д. С. И. Кокорина считает: «Если мы введем подобные распространители в структурную схему, то получим число структурных схем, равное числу типов присловных связей (да еще помноженное на число структурных схем!), что лишит понятие структурной схемы операционности.» Для этих распространителей в структурной схеме нет отдельного синтаксического места. Они вместе с главенствующим словом занимают одно синтаксическое место. Это именно потому, что «их информативная обязательность идет не от препозитивных особенностей данной конструкции, а от семантики слова, независимо от его функционирования в той или иной синтаксической структуре»①.

Структурная схема предложения как минимальной единицы сообщения обычно имеет недостатки в нечетких границах и огромном количестве схем. Однако эти недостатки устранены из структурной схемы С. И. Кокориной, что заслуживает положительной ее оценки. Границами схемы служит формирование грамматической семантики конструкции, это и определяет достаточную ее четкость. Большая часть ее структурных схем дает возможность порождать реальные предложения, и это может дать хороший результат при обучении русскому язы-

---

① С. И. Кокорина, Еще раз о структурной схеме предложения. //Проблемы учебника русского языка как иностранного. Синтаксис. М., 1980. Она же, Принципы описания грамматики в русском языке как иностранном. //Русский язык как иностранный: актуальные вопросы описания и методики преподавания. М., 1982.

ку как иностранному. Минусы ее схем в том, что она недостаточно учитывает распространители правой валентности и исключает некоторые информативно необходимые присловные распространители из структурных схем. Поэтому некоторые «предложения», построенные по структурным схемам, не могут быть единицами минимального самостоятельного сообщения. Таким образом, структурная схема С. И. Кокориной иногда порождает информативно недостаточное предложение типа «Я встретил», «Он поступил», «Школа находится», «Я чувствую себя». Это противоречит ее утверждению о том, что в предложенном ею понимании структурной схемы учитывается одновременно и грамматическая и семантическая достаточность и т. д., что по ее схемам может быть построено предложение.

В чехословацкой «Русской грамматике» 1979 г. Е. Беличова-Кржижкова перечисляет 51 структурную схему непроизводной конструкции. Теоретической основой ее структурной схемы предложения является понятие валентности глагола. Она считает предикативность неотъемлемым признаком предложения как коммуникативной единицы, теснейшим образом связанным с глаголом, занимающим центральное место в организации структуры предложения. Таким образом, в состав структурной схемы входят кроме глагола также компоненты, обусловленные валентностью глагола, т. е. степенью его семантической насыщенности. Иными словами, структурная схема в этой книге состоит из глагола и тех компонентов, которыми необходимо заполнить некоторое количество имеющихся при глаголе синтаксических позиций в зависимости от семантической недостаточности глагола. Они являются необходимыми компонентами структурной схемы[①]. Ср. Двусоставные структурные схемы с глагольным сказуемым представля-

---

① Русская грамматика. Ч. 2. Praha. 1979.

ют двухкомпонентную схему N_n— V_f (Девочка спит)[1], трехкомпонентную схему N_n— V_f— N_x (Писатель заканчивает роман), четырехкомпонентную N_n— V_f— N_x— Adv (Я поставил чемодан на пол), пятикомпонентную схему N_n— V_f— N_x— N_x— N_x (Он рассказал нам об этом кое-что) и т. д. Двусоставные структурные схемы с именным сказуемым представляют трехкомпонентную схему N_n— $V_{f\ cop}$— Det_{praed} (Он сделался военным инженером), четырехкомпонентную N_n— $V_{f\ cop}$— N_x— Det_{praed} (Дом казался нам просторным) и т. д. Односоставные структурные схемы с глагольным сказуемым бывают трех типов: однокомпонентная $V_{f\ imp}$ (Рассвело), двухкомпонентная $V_{f\ imp}$— N_x (Мне везет) и трехкомпонентная $V_{f\ imp}$— N_x— Adv (От полов пахло пивом). Односоставные структурные схемы с именным сказуемым бывают трех типов: двухкомпонентная $V_{f\ cop\ imp}$— Adv (Было поздно), трехкомпонентная $V_{f\ cop\ imp}$— A_{adv}-N_x (Мне было больно) и четырехкомпонентная $V_{f\ cop\ imp}$— A_{adv}— N_d— N_x (Мне стало жалко тебя). Отсюда следует, что, кроме компонентов, необходимых для формирования грамматического значения (предикативности) предложения, в состав структурной схемы входят компоненты, необходимые для выполнения предложением функции сообщения. Такими компонентами являются: (1) субстантивные члены с субъектным значением; (2) субстантивные члены с объектным значением; (3) адвербиальные члены. Таким образом, структурная схема предложения в «Русской грамматике» характеризуется не только достаточностью в грамматическом отношении, но и законченностью в семантическом отношении.

Что касается неглагольных предложений и предложений без спрягаемого глагола, Е. Беличова-Кржижкова в основном подводит подо-

---

[1] Символы структурных схем в чехословацкой «Русской грамматике» обозначают разные словоформы: N_n— именительный падеж существительного, N_x— косвенный падеж существительного, N_d— дательный падеж существительного, ... ; V_f— спрягаемый глагол, $V_{f\ cop}$— спрягаемую связку, $V_{f\ imp}$— спрягаемый безличный глагол, ... ; Adv — наречный компонент, ... ; A — прилагательное; A_{adv}— безлично-предикативное слово; Det praed — предикативный детерминант; ... и др.

бные конструкции под разнообразные структурные схемы глагольных предложений. Так, номинативные экзистенциальные конструкции типа «Ночь», «Тишина» рассматриваются как «особая разновидность» структурной схемы $N_1 — V_f$. Инфинитивные предложения, с одной стороны, входят в раздел квазипредложений, с другой стороны, рассматриваются как вторичные структуры, являющиеся результатом синтаксической модификации двусоставных предложений. Как номинативные предложения, так и инфинитивные предложения тем самым не выделяются в списке структурных схем. Эти структурные типы предложения, включая инфинитивные предложения, обобщенно-личные предложения, неопределенно-личные предложения и многие безличные предложения, характеризуются как вторичные структуры, т. е. как результат тех или иных формальных видоизменений модификаций исходных структурных схем.

Структурные схемы Е. Беличовой-Кржижковой отличаются от других не только достаточностью в грамматическом отношении, но и законченностью в семантическом отношении. Все ее схемы можно реализовать как реальное предложение.

Из вышеизложенного видно, чем структурные схемы С. И. Кокориной и Е. Беличовой-Кржижковой сильны и слабы. Обе они, особенно С. И. Кокорина, в основном исследуют левую валентность структурной схемы. В этом отношении у них нет разногласия. Различия их мнений обнаруживаются в отношении к правой валентности структурной схемы. С. И. Кокорина считает присловные связи правой валентности необязательными компонентами структурной схемы, и поэтому после заполнения необходимых компонентов некоторых ее структурных схем наблюдается только грамматическая достаточность и отсутствие семантической законченности. Е. Беличова-Кржижкова вводит все сильные приглагольные связи правой валентности в структурную схему. В связи с этим ее структурная схема ниже в степени абстракции, чем у С. И. Кокориной, и тем самым лишается в известной степени операционности отвлеченного образца.

3.2 Принципы описания структурной схемы предложения в русском языке как иностранном, на наш взгляд, должны учитывать следующие цели:

3.2.1 Порождение реального предложения по структурной схеме

Очевидна двоякая роль структурной схемы: (1) при анализе грамматической организации реальных предложений — для уяснения их классификации; (2) при порождении реального предложения по отвлеченному образцу — для обучения речи. При этом последнее имеет место только при обучении русскому языку как иностранному.

3.2.2 Одношаговость перехода от отвлеченного образца до реального предложения

В «Русской грамматике» Е. Беличова-Кржижкова разделяет структурные схемы на два уровня. На уровне системы языка непроизводных структурных схем всего 51. А на уровне реализации системы языка, т. е. на речевом уровне, эти структурные схемы модифицируются как многие производные конструкции: инфинитивные предложения, обобщенно-личные предложения, неопределенно-личные предложения, многие безличные предложения и др. Одним словом, иерархическая классификация структурных схем отличается незначительным сокращением их количества. Но при иерархической классификации трудностей в обучении русскому языку как иностранному больше, чем преимуществ. Это объясняется тем, что иностранные учащиеся затрудняются в понимании того, что значение определенности — неопределенности в глагольных односоставных предложениях связано с выражением разной степени отвлеченности действия от его производителя. Все это противоречит принципу доступности в методике преподавания.

Для обучения русскому языку как иностранному нам кажется более целесообразным введение линейной классификации структурных схем, т. е. осуществление принципа: от отвлеченного образца до предложения «один шаг». Такая реализация доступна иностранным учащимся.

3.2.3 Грамматическая и семантическая достаточность структурной схемы

Для того чтобы структурная схема предложения приобретала семантическую достаточность, необходимо поставить на повестку дня вопрос о лексическом наполнении структурных схем. Схема абстрагирована от множества однородных реальных предложений, состоящих из конкретных лексем и словоформ. А заполнение мест структурной схемы конкретным лексическим материалом создает наполнение отвлеченной схемы конкретной семантикой и порождает реальное предложение. Из этого видно, что отвлеченная схема тесным образом связана с конкретным лексическим материалом. При рассмотрении лексического наполнения схем предложения мы исходим, разумеется, не из лексики, «растворяя» структурную схему в ней и гигантски увеличивая число схем, а из структурной схемы предложения, сосредоточивая внимание на том, какие разряды лексики входят в ту или иную схему и представляют необходимые для нее распространители. Одни из них формируют грамматическую семантику структурной схемы, другие дополняют информативную недостаточность предикативной основы предложения.

3.2.4 Приемлемое количество структурных схем

Количество структурных схем тесно связано со степенью абстрактности схем. По мере того, как степень абстрактности становится выше, количество схем уменьшается. В противном случае их количество увеличивается все больше и больше. Так как структурная схема при обучении русскому языку как иностранному должна иметь достаточность как в грамматическом, так и в семантическом отношении, степень ее абстрактности сравнительно низкая и количество схем становится больше. Однако структурных схем не может быть слишком много, чтобы не лишить их роли отвлеченного образца. Итак, приемлемое количество структурных схем должно остаться принципом обучения русскому языку как иностранному.

Обобщая вышеизложенное, мы сознаем, что отношение к распространителям левой и правой валентностей — это ключ к соответствию структурной схемы названным принципам. Н. Ю. Шведова исключает из своей структурной схемы все распространители. Это значит, что она отрицает распространители как левой валентности, так и правой валентности. В результате этого ее структурная схема не может приобретать семантическую достаточность.

Как известно, прежде всего в создании значения структурной схемы участвует грамматическая семантика. Она включает в себя три уровня. Во-первых, структурной схеме свойственно значение предикативности. Это наиболее абстрактное грамматическое значение, которое есть во всяком предложении. Во-вторых, каждой структурной схеме предикативной основы свойственно грамматическое значение менее абстрактного характера, различное у разных структурных схем, например: Он тревожится — Он тревожен — Он в тревоге. В-третых, на основе значений предикативной основы и распространителей левой валентности образуется грамматическое значение «расширенной» структурной схемы. Оно конкретнее, так как обогащено грамматическим значением распространителей левой валентности. Их участие создает семантические различия, например, между следующими предложениями, построенными по одной и той же предикативной основе $V_{f\ imp}$, но по разным распространителям левой валентности: *На море* забурлило; *Воды* не прибывало; *Ему* нездоровится; *Грозою* зажгло дерево.

Распространители левой валентности принято делить на три типа: (1) распространители с субъектным значением: У *него* радость; *С ним* плохо; *Ему* сорок лет; *Ему* нездоровится; *Молнией* убило человека; (2) объектные распространители с субъектным значением: *Ему* рады; *Отказом* были смущены; (3) обстоятельственные детерминанты с темпоральным или локальным значением: *Сегодня* праздник; *Здесь* болит; *В комнате* чистота; *У соседей* поют. Отсюда вытекает, что распространители левой валентности, не входящие в предикативную основу предложения, формируют грамматическую семантику структурной схемы и необходимы для номинативной достаточности предложения.

В формировании значения некоторых структурных схем должны участвовать и распространители правой валентности, кроме грамматической семантики. Известно, что в русском языке одни структурные схемы, которым не нужны распространители правой валентности, реализуются как реальные предложения. А другим нужны эти распространители, потому что они являются необходимыми компонентами для предикативной основы. Без них предикативная основа не может целиком выразить отношение сообщаемого к действительности, структурная схема не может реализоваться как единица независимого сообщения. Это объясняется тем, что эти распространители дополняют информативную недостаточность предикативной основы. Их называют комплементами (complement). Они могут иметь объектное значение. Так, в структурной схеме $N_1 — V_f$ символ V_f выражается только непереходными глаголами. Если он выражен переходными глаголами, косвенно-переходными глаголами и некоторыми непереходными глаголами, то комплементы с объектным значением представляют необходимые компоненты структурной схемы. В этом случае структурная схема должна быть $N_1 — V_f — C_{obj}$ (Он потерял *ключ*; Он лишился *зрения*; Мы радуемся *весне*; Он руководит *заводом*; Мы должны исходить *из действительности*; Мы надеемся *на победу*; Он заботился *о детях*). Комплементы могут иметь и обстоятельственное значение. Так, только сочетаясь с наречным членом или с существительным в функции обстоятельства, некоторые глаголы могут выполнять функцию повествования. В таком случае структурная схема должна быть $N_1 — V_f — C_{adv}$ (Он поступил *легкомысленно*; Он чувствует себя *неважно*; Школа находится *в центре города*; Телеграф помещается *на этой улице*; Он проспал *около часа*). Распространителей правой валентности в одних предложениях может быть один, а в других предложениях — два или три. Символ $C_{obj/adv}$, обозначающий эти разные возможности, употреблен в структурной схеме. В нем воплощена вся парадигма комплементов правой валентности, т. е. комплементы с объектным значением или обстоятельственным значением, а также их количество. В результате этого число структурных схем может сократиться в пользу обучения русскому языку как иностранному.

Соответственно названным принципам структурные схемы предложений по количеству необходимых компонентов могут быть представлены следующими типами:

(1) Однокомпонентные структурные схемы

1) N_1	Ночь; Тишина.
2) N_2	Цветов! Шуму!
3) Ни N_2	Ни звука; Ни облачка.
4) $V_{f\,3s}$	Светает; Смеркалось.
5) Praed	Морозно; Солнечно.
6) Inf	Молчать; Встать.

(2) Двухкомпонентные структурные схемы

А. Подлежащно-сказуемостные

7) N_1 — N_1	Он студент; Отец — учитель.
8) N_1 — Adj полн./крат.	Небо ясное; Дни стали коротки.
9) N_1 — Part крат.	Отец обижен; Клуб построен.
10) N_1 — N_2.../Adv	Он высокого роста; Она замужем.
11) N_1 — Inf.	Наша задача — учиться.
12) N_1 — V_f	Птицы улетели; Магазин открывается.
13) Inf — $V_{f\,3s}$	Курить запрещается.
14) Inf — Praed	Курить нельзя.
15) Inf — N_1	Учиться — наша задача.
16) Inf — Inf	Отказаться — обидеть.
17) Inf — N_2.../Adv	Жаловаться — не в его характере; Молчать некстати.

Б. Не подлежащно-сказуемостные

18) Dsub — N_1	У него радость; С ним обморок.
19) Dadv — N_1	В комнате чистота; Сегодня праздник.
20) N_2 — Quant	Сестер три; Работы мало.

21) N_2— Part Книг куплено; Еды наготовлено.

22) N_3— Quant Ему сорок лет; Ему под сорок; Ему за сорок.

23) N_2— $V_{f\,3s}$ Мух налетело; Времени не хватает; Ничего не случилось.

24) N_2— нет Ответа нет; Никого нет.

25) Dsub — $V_{f\,3s}$ Ему не здоровится; Меня знобит; У него не решается; С билетами не ладится.

26) Dadv — $V_{f\,3s}$ Здесь болит; В печке загудело.

27) Dadv — $V_{f\,3\,pl}$ У соседей поют; Здесь не курят.

28) Dadv — $V_{f\,2s}$ Там не заснешь.

29) Dsub — Adj/Part крат. pl Отказом были смущены; Ему рады.

30) Dadv — Adj/Part крат. pl Дома обижены; В школе согласны.

31) Dsub — Praed Ему плохо; С ним холодно; Ничего не видно.

32) Dadv — Praed Здесь весело; На улице пустынно.

33) Dsub — Inf Коле не отдохнуть; Ему завтра уезжать.

34) Dadv — Inf Там не отдохнуть.

35) Inf — Pron neg Посоветоваться не с кем; Спешить некуда.

36) $V_{f\,3s}$— Cobj Саднило кожу; Морозило людей.

37) $V_{f\,2s}$— Cobj Прочитаешь хорошую книгу — много узнаешь.

38) $V_{f\,3pl}$— Cobj Просят не курить; Принесли почту.

(3) Трехкомпонентные структурные схемы

39) N_1— Adj крат. — Cobj Мы рады его приезду; Улицы полны народу.

40) Dsub — Adj крат. — N_1 Мне нужна книга; Для школы необходима помощь; Всем видны звезды.

41) Dadv — Adj крат. — N_1 Там нужны словари; При астме вредно курение.

42) N_1— Part крат. — N_5 Коля смущен отказом; Клуб

	построен рабочими.
43) N_1— V_f— ся — (N_5)	Дом строится рабочими.
44) N_1— V_f— Cobj	Отец зажег лампу; Он лишился зрения; Он руководит лабораторией; Он заботился о детях.
45) N_1— V_f— Cadv	Книга лежит на столе; Он поступил благородно; Он проспал около часа.
46) Dsub — V_f— N_1	Ему нравится книга; Татьяне снится сон; Его охватила тоска; Им овладел ужас; У него есть машина.
47) Dsub — V_{f3s}— Cobj/adv	Ветром сорвало крышу; Молнией убило человека; Мне хорошо дышится.
48) Dadv — V_{f3s}— Cobj/adv	На свежем воздухе весело поется; В комнате пахло горелым луком и кофе.

Ввиду того, что объектно-обстоятельственный комплемент обозначает всю парадигму правой валентности, ее распространителей может быть один или больше. Таким образом, некоторые предложения могут состоять из двух или трех распространителей правой валентности. Например: Это стоило мне больших усилий; Он объявил собрание открытым; Рабочие довели рельсовый путь до конечного пункта; Шофер поставил грузовик в гараж. Но эти структурные схемы все же состоят из трех семантических компонентов: субъектного компонента, компонента предикативного признака и объектно-обстоятельственного компонента, и поэтому структурные схемы этих предложений представляют N_1— V_f— Cobj/adv.

俄语句子的语义组织及其语义结构

19 世纪七八十年代俄国语法学家斯兰斯基(В. П. Сланский)等曾试图从意思的角度对句子进行研究。他们把句子形象化地确定为“思想的话剧”,并指出,句子的谓语是句子唯一的主要成分,它是话剧的情节,补语(即名词成分,其中包括主语)是话剧中的角色,而状语就是舞台本身,是话剧中的布景和道具。斯兰斯基认为有必要在句中划分“意思的成分”,并研究它们之间的关系。他提议采用“句子方程式”这样的研究方法,也就是通过方程式的变换对照句子的意思。当时他们的这些看法对整个俄国传统语法并没有什么影响,只是俄国语法科学发展史上一个暂短的插曲。

从 20 世纪 50 年代起苏联语言学界对语义学的研究有了很大的发展。这已逐步成为当前苏联语言学研究中的一个重要特点。这一特点在俄语句子的研究中也有反映。他们开始对句子的意思、语义组织、语义结构等进行研究。但是对这些方面研究的时间还不很长,对很多问题的认识还不一致。

1 句子的意思

句子的意思是由客观意思和主观意思两种不同类型的意思结合而成的。前者反映客观现实,后者反映能思维的主体对客观现实的态度。

任何句子都反映现实的某个片断,“事情的某种情况”。这就是事件(событие)。事件既可与说话者的外部世界发生关系(如 Идет дождь; Проехал автобус; В ларьке продают мороженое 等),又可与参加这一事件的说话者本人发生关系(如 Я иду в университет; Мне подарили цветы; Сосед нечаянно толкнул меня 等)。说话者可以以旁观者的面貌出现,制造句子的部分意思。这就是由人产生的思想活动的情景(ситуация)。情景可以表示事物的特征、评定和名称以及事物不同名称的相互等同，例如 Море сегодня спокойно；Вы взволнованы；Здесь хорошо；Мой отец был учитель；Это дерево — сосна；Этого мальчика зовут Коля；Девушка в малиновом платье была наша соседка 等。思想活动既可以说话者本人为出发点，又可以其他人为其出发点。试比较：Статья полезна — По твоему, статья полезна — Статья представляется рецензенту полезной.

句子在其意思的客观性方面与词、词组并没有本质的差别，因为词和词组也反映客观现实。它们的区别在于，所反映的客观现实片断的类型不同。词（名词）表示具体的事物，而句子都表示事件、情景，即“事情的某种情况”。试比较：名词 домик，сад，беседка，грядка，цветник 等和用这些词按 N_1 结构模式构成的句子：Опрятный домик. Сад с плодами. Беседка，грядки，цветники … И все возделывали сами мои соседки — старики. 称名句（或主格句）的意思不等于构成这类句子的词形的意思。它们在意思上的区别是，主格句具有事件性，它包含着事物现实存在的意思。

但是，句子的意思与词、词组的意思有所不同：它除了可表示其客观意思以外，还可反映能思维的主体对其客观意思的态度，如他的评价、他的感情、意志的表达等。句子的主观意思可以从说话者或其他能思维的主体（如交谈者，没有参加言语行为者等）出发。例如 Иван Иванович приехал 和 Вот бы Иван Иванович приехал 两个句子表达同一个客观意思，但是说话者这个能思维的主体对其客观意思采取不同的态度：前一句肯定事件的现实性，后一句把事件看做是非现实的，希望实现的。句子 Иван Иванович хочет приехать 虽然也表达与上述句子相同的客观意思，但是句子意思的主观部分更为复杂：它既表达了没有参加言语活动的伊凡·伊凡诺维奇对事件的态度和愿望，又反映了说话者把伊凡·伊凡诺维奇的愿望看做现实中存在的事实。如果是 Вот бы Иван Иванович захотел приехать，则不仅表达了没有参加言语活动者的愿望，而且也反映了说话者的愿望。说话者主观意思在每个句子中都有，它是句子意思的必需成素，而其他能思维的主体的主观意思并不是每个句子都有的，所以它是句子意思的非必需成素。

在句子意思的组成中说话者的必需的主观意思具体有：

（1）述谓性，即情态性（现实和非现实）和时间。情态性就是说话者认为句子内容与客观现实中情景的关系是现实的，还是非现实的。时间表示以说话时刻为起算点的那一瞬间行为或状态与说话者的关系，如说话时刻以前发生的行为或状态是过去时；与说话时刻同时发生的是现在时，说话时刻以后发生的是将来时。

(2)目的性(целеустановка)，即非疑问性和疑问性。句子的目的性就是表示说话者说明什么或问什么。每一个句子都有其目的性，或者表达非疑问性，或者表达疑问性，两者必居其一。

(3)可信性(персуазивность)，即确信和不确信。可信性是说话者从确信或不确信的方面来对句子的客观内容加以评价。试比较：Дождь идет — Кажется, дождь идет. 每个句子都具有确信或不确信的意思。不确信的意思通常有特殊的词汇标志——情态词和语气词，如 вероятно, возможно, должно быть, может быть, пожалуй, вряд ли, едва ли, неужели, никак 等。确信的意思没有特殊的标志，因为句中没有表示不确信意思的标志这就意味着确信的意思。试比较：Пожалуй, доклад уже начался — Доклад уже начался. 当然，在表示确信意思的句子中也可加上一些确信意思的标志，如 безусловно, в самом деле, действительно, конечно, разумеется 等。但是，它们只用在某些场合，起加强确信意思的表情作用。试比较：Доклад уже начался. Конечно, доклад уже начался.

在句子意思的组成中，客观意思与主观意思之间的差别决定了这些意思在表达手段上的差别。客观意思是用词汇手段中的实词来表达的，因为实词是客观意思的具有者，而主观意思却趋向于用语法手段，如词形、虚词、带有语法化意义的词(半抽象系词、情态动词、代词、情态词)、语调等表达。

2 句子的语义组织

句子除表现为形态组织外，还表现为语义组织。句子的语义组织就是句子的意思组织，它是从语义方面对句子信息内容类型的概括。句子的语义组织具有概括的类型意义，这种意义不是作为言语单位的个别句子所具有的，而是同一信息内容类型的句子所共有的，例如 Отец читает газету; Станок обтачивает заготовку; Аспирант работает над диссертацией 等。这三个句子虽然所用的词汇不同，表达的内容不一样，甚至在形态上也不相同，但是它们却是一个类型，都表示一事物主动作用于另一事物。这就是说，这些句子所表达的事件都包含着两个事物：一个是作用于另一个的，另一个是承受作用的。从中可以看出，这些句子的语义组织相同，由三个部分组成：①行为的发出者或主体（субъект），它是述谓特征的具有者；②表现为主动行为的述谓特征，即述体（предикат）；③行为的对象或客体（объект），它是行为的承受者。

句子语义组织的主要结构成素是主体和述体。句子的主体是言语的对象，是由事物意义的名词化成素表示的述谓特征的具有者，即行为的发出者或状态的承受者，例如 Ученик пишет 和 Больного знобит 两个句子，前者表示主体和它行为之间的关系，后者表示主体和它身体状态之间的关系。句子的述体是对主体的叙述，是述谓特征的体现，即指出主体在一定的时间和情态范围内所具有的特征（行为、状态、关系或特性），例如 Ученик пишет; Больного знобит; Сын выше отца; Небо ясное; Земля вращается вокруг солнца 等。

句子语义组织中的主体、述体和句子形态组织中的主语、谓语没有直接的对应关系，因为它们是从语义和形态两个不同的角度对句子进行的切分。在同一个句子中主体和主语有时可能吻合，例如 Он идет на работу 中的 он 既是语义组织的主体，又是形态组织的主语。当然，不吻合的情况是经常可见的，例如 Мне нравится деревня 中，мне 是语义组织的主体，却是形态组织的次要成分；而 деревня 是语义组织的客体，却是形态组织的主语。在这里还必须指出的是，形态组织的谓语总是语义组织的述体，因为它们都体现了述谓特征。但是，语义组织中的述体比形态组织中的谓语在范围上要广。这就是说，形态上的谓语必然是语义上的述体，但是语义上的述体不一定是形态上的谓语，例如 У него радость 的语义组织是表示主体与它状态之间的关系，у него 是主体，радость 是述体，而从句子的形态组织来说，радость 是主语，у него 是次要成分。

句子语义组织中的主体、述体和形态组织中的主语、谓语之间的具体区别通常是：①主体除由事物意义的名词化成素表示外，在形态上没有任何要求。述体也是如此，在形态上没有专门的标志。而主语必须用名词化成素第一格形式表示，谓语必须与主语性、数、人称一致。②主体和述体的位置在大多数情况下是固定的：主体在前，述体在后；而主语和谓语的位置是不固定的，主语既可位于谓语之前，又可位于谓语之后。③主体是述谓特征的具有者，述体是述谓特征的体现。它们之间的关系可概括为被说明者与说明者的关系。而主语与谓语是相互依存的，相互制约的：主语依赖于决定它必须用第一格形式的谓语，主语又决定谓语必须与它保持性、数、人称一致。它们之间是协调一致的关系。

语义组织中的成素除主要结构成素主体、述体外，还有客体、方位、时间、评定等。客体是行为直接所及的、某人的态度直接所指的那个事物。表达客体的形态手段是静词格的形式，例如 Сосед ремонтирует машину; Учитель сердится на ученика; Юноша мечтает о путешествиях; Ему нравится картина 等。方位、时间、评定等成素是具有疏状意义的说明语，例如 На свежем воздухе весело поется; Он проспал около часа; Он поступил благородно 等。

3 俄语简单句的语义结构

3.1 苏联科学院《70 年语法》明确指出："句子的结构模式是一种抽象的样板，按照这一样板可以构成最低限度的独立报导"，如果"用具体的词汇材料"填入模式的话①。它又指出，句子结构模式是由体现述谓性的主要成分组成的，它们是模式的必需成素。其他与语义因素有关的任何成素都被排斥在模式之外。由此可见，这类结构模式只是具有语法完整性的非扩展结构。

苏联科学院《80 年语法》中出现了由述谓特征、主体和客体组成的结构模式的语义。这一抽象的语义被填入结构模式的词的词汇意义所具体化。值得注意的是，尽管在简单句的语义结构中明确规定了客体这一范畴的存在，但是在结构模式的目录表中却没有表示客体的补语。这就是说，这类结构模式在很多场合并不与其语义结构相对应，例如 Саша писал другу письмо; Я встретил его 等句子只能归结为 N_1— V_f 的结构模式，即归到 Саша писал; Я встретил 的句子类型中去。因此，《80 年语法》中就简单句结构模式与其语义关系来说，前者起决定作用，而后者从属于前者，甚至竭力使后者适应、迁就前者。

《80 年语法》之所以使句子语义结构从属于结构模式，其原因正如该语法简单句部分的作者什韦多娃在《论句子的语法结构与语义结构的相

---

① АН СССР, Грамматика современного русского литературного языка. М., 1970, стр. 641 – 646.

应》一文中所指出的那样,“无论填入的词汇意义如何,结构模式本身就是与按模式建造的语义结构有关联的。模式成素的抽象意义和它们之间的关系是句子语义结构的本原,并使语义结构具有最大限度的概括性。”①阿尔瓦特(Н. Н. Арват)也有类似的看法。他指出:“在词汇填入之前结构模式是语法语义和一般概念范畴的具有者,而这些范畴为结构模式的填入词汇的语法类别所表达。”②他们的看法有共同之处,即都认为句子结构模式似乎出现在词汇填入之前,可以脱离开词汇填入而独立存在。这样得出的结论就是:结构模式是第一性的,词汇填入和句子的语义是第二性的,句子的语义结构是由其结构模式所派生的。

这一看法值得商榷。佐洛托娃在《俄语句法的交际观点》中对结构模式与词汇填入、模式的语义的关系作了正确的阐述。她说:“‘词汇填入’句法模式和模型的概念,只有在认识到‘模式’与‘填入’相互制约的情况下,才能使用得体。模式对填入不是漠不关心的,它们作为理论构造方面的概念,其存在有赖于词汇的填入,是从语言现实范围内很多同类的‘填入’中抽象出来的。”③这就是说,句子结构模式是从由具体词汇和词形构成的饱含具体语义的句子中抽象出来的,因此它对于语义结构和词汇填入来说是第二性的,是后者的派生物。卡策内尔松(С. Д. Кацнельсон)也一再强调模式的派生性和对语义的依赖性。他明确指出,句子的句法结构“是派生于句子的语义结构的,好象是一种对深层语义结构的‘句法解释’”④。

3.2 有不少语言学家提出一种令人信服的看法。他们认为,决定句子结构组成的不是其主要成分,而首先是述体的语义。拉斯波波夫说得好,“归根到底述体在所有场合都在其组成中起着决定和确定句子结构形态的结构-构成作用。”⑤述体对于称名情景来说是最重要的称名,因为它是对主体的表述。述体不仅指出主体在一定的时间、情态范围内所具

① Н. Ю. Шведова, О соотношении грамматической и семантической структуры предложения. // Славянское языкознание. М., 1973, стр. 483.

② Н. Н. Арват, Семантическая структура безличных предложений в современном русском литературном языке. М., 1975, стр. 10.

③ Г. А. Золотова, Коммуникативные аспекты русского синтаксиса. М., 1982, стр. 50.

④ С. Д. Кацнельсон, Типология языка и речевое мышление. Л., 1972, стр. 104 – 105.

⑤ И. П. Распопов, Что же такое структурная схема предложения. Вопросы языкознания, 1976, №2.

有的特征，而且还决定这一特征参加者之间的作用分配。这就在述体周围建起一个使必需的词汇自然卷入的配价场。因此可以把述体看做句子整个情景的潜在的负荷者。这也就是为什么近年来越来越多的语言学家把配价原则运用于句子结构模式及其语义结构的根本原因。

配价在语言学中表示语言符号为组成更大的整体而与其他语言符号进行联系的能力。所谓动词的配价就是动词在结构和语义上与其他词的组配能力。用动词配价的概念来阐述句子结构的特点，早在1934年法国语言学家泰尼埃(L. Tesnière)的著作中就有这方面的论述。他认为，动词是“小型话剧”的“中心”。一个句子就像话剧中主人公在各种不同的情景中进行表演一样。在句子里我们可以找到“参与成分”和表达各种不同情景的“疏状成分”。泰尼埃把语法中的动词与化学中的原子进行了比较，从而引进了把动词与某一数量参与成分结合能力联系起来的“配价”概念[①]。这一观点是有其理论根据的。正如维诺格拉多夫指出的那样，动词与其他一切词类的范畴比较起来，是最具有结构性的。这就是说，动词这个词类具有最丰富的与其他词类组配的可能性。赞同这一观点的语言学家随着时间的推移日益增多。苏联语言学家莫斯卡利斯卡娅(О. И. Москальская)就是其中的一个。她认为：“动词的配价(参与成分的数量、状语和其他评定语)具有直接依赖于动词词汇意义的性质。”[②]换言之，句子结构模式由动词和用来填补由于动词词汇意义的不足而形成模式中句法位置的成素组成。因此，句子结构模式与动词的配价是紧密联系在一起的。以动词配价为原则建造的句子结构模式(如1979年捷克科学院《俄语语法》[③])必然既具有语法上的完整性，又具有信息上的独立性。由此可以看出：动词配价或述体配价在极大程度上决定全句的语义。

所谓句子的语义结构就是对作为语言交际单位的句子所特有的内容性质的抽象。因此句子的语义结构是按不同方式建造、但反映同一情景或事件的句法结构系列的共同基础。众所周知，句子是实现称名功能的单位。词或词组也具有称名功能，它们是对事物的称名。例如 Девочка

---

① L. Tesniére, Elements de syntaxe structurale. Paris. 1959.

② О. И. Москальская, Проблемы системного описания синтаксиса. М., 1981, стр. 27.

③ Русская грамматика. Ч. 2. Praha. 1979. 参看吴贻翼：《布拉格 <俄语语法> 对简单句的描写》，《外语学刊》1986年第1期。

выменяла у мальчика грушу на пирожное 是由一系列对事物称名的词或词组组成的：девочка，выменяла грушу，выменяла у мальчика，выменяла на пирожное。而在语义句法学中，却把上述句子看做对事件、情景的称名。可见，作为称名事物的词或词组与作为称名事件的句子有着本质的不同。对事件的称名就是对与我们意识中逻辑命题相应的行为（状态、特征、关系）以及其参加者的称名，并把它们组合成一个结构整体，这就是句子的语义结构。因此这一语义结构由表示主体特征的述体和情景或事件参加者组成。由于它对事件的称名以逻辑中的命题概念为基础，所以也可称它为命题模型（пропозициональные модели）。命题模型与以配价原则建造的句子结构模式（或称配价模式）都是以配价概念为基础的，但是两者对配价概念的阐述是从两个不同的角度进行的：前者从语义的角度，而后者从句法的角度。不论是命题模型，还是配价模式，它们都认为，主语就其结构和语义上的重要性而言要低于谓语，属于事件参加者这一行列，与补语归为一类，只具有配价的位置（валентная позиция）。从而可得出结论：在句子中无论在结构上，还是在语义上只有一个动词或述体的中心。这就是动词或述体中心论。这一思想不仅对于研究句子结构的句法学来说，而且对于研究句子意思构成的句法语义学来说都是十分重要的。

波格丹诺夫、加克（В. Г. Гак）、阿达梅茨等认为任何一个句子都反映某个现实的情景或事件，句子的语义结构与它所反映的现实情景的结构是同形的，只有现实中某个情景才是句子的所指。因此这一观点又被称为所指观点。由于各语言学家对命题、称名的理解有所不同，因此对语义结构的分类也各有差异。大致有参与成分的分类（актантная классификация）和参加者作用的分类（аргументно-ролевая классификация）两种，它们统称为命题分类（пропозициональная классификация）。

捷克的语言学家阿达梅茨根据参与成分的数量对分类作了描写。他分成单成素命题（однокомпонентные пропозиции），双成素命题、三成素命题和四成素命题。与此相应的是无参与成分命题（безактантные пропозиции）、单参与成分命题、双参与成分命题和三参与成分命题①。这时这些参与成分并没有获得在句中起作用的性质。他认为，配价是

① П. Адамец, Образование предложений из пропозиций в современном русском языке. Praha. 1978.

"动词趋向于潜伏在其语义结构中的某些成素的组配"①。他把主语和补语都归为由配价关系与动词联系起来的成素。只有某些状语包含在该动词的语义结构之中,是补充该动词语义不足所必需的,例如 находиться (где), вести себя (как), благодарить (за что) 等。而 Вечером сестра гладила; Мальчик медленно собирал вещи 等句中的状语却不被认为是配价。可见,他还把配价分成必需配价和任选配价。"如果没有动词的必需配价,就不可能用该动词造出合乎规范的句子。"②例如:Мальчик разбил вазу; Картина мне понравилась. 任选配价可理解为"该成素常与该动词搭配,但不是必需的。缺少该成素的句子不是省略句"③。例如 Брат читает *газету* — Брат читает; Бабушка рассказывает *детям* сказки — Бабушка рассказывает сказки; Петр говорил *с Верой о погоде* — Петр говорил *с Верой* — Петр говорил о погоде — Петр говорил; Борис мне помог *отнести чемоданы* — Борис мне помог.

波格丹诺夫、加克等都采用参与者作用的分类法。波格丹诺夫在《句子的语义——结构组织》一书中根据在语义结构中的语义功能把参与者(аргумент)分成 14 种,共分 3 组:(1)具有动物参与者功能的,如行为发出人(агентив,缩写为 аг.)、行为承受人(пациентив,缩写为 пац.)、感受人(экспериенсив,缩写为 экс.)等;(2)具有非动物参与者功能的,如行为发出物(элементив,缩写为 эл.)、行为承受物(объектив,缩写为 об.)、工具(инструментатив,缩写为 ин.)、方式(медиатив, 缩写为 мед.)等;(3)兼有动物和非动物功能的,如名称(ономасиатив,缩写为 оном.)、方位(локатив,缩写为 лок.)、性质持有者(дескриптив,缩写为 дес.)等。波格丹诺夫认为划分动物对象与非动物对象是必要的,因为"前者具有后者一般无法谈及的纯行为"④,例如作为动物对象的行为发出人本身就是该行为源泉,不需要其他推动因素;而非动物对象就不具备

---

① П. Адамец, Изучение валентности русских глаголов на философском факультете Карлова университета. // Актуальные проблемы русского синтаксиса. МГУ. 1984.

② П. Адамец, Изучение валентности русских глаголов на философском факультете Карлова университета. // Актуальные проблемы русского синтаксиса. МГУ. 1984.

③ П. Адамец, Изучение валентности русских глаголов на философском факультете Карлова университета. // Актуальные проблемы русского синтаксиса. МГУ. 1984.

④ В. В. Богданов, Семантико-синтаксическая организация предложения. Л., 1977, стр. 55, 67, 3.

这性质，为了完成某一行为，它需要外界的推动因素。

波格丹诺夫根据参与者的数量和语义功能、述体的类别，把句子的语义结构归结为下列公式：Пк（c） + A_1（f_1） + … + Ак（fm）

公式中 П 为述体，к 是述体 П 的参与者 A 的数目，c 为述体的类别（如行为、状态、关系、性质），f 为参与者的语义功能，m 为这些功能的数目。波格丹诺夫将这一公式具体化为 42 个语义结构。例如：$П_1$（行为） + Аaг.（Мальчик бежит）；$П_1$（状态） + Апац.（Сын наказан）；$П_1$（状态） + Адес.（Парус алый）；$П_2$（行为） + Апац. + Аaг.（Отец наказывает сына）；$П_2$（行为） + Аоб. + Аин.（Нож режет хлеб）；$П_2$（行为） + Апац. + Аэл.（Пулей убило человека）；$П_2$（状态） + Алок. + Аоб（Книга лежит на столе）；$П_2$（关系） + Апац. + Адес.（Сын выше отца）；$П_3$（行为） + Аоб. + Аин. + Аaг.（Мальчик режет хлеб ножом）；$П_3$（行为） + Апац. + Апац. + Аaг.（Иван познакомил Сергея с Наташей）等。

波格丹诺夫还对影响述体类别的参与者的次范畴化（субкатегоризация）作了分析。由于参与者的特征大部分是首先依赖于义素〔±动物性〕的，因此把该义素选为主要的义素，其他义素都依据它来作进一步安排。参与者次范畴化的公式如下：

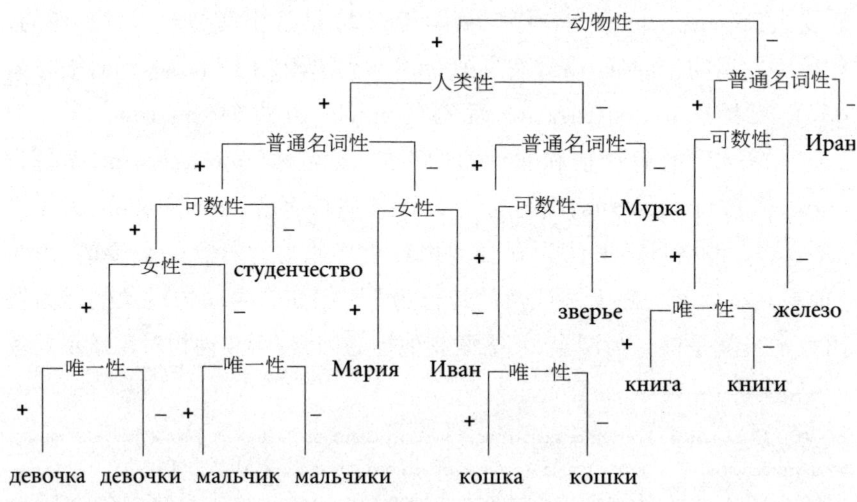

根据这一公式可赋予参与者增添义素的补充组合，从而可获得反应更窄范围语义性质的专门语义结构。例如 Аaг. 就有下列的形式：

1.〔+ 动物性〕→〔± 人类性〕	6.〔- 女性〕→〔± 唯一性〕
2.〔+ 人类性〕→〔± 普通名词性〕	7.〔- 普通名词性〕→〔± 女性〕
3.〔+ 普通名词性〕→〔± 可数性〕	8.〔- 人类性〕→〔± 普通名词性〕
4.〔+ 可数性〕→〔± 女性〕	9.〔- 普通名词性〕→〔± 可数性〕
5.〔+ 女性〕→〔± 唯一性〕	10.〔+ 可数性〕→〔± 唯一性〕

使用上述形式可使语义结构 $П_1$（行为） + Aar. 中的 Aar. 具有下列义素的组合：

1. {+ 动物性, +人类性, +普通名词性, +可数性, +女性, +唯一性}
2. {+ 动物性, +人类性, +普通名词性, +可数性, +女性, -唯一性}
3. {+ 动物性, +人类性, +普通名词性, -可数性, -女性, +唯一性}
4. {+ 动物性, +人类性, +普通名词性, +可数性, -女性, -唯一性}
5. {+ 动物性, +人类性, +普通名词性, -可数性}
6. {+ 动物性, +人类性, +普通名词性, +女性}
7. {+ 动物性, +人类性, -普通名词性, -女性}
8. {+ 动物性, -人类性, +普通名词性, +可数性, -唯一性}
9. {+ 动物性, -人类性, +普通名词性, +可数性, -唯一性}
10. {+ 动物性, -人类性, +普通名词性, -可数性}
11. {+ 动物性, -人类性, -普通名词性}

与组合 1 适应的是类似 Девочка бежит 的句子，与组合 2 适应的是 Девочки бегут 的句子，与组合 5 适应的是 Студенчество трудится，与组合 7 适应的是 Иван работает，与组合 10 适应的是 Зверье разбежалось，与组合 11 适应的是 Мурка резвится 等。

语义结构 $П_1$（行为） + Aar. 如用组合 1 补充，就可得出下列形式：

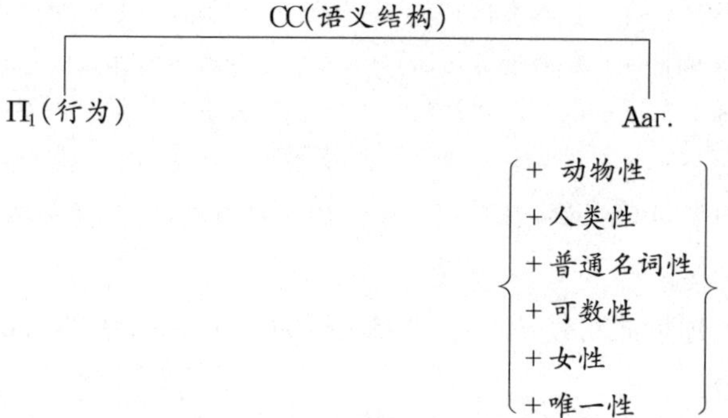

语义结构 $П_3$(行为) + Аоб. + Амед. + Аaг.(Мать закрыла окно занавеской)如用相应义素的次范畴化组合来补充,则可得出如下的形式:

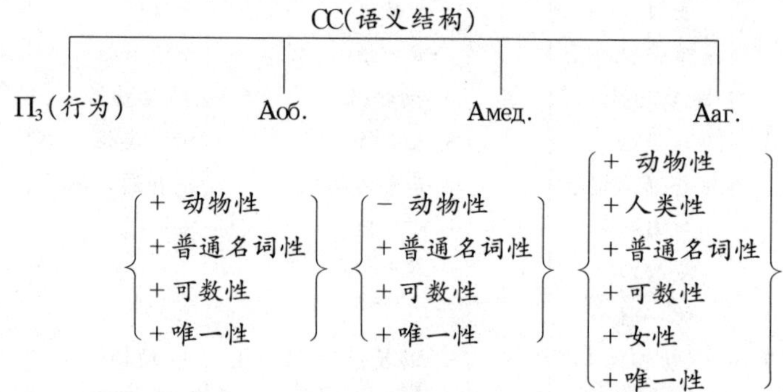

波格丹诺夫对语义结构中的词序还作了进一步的阐述。他认为 $П_3$(行为) + Аоб. + Амед. + Аaг. 中的词序反映了参与者与述体在意思方面的联系程度。行为承受物与述体的联系比其他参与者更为紧密,这表现在:如果该述体处于某种形式时,除行为承受物以外,其他任何参与者都可被省略,例如 Окно закрыто. 如果语义结构中有行为承受物,则作为方式的参与者和作为行为发出者的参与者在语义上是平等的,因为结构中既容许省略行为发出人(Окно закрыто занавеской),又容许省略方式(Мать закрыла окно)。这两个参与者在功能上的等价还表现在结构中无法省略行为承受物(如不能说 Мать закрыла занавеской),如果不是省略句的话。

波格丹诺夫把上述解释看做多参与者语义结构之间的派生语义关系(деривационно-семантические отношения)。这些关系可用下列形式表示:① Окно закрыто → ② Окно закрыто занавеской 或 ③ Мать закрыла окно→④Мать закрыла окно занавеской. 在这一序列中每后一个句子都为前一句子开辟了一个参与者的补充配价。因而句①是生产句②或句③的，句②或句③是生产句④的。从中可以看出，句①在语义派生的范围内可确定为非派生句，因为它不可能省略任何成素，而其他的句子都是派生句。

他们认为，句子的语义结构与它反映的现实情景的结构是同形的。根据情景成素相互作用确定的功能（如根据它的“参加者”对行为、特征、性质等的作用）相应地归结为该结构的单独成素。但是这些“参加者”的数目与相应的语义结构中的成素的数目在不同著作中是不一致的。例如加克分了7种“现实参与者”：（1）主体；（2）客体；（3）受话人；（4）促进或阻碍过程实现的实体（发起人、工具、原因）；（5）空间具体化词（所在地、运动的起点或终点）；（6）时间具体化词；（7）主体或客体所属的，或组成其部分的实体。按照加克的意见，与“现实参与者”相应的“结构参与成分”（句子成分）是：（1）主语；（2）直接补语；（3）间接补语；（4）工具、补语或原因状语；（5）地点状语；（6）时间状语；（7）名词的补语。他又指出，如果句子成分形成的不是它所固有的参与者，如主语表示的不是行为的现实主体，而是行为的现实地点，则它用于转义，可解释为直接称名的语义（深层结构）向结构（表层结构）的转换。

波格丹诺夫和加克在参与者功能和数目方面不一致的原因在于使用构成语义结构所必需的原始资料的不确定或不合适。波格丹诺夫承认，“事实上在这些场合明显或不明显地总要考虑某些句法资料”①。而这些资料只能从表层结构吸取，从而转入语义结构。由此可见，他们作为深层结构的语义结构本身不是纯的语义结构，不完全是从其表层结构中抽象出来的，或多或少夹杂着作为表层结构的“句法资料”。

阿达梅茨、波格丹诺夫等的语义结构都具有信息完整的优点。但是，阿达梅茨的语义结构只把谓语或述体的配价理解为与它们可能组配的成素的数目，而对影响其组配能力的不同类型谓语或述体的意义不予考虑或考虑不够，这就不能不影响对其语义结构阐述的深入。波格丹诺夫的语义结构比阿达梅茨描写得更深入、更细致。但令人遗憾的是，有些句子类型（如称名句或主格句 Ночь 等；无人称句 Смеркалось 等；不定人称句

① В. В. Богданов, Семантико-синтаксическая организация предложения. Л., 1977, стр. 55, 67, 3.

Здесь не курят 等）都未被波格丹诺夫列入语义结构的范围之内，可能他认为这些句子类型是派生结构。

除上述所指观点以外，还有一种以语义结构的基本成素（主体、述体和客体）之间的逻辑关系为基础的逻辑观点。属于这一观点的有苏联语言学家阿鲁秋诺娃、捷克语言学家济梅克等。

阿鲁秋诺娃在《句子及其意思》一书中指出，作为对事件称名的句子，其意思来源于构成句子的词的语义。它们既可实现为句子，又可“转换为称名位置的句子”所构成的其他句法结构。试比较：Друзья встречаются после войны — Послевоенная встреча друзей; Мальчик читает книгу — Чтение книги мальчиком. 她认为：“转换为称名位置的句子丧失交际上的独立性。它不能分解为主位和述位。此外，它还失去情态性。但是它的称名内容依然如故。因而上面被称之为命题称名的不仅是句子的特性，而且也是某些词组（句子的转换形式）的特性。”[①]这就是说，阿鲁秋诺娃把命题称名扩展到句子的范围之外，而句子只是反映一定现实情景的构成之一，尽管它是这些构成中最重要的，因为其他的都是从句子派生的，是它的转换形式。

阿鲁秋诺娃根据语义结构基本成素之间的逻辑关系，又考虑到参与成分的逻辑地位，即是否表示事物、概念或名称这一事实，分列了四种关系：存在关系（отношение экзистенции）、等同关系（отношение идентификации）、称名关系（отношение номинации）和评定关系（отношение характеристики）。但她在著作中详细描绘的只有前两种关系。

“存在关系把观念与事物、概念与物质联结起来。在存在句中肯定在世界或某个片断范围内存在（或不存在）具有一定特征的客体（客体类别）。”[②]她把存在句归结为两个模式：（1）方位词—存在动词—存在事物的名词，如 В этом лесу есть грибы; У него есть дача; У вас нет совести; В мире есть много удивительного.（2）事物类别的名词—存在动词—属于该类别的存在事物的名词，如 Среди раков, которых я натаскал, не было ни одного голубого; Среди моих друзей в классе были

---

① Н. Д. Арутюнова, О номинативном аспекте предложения. Вопросы языкознания, 1971, №6.

② Н. Д. Арутюнова, Предложение и его смысл. М., 1976, стр. 18.

очень способные ребята. ①

在表示等同关系的等同句中肯定不同语言用语表示的客体的等同，例如 Этот корнет есть девица Дурова; Бурмин и был тот человек, с которым когда-то обвенчалась Марья Гавриловна; Это не тот человек, о котором я тебе говорил. 这类句子的目的在于"指出两个名词用语同属于一个客体,或者在否定的情况下指出关于客体等同的假设是错误的"②。此外,她还"把述位(所述内容)由所指名词(即属于一定的个别客体的专有名词、代词或普通名词)表达的句子看做是等同关系"③。例如 Пришел Петя 的句子,如果有人已经来了为已知,而具体是谁为未知,则提 Кто пришел? 的问题是很自然的。这时 Пришел Петя 的意思是 Пришедший (тот, кто пришел) — Петя(来的人是彼佳),"来的人"与"彼佳"等同。类似这样的句子还有 Сделал это мой брат; Это бригадир так распорядился.

阿鲁秋诺娃列举的语义结构的逻辑关系只有四种,她详细描写的只有前两种。事实上语义结构的逻辑关系远不止这些,这就不能不令人感到遗憾。

尽管上述分类和观点各有差异,但是它们对下列事实看法一致:对言语交际过程来说具有决定意义的不是句子某一结构的特点,而首先是句子所表达的意思,也就是句子的语义结构。换言之,句子语义结构是第一性的,句子结构模式对其语义结构来说是第二性的,是派生的。这主要因为"句子的意思是个复杂的组织。为了表示它,在语义学中采用诸如'语义结构'、'基础结构'、'内部结构'、'深层结构'等术语。所有这些术语都反映了意思这一组织的性质,同时也反映了在现实中被观察到的称之为'句法结构'、'外部结构'、'表层结构'等深层的意思组织"④。这就是说,深层结构的概念与语义结构的概念是等同的,而与它们相对立的表层结构与句法结构的概念也是等同的。众所周知,表层结构赋予句子以一定的语义解释。而句子的生成过程可归结为:通过一定的方式来实现深

---

① Н. Д. Арутюнова, и др. Русское предложение. Бытийный тип. М., 1983, стр. 14,9.

② Н. Д. Арутюнова, Предложение и его смысл. М., 1976, стр. 18.

③ Н. Д. Арутюнова, Предложение и его смысл. М., 1976, стр. 18.

④ В. В. Богданов, Семантико-синтаксическая организация предложения. Л., 1977, стр. 55,67,3.

层结构向表层结构的转换。由此可见,深层结构对于表层结构来说是第一性的。

以主语与谓语关系为基础,考虑时间和情态范畴的句子结构模式,由于没有任何的词汇特征,因此在句子的交际——定位类型方面没有什么重要的意义。企图用句子语义结构来补充其结构模式的不足,这只是一种很不成功的变体。因为在这些结构中受述体或动词配价所制约的客体被确定为结构模式的扩展成素,也就是实际上的任选成素。像《80 年语法》那样,把语义结构从属于结构模式,这不符合句子生成过程的客观实际。拉斯波波夫正确指出:"尤其在谈论句子的语义结构时从一个对象跳到另一个对象,像什韦多娃著作中那样,是不合适的。她忽而用已失去除'抽象的述谓意义'外任何意义的最低限度语法样板来限制句子的框框,忽而把这一框框扩大,赋予句子特殊的语义结构和'句子成分的交际意思'"①。

3.3 俄语简单句语义结构的三种观点,即什韦多娃的结构观点、波格丹诺夫等的所指观点和阿鲁秋诺娃等的逻辑观点,各有千秋。结构观点强调语言结构本身各成素的作用,侧重研究句子结构模式的语法意义与填入模式的词汇意义之间的关系。这是必须肯定的。但是,它忽视了语言与客观现实、语言与思维的关系。所指观点和逻辑观点研究语言与客观现实(情景)的关系,研究语言与思维的逻辑关系,这是正确的。但是,它们忽略了对语言本身特点的研究。这可能与这些语言学家企图建立一种适用于各种语言的普遍语法有关。

上述三种观点反映了三种关系:语言与客观现实的关系、语言与思维的关系和语言本身各成素间的关系。语言、客观现实和思维这三个方面是相互作用、相互制约的。单独强调其中某一方面,而忽视其他方面,这必然会导致片面性。因此,研究句子语义结构时必须全面考虑语言与客观现实、语言与思维和语言结构本身各成素间的关系。

4 作为外语的俄语句子语义结构的描写原则

Принципы описания семантической структуры предложения в русском языке как иностранном, на наш взгляд, должны предполагать

① И. П. Распопов, Несколько замечаний о так называемой семантической структуре предложения. // Спорные вопросы синтаксиса. Ростов-на-Дону. 1981.

следующие цели:

4.1 Центральное место предиката

Как один центр в предложении, выражаемый подлежащим, так и два центра, выражаемые подлежащим и сказуемым, все они основываются на морфологическом признаке. В первом случае подлежащее занимает центральное место в предложении от того, что сказуемое должно согласоваться с подлежащим по родам, числам и лицам. Эта концепция представлена работами русских и советских грамматистов — Ф. Ф. Фортунатова и др. [①] Во втором случае подлежащее находится не в односторонней зависимости от сказуемого, а во взаимозависимости с ним: не только зависит от сказуемого, которое диктует ему его форму, но и определяет форму сказуемого применительно к уподобительным категориям числа, рода и лица. Это значит, что сказуемое обусловливает подлежащее с одной стороны, и обусловливается им с другой стороны. Такая концепция отражена в работах В. А. Белошапковой[②].

Основываться на морфологическом признаке — это значит, что наличие показателей морфологических форм служит символом зависимости от какого-нибудь члена предложения. Это основание имеет существенный недостаток. Он заключается в том, что с точки зрения общего языкознания такое понимание не приобретает всеобщего характера. Оно не имеет никакого смысла, если в некоторых языках нет морфологического признака согласования. Как известно, в предложении грузинского языка «mama me cigns m-ad-lev-s» (Отец дает мне книгу) глагол m-ad-1ev-s согласуется не только с подлежащим mama, но и с косвенным дополнением me. Рассматривая синтагму «сказуемое (глагол) + дополнение (существительное)», мы наблюдаем, что в глаголе есть морфологический показатель. Разве он подчиняется косвенному дополнению? Это, очевидно, противоположно интуитивному чувству,

---

① Ф. Ф. Фортунатов, Избранные труды. Т. I. М., 1956, стр. 183.

② Современный русский язык. Под ред. В. А. Белошапковой. М., 1981, стр. 419.

так как в этой синтагме косвенное дополнение, безусловно, подчинено сказуемому. Приведем еще пример из арабского языка. По нормам линейного синтаксиса арабского языка наиболее обычной для глагола является первая позиция в предложении. В этой позиции глагол всегда выступает в форме ед. числа, независимо от числа имени-подлежащего, следующего за ним. Ср.: дахика р-раджулу («Засмеялся человек»); дахика р-рижалу («Засмеялись люди», досл. «Засмеялся люди»). Согласование во мн. числе реализуется только в том случае, если глагол занимает позицию после имени-подлежащего, ср.: дахика р-риджалу ва калу («Засмеялись люди и сказали», досл. «Засмеялся люди и сказали»). Отсюда видно, что морфологический признак не является основанием, определяющим синтаксическую зависимость. Иными словами, он не представляет критерия, определяющего подчинение или взаимоподчинение между подлежащим и сказуемым.

Мы считаем, что предикат является центром и в синтаксическом отношении, и в семантическом отношении, занимает главенствующее место в предложении, потому что он имеет признак репрезентируемости. Этот признак может быть впервые выдвинут Е. Куриловичем в книге «Очерки по лингвистике»[①]. Под репрезентируемостью понимается средство различения главенствующего члена в синтагме. То слово, через которое одна синтагма соединяется с другой, обладает репрезентацией, так как она может репрезентировать эту синтагму. Если синтагма «красная роза» соединяется с другой синтагмой «она купила», это может быть осуществлено только через определяемое «роза», а не через определяющее «красная». Когда предложение имеет отношение к союзу, это осуществлено через сказуемое, выступающее в качестве репрезентации. Ср.: «Когда деревья начинают увядать,...» и «с началом увядания деревьев». Отношение между союзом «когда» и глаголом «начинают» в предложении подобно же отношению между предлогом «с» и существительным «началом» в синтагме. Еще ср.: Зве-

---

① Е. Курилович, Очерки по лингвистике. М., 1962, стр. 49.

зды: мерцают = красная: роза. Из этого следует, что сказуемое в предикативной синтагме играет такую же роль, как и определяемое в определительной синтагме. Это значит, что сказуемое обладает признаком репрезентивности в данной синтагме. Е. Курилович справедливо пишет: «Именно сказуемое (на практике личный глагол или связка) представляет внешние синтаксические связи предложения. Вот почему определить предложение некоторым словом — значит определить сказуемое предложения... сказуемое представляет все предложения.»①

Здесь необходимо отметить, что мы только взяли термин «репрезентируемость» у Е. Куриловича, но придали ему другое понятие. Русский лингвист А. А. Холодович указывает, что признак репрезентируемости является средством различить главенствующий член в синтагме. С этим взглядом мы согласны. Это потому, что в работах Е. Куриловича понятие о репрезентируемости не связано с синтаксическим главенствующим местом в предложении. Он считает, что критерий различения главенствующего члена в синтагме представляет не признак репрезентируемости, а морфологический признак, т. е. признак согласования определяющего с определяемым, который мы выше опровергли. Согласно этому критерию определяемое в определительной синтагме не только обладает признаком репрезентивности, но и занимает главенствующее место; по словам Е. Куриловича, в предикативной синтагме сказуемое хотя носит характер репрезентивности, но занимает зависимое место, потому что должно согласоваться с подлежащим в роде, числе и лице, выступающим в роли главенствующего члена. А мы утверждаем, что признак репрезентивности представляет собой средство различения главенствующего члена в синтагме. В этом заключается различие между Е. Куриловичем и нами в понимании репрезентивности②.

По признаку репрезентивности мы определяем главенствующую

---

① Е. Курилович, Очерки по лингвистике. М., 1962, стр. 54.

② А. А. Холодович, К вопросу о доминанте предложения. //Проблемы грамматической теории. Л., 1979, стр. 293 – 298.

роль сказуемого или предиката в предложении. Сказуемое или предикат не только называет какой-либо признак, которым обладает подлежащее или субъект, но и предопределяет распределение ролей между участниками. Все это создает вокруг сказуемого или предиката валентное поле, в которое естественным образом оказывается втянутой необходимая лексика. В связи с этим подлежащее или субъект понижается в ранге относительно сказуемого предиката, подводится под участников ситуации и объявляется валентной позицией. Отсюда вытекает, что в предложении имеется только один центр сказуемого или предиката как в синтаксическом, так и в семантическом отношении.

Следует отметить, что предложения типа «Ночь»; «Тишина»; «Цветов!»; «Шуму!»; «Ни звука» состоят из двух семантических компонентов: субъекта и предиката. Эти предложения показывают или «субъект и его наличие», или «субъект и его избыточное наличие», или «субъект и его отсутствие». Таким образом, в их семантических структурах предикат все же занимает центральное место.

4.2 **Классификация предикатов по семантическим функциям**

Как известно, предикаты бывают разных классов по семантическим функциям. Различиями в семантических функциях их классов обусловливается и их разная роль в семантических структурах и особенности их связи с другими компонентами. Видимо, сочетаемость предикатов, т. е. их валентность, зависит от семантических функций их разных классов. С точки зрения семантических функций предикаты могут быть разделены на следующие четыре класса:

4.2.1 Предикат действия

Предикат действия называет какое-либо действие участника ситуации и может быть выражен акциональными глаголами Vact. Они требуют разных именных компонентов, обусловленных характером действия. Так, глаголы речемыслительного действия сопровождаются именными компонентами со значением адресата и содержания речемыслительного действия. Например: рассказать друзьям о поездке и т. п. Глаголы конкретного физического действия требуют именных компонентов со значением объекта и орудия действия; первое обязательно, а второе факультативно. Например: забивать гвоздь молотком и т. п. Глаголы движения требуют компонентов со значением отправного пункта, конечного пункта, пути и средств сообщения, но эти компоненты факультативны. Например: лететь из Москвы в Ленинград самолетом и т. п.

4.2.2 Предикат состояния

Предикат состояния выражает состояние природы, состояние или изменение состояния участников и обычно употребляется статуальными глаголами Vcond (Сирень цветет; Снег тает; Дети растут; Ребенок спит и т. п.), безличными глаголами Vimp (Светает; Мне везет; Мне нездоровится; Меня знобит и т. п.), предикативными наречиями Praed (Морозно; В комнате светло и уютно и т. п.), краткими формами страдательного причастия Part кратк. (Отец обижен; Клуб построен ит. п.) и др.

4.2.3 Предикат отношения

Предикат отношения показывает отношения между участниками ситуаций, он может быть выражен реляционным глаголом Vrelat. К его числу относится глагол локализующего значения, который выражает пространственное положение предмета. Этот глагол сопровождается компонентами с локативным значением, т. е. предложно-падежной формой с локативным значением. Например: Тетради лежат на столе; Такси стоит у подъезда; Сад спускает к реке; Тропинка ведет к реке и т. п. К числу реляционого глагола принадлежит и посессивный глагол, выражающий обладание каким-либо предметом. Например: У него есть дача; Соседи владеют садом; Мы располагаем новыми моделями и т. п.

Предикат отношения может быть выражен и сравнительной степенью прилагательного Adj сравн. (Сын выше отца), и существительным N (Я студент).

4.2.4 Предикат свойства

Предикат свойства обозначает признак или характеристику предмета. Он выражается прилагательными Adj (Небо ясное), краткими формами прилагательных Adj кратк. (Дни стали коротки; Табак вреден человеку), существительными в именительном или родительном падеже с обязательным определением N_1 / N_2 (Наш век — век высоких скоростей; Он высокого роста), наречиями Adv (Она замужем), числительными Quant (Сестер три; Ему сорок лет) и т. п.

Классификация предикатов по семантическим функциям необходима. Но для обучения русскому языку как иностранному не надо классифицировать достаточно подробно, в особенности глаголы, выражающие предикаты. Классов глаголов по семантическим функциям может быть много. Подробная классификация не идет на пользу обучения русскому языку как иностранному. Ввиду этого глаголы делятся только на акциональные, статуальные, реляционные и др. Совсем нет необходимости дальше разделять акциональные глаголы и др. на подклассы. В настоящей статье подробнее описываются подклассы этих глаголов. Цель состоит в том, чтобы показать зависимость валентности глаголов от семантических функций их разных классов и подклассов.

4.3 **Классификация аргументов по семантическим функциям**

В. В. Богданов справедливо пишет: «различие между одушевленными и неодушевленными объектами заключается в том, что первые обладают собственным поведением, чего в общем нельзя сказать о вторых». И поэтому необходимо различить семантические функции аргументов в соответствии с одушевленностью или неодушевленностью. Но нельзя разделить их на четырнадцать групп так же, как это делает В. В Богданов. Многочисленность групп не способствует успешному обучению учащихся русскому языку.

По семантическим функциям аргументы делятся на девять групп:

А. Функции для одушевленных аргументов: субъект (С одуш.), объект (О одуш.), адресат (А).

Б. Функции для неодушевленных аргументов: субъект (С неодуш.), объект (О неодуш.), локатив (Л), темпоралис (Т), квалификация (К).

В. Функции для аргументов как одушевленных, так и неодушевленных: субъект (С одуш. / неодуш.).

4.4 Двойные символы структур

Под двойными символами структур понимают, что данные символы представляют структуры как выражения форм, так и информативного содержания. Таким образом, такие схемы предложений являются как структурными схемами в синтаксическом отношении, так и семантическими структурами в информативном отношении. Так, N_1 (С одуш.) — Vact f (П действие) может быть реализовано как «Птицы улетели»; «Мальчик пишет» и т. п. N_1 (С одуш. / неодуш.) — Vcond f (П состояние): Магазин открывается; Дети растут и т. п. N_1 (С одуш.) — Vact f (П действие) — Cobj (О неодуш.): Отец зажег лампу и т. п. N_1 (С одуш.) — Vact f (П действие) — Cobj (А + О неодуш.)[①]: Экскурсовод рассказал нам историю каждого экспоната и т. п. В этих моделях символы латинского языка без кавычек обозначают структурные схемы в синтаксическом отношении, а символы славянского языка в кавычках — семантические структуры в информативном отношении. Установление этого принципа дает возможность и реализовать символы без кавычек как реальные предложения, и усвоить информативные содержания по символам в кавычках.

В соответствии с вышеизложенными принципами мы прибавляем семантические структуры предложений к сорока восьми структурным схемам, перечисленным в статье «Структурная схема предложения в русском языке при изучении его как иностранного»[②]. Сейчас перечисляем следующие:

4.4.1 Однокомпонентные структурные схемы

(1) N_1 (С одуш.) — (П действие): Ночь; Тишина.

(2) N_2 (С одуш./неодуш.) — (П действие): Народу! Цветов!

---

① Символ латинского языка С называют комплементом. Он может иметь объектное или обстоятельственное значение.

② У И-и, О структурной схеме предложения в русском языке при изучении его как иностранного. //Československá rusistika. 1990, №2.

(3) Ни N_2 (С одуш. / неодуш.) — (П отношение): Ни души; Ни звука; Ни облачка.

(4) Vimp (П состояние): Светает; Смеркалось.

(5) Praed (П состояние): Морозно; Солнечно.

(6) Inf (П действие / состояние): Молчать; Встать.

4.4.2 Двухкомпонентные структурные схемы

1) Подлежащно-сказуемостные

(7) N_1 (С одуш. /неодуш.) — N_1 (П отношение / свойство): Он студент; Десять лет — достаточный срок.

(8) N_1 (С одуш. / неодуш.) — Adj полн. / кратк. (П свойство): Небо ясное; Ребенок послушный; Дни стали коротки; Директор очень строг.

(9) N_1 (С одуш. / неодуш.) — Part кратк. (П состояние): Отец обижен; Клуб построен.

(10) N_1 (С одуш. /неодуш.) — N_2.../Adv (П свойство): Он высокого роста; Она замужем; Билеты в театр нарасхват.

(11) N_1 (С неодуш.) — Inf (П отношение): Наша задача — учиться; Главное лечение — лежать.

(12) N_1 (С одуш.) — Vact f (П действие): Птицы улетели; Мальчик пишет.

N_1 (С одуш. / неодуш.) — Vcond f (П состояние): Магазин открывается; Ребенок спит.

(13) Inf (С неодуш.) — Vcond 3s (П состояние): Курить запрещается; Учиться всегда пригодится.

(14) Inf (С неодуш.) — Praed (П состояние): Курить нельзя; Учиться интересно.

(15) Inf (С неодуш.) — N_1 (П состояние / свойство): Учиться — наша задача; Ехать туда — мука.

(16) Inf (С неодуш.) — Inf (П отношение): Отказаться — обидеть; Сомневаться значит искать.

(17) Inf (С неодуш.) — N_2.../Adv (П свойство): Жаловаться — не в его характере; Молчать некстати.

2) Неподлежащно-сказуемостные

А. (18) Dsub (С одуш.) — N_1 (П сосотояние / свойство / отношение): У него радость; С ним обморок; Во мне тревога; Какой у тебя костюм?

(19) Dadv (Л / Т) — N_1 (П состояние / свойство): В комнате чи-стота; У нас сейчас белые ночи; Сегодня праздник.

(20) N_2 (С одуш. / неодуш.) — Quant (П свойство): Сестер три; Работы мало.

(21) N_2 (С одуш. / неодуш.) — Part кратк. (П состояние): Книг куплено; Еды наготовлено; Народу погублено.

(22) N_3 (С одуш.) — Quant (П свойство): Ему сорок лет; Ему под сорок; Ему за сорок.

(23) N_2 (С одуш. / неодуш.) — Vimp 3s (П состояние): Мух налетело; Никого не появилось; Воды убывает; Времени не хватает.

(24) N_2 (С одуш. / неодуш.) — нет (П состояние): Ответа нет; Никого нет.

(25) Dsub (С одуш.) — Vimp 3s (П состояние): Ему нездоровиться; Меня знобит; У него не решается.

(26) Dadv (Л) — Vimp 3s (П состояние): Здесь болит; В печке загудело.

(27) Dadv (Л) — Vact / cond 3pl (П действие / состояние): У соседей поют; Здесь не курят.

(28) Dadv (Л) — Vact / cond 2s (П действие / состояние): Там не заснешь; Туда не пройдешь.

(29) Dsub (С одуш. / неодуш.) — Adj/Part кратк. pl (П состояние/свойство): Отказом были смущены; Ему рады.

(30) Dadv (Л) — Adj / Part кратк. pl (П состояние / свойство): Дома обижены; В школе согласны.

(31) Dsub (С одуш. / неодуш.) — Praed (П состояние): Ему плохо; С ним холодно; Ничего не видно.

(32) Dadv (Л) — Praed (П состояние): Здесь весело; На улице пустынно.

(33) Dsub (С одуш.) — Inf(П действие /состояние): Коле не отдохнуть; Ему завтра уезжать.

(34) Dadv(Л) — Inf (П действие / состояние): Там не отдохнуть; Здесь не пройти.

(35) Inf (С неодуш.) — Pron neg (П отношение) Посоветоваться не с кем; Спешить некуда.

Б. (36) Vimp 3s (П состояние) — Cobj (О одуш./ неодуш.): Саднило кожу; Морозило людей.

(37) (С одуш.) — Vact 2s (П действие) — Cobj (О одуш. / неодуш.): Прочитаешь хорошую книгу — много узнаешь.

(38) (С одуш.) — Vact 3pl (П действие) — C obj (О одуш./ неодуш.): Просят не курить; Принесли почту.

4. 4. 3 Трехкомпонентные и четырехкомпонентные структурные схемы

(39) N_1(С одуш./ неодуш.) — Adj кратк. (П свойство) — Cobj (С одуш./ неодуш.): Мы рады его приезду; Улицы полны народу.

(40) Dsub (С одуш./ неодуш.) — Adj кратк. (П отношение / свойство) — N_1(О одуш./ неодуш.): Мне нужна книга; Для школы необходима помощь; Человеку вреден табак.

(41) Dadv (Л / Т) — Adj кратк. (П отношение / свойство) — N_1(О одуш. / неодуш.): Там нужны словари; В любое время вредно курение.

(42) N_1 (С одуш./ неодуш.) — Part кратк. (П состояние) — (N_5) (О одуш./ неодуш.): Коля смущен (отказом); Строительство предусмотрено (планом); Ошибка допущена (контролером).

(43) N_1(С одуш./ неодуш.) — Vact -ся f (П действие) — (N_5) (О одуш./ неодуш.): Дом строится (рабочими); Коля избирается (партией) в кандидаты на съезд.

(44) N_1 (С одуш.) — Vact f (П действие) — Cobj (О одуш./ неодуш.): Отец зажег лампу; Пьяница бьет мальчика.

N_1(С одуш.) — Vact f (П действие) — Cobj (А + О одуш./ неодуш.): Почтальон принес нам почту; Преподаватель объясняет сту-дентам новые слова.

N_1 (С одуш.) — Vrelat f (П отношение) — Cobj (О одуш. ⁄ неодуш.) : Он имеет помощника; Иванов владеет домашним скотом.

(45) N_1 (С одуш.) — Vact ⁄ cond f (П действие ⁄ состояние) — Cadv (К/Т) : Он поступил благородно; Он проспал около часа.

N_1 (С одуш. ⁄ неодуш.) — Vrelat f (П отношение) — Cadv (Л) : Школа находится в городе; Он очутился в незнакомом месте.

(46) Dsub (С одуш. ⁄ неодуш.) — Vact ⁄ relat f (П действие ⁄ отношение) — N_1 (О одуш. ⁄неодуш.) : Ему нравится книга; Заводу требуются рабочие.

(47) Dsub (С одуш. ⁄ неодуш.) — Vimp 3s (П состояние) — Cadv ⁄ obj (О душ. ⁄ неодуш. ⁄ К) : Ветром сорвало крышу; Мне хорошо дышиться.

(48) Dadv (Л) — Vimp 3s (П состояние) — Cobj ⁄ adv (О неодуш. ⁄ К) : На свежем воздухе весело поется; В комнате пахло горелым луком и кофе.

Из выше перечисленных структурных схем предложений и их семантических структур очевидно, что структурные схемы предложений не совсем совпадают с их семантическими структурами. Некоторые однокомпонентные структурные схемы соотносятся с двухкомпонентными семантическими структурами. Некоторые двухкомпонентные структурные схемы — с трехкомпонентными семантическими структурами, например: N_1 (С неодуш.) — (П отношение) ; (С одуш.) — Vact 3pl (П действие) — Cobj (О доуш. ⁄ неодуш.) и т. д. Некоторые структурные схемы могут соотноситься с двумя или тремя семантическими структурами. Или, наоборот, некоторые семантические структуры могут быть выражены двумя или тремя структурными схемами. Как известно, поверхностная структура предложения придает ему фонетическую форму, а глубинная структура — семантическое содержание. Первое не всегда соотносится со вторым: одна и та же поверхностная структура может быть соотнесена с несколькими глубинными структурами, или, наоборот, одна и та же глубинная структура — с несколькими поверхностными структурами. Вот почему структурные схемы не совсем совпадают с семантическими структурами. Здесь необходимо отметить, что отношения между структурными схемами и семантиче-скими структурами таковы: второе первично, первое вторично и производно от второго.

俄语句子的交际组织及其实义切分

1 句子的实义切分

20 世纪 50 年代捷克语言学家马泰休斯提出了实义切分的理论，主张在连贯言语中揭示具体的意义。他指出："有必要把句子的实义切分同句子的形式切分区别开来。如果形式切分是从语法要素的角度研究句子成分的话，那么实义切分就是研究句子以何种方式与上下文的具体情境发生联系，而句子也正是在这种具体的上下文的基础上形成的。"①这一理论引起了各国语言学家的重视。维诺格拉多夫在《54 年语法》句法部分的"导论"中指出："值得注意的是，已经有人尝试摆脱纯粹的形式-逻辑的窠臼来研究这类语法现象了。譬如捷克语言学家马泰休斯曾经主张把句子的一般形式-语法分析，即结构切分和'实义切分'区别开来。"他还说："研究这些问题，对于更深刻地理解俄语的表情手段（其中包括词序）无疑是有很大帮助的。"②

对实义切分的研究，对在连贯言语中句子实际意义的研究是苏联语言学界 20 世纪 50 年代到 80 年代对俄语句子研究的特点之一。苏联语言学家克鲁舍利尼茨卡娅（К. Г. Крушельницкая）、拉斯波波夫、科夫图诺娃等在这一方面都作了很多研究，并发表了著作。特别是科夫图诺娃，她在《70 年语法》中把"简单句中的词序（简单句中交际形态的体系）"单独编写成一章。它对交际组织不仅有理论的阐述，而且还有具体模式的词序变化。但是应该指出的是，她并没有对所有模式的词序变化都作出说明。而科夫图诺娃在《80 年语法》中除继续保持《70 年语法》对词序描

① В. Матезиус, О так называемом актуальном членении предложения. // Пражский лингвистический кружок. М., 1967.

② АН СССР, Грамматика русского языка. Т. Ⅱ, Ч. Ⅰ. М., 1954.

写的特点外，还对每一模式的词序变化（其中包括《70 年语法》没有提到的单成素结构模式）进行了详细的阐述。除此之外，他们还把这一理论运用于实际教学。1976 年出版了科夫图诺娃编写的《句子的词序和实义切分》，这是供高等师范院校俄罗斯语言文学专业学生用的教科书《现代俄语》中的一本。1976 年还出版了克雷洛娃（О. А. Крылова）和哈夫罗尼娜（С. А. Хавронина）的《俄语词序》。这本教科书是专为外国留学生、研究生等学习俄语编写的，书中还附有大量的练习。

什么是句子的实义切分呢？句子的实义切分就是句子根据其交际任务进行的意义切分，它揭示句子在相应的连贯言语（即上下文或语境）中直接的、具体的意义。同一形态组织的句子由于交际任务的不同，由于上下文或语境的不同，就会具有不同的结构，不同的意义。因为语言是人类最重要的交际工具，一个句子表达的思想往往是人们在交际过程中交流思想的一个组成部分，因此，句子所表达的思想必然受上下文或语境的制约，例如在 Андрей поехал в Ленинград 中，说话者表述有关安德烈的行为，也就是表达他去列宁格勒，因此这个句子回答 Что сделал Андрей? 的问题，回答是 Поехал в Ленинград. 而在 В Ленинград поехал Андрей 中表达谁去了列宁格勒。可以设想，听者已经知道有人去列宁格勒，但不知道谁去了，因此这个句子回答的问题是 Кто поехал в Ленинград? 回答是 Андрей。再如句子 Поехал Андрей в Ленинград 的目的是表达安德烈去哪里了。听者已经知道安德烈走了，但不知去哪里了，所以这个句子回答的问题是 Куда поехал Андрей? 回答是 В Ленинград。从这些例子中可以看出，句子的结构和意义是与句子的交际任务、句子的上下文或语境相适应的。因此句子的结构不是静止的，而是动态的。

句子通常可以实义切分为两个部分：主位和述位。主位是表述实际思想的出发点，也就是在一定的语境中，一定的言语交际条件下已知的，至少是显而易见的东西，它在句中起承上启下的作用。而述位是对主位的说明或与主位有关的叙述，它是表达新的、未知的东西，是句子交际功能的主要承担者。例如上面列举的三个句子可以实义切分为 Андрей / поехал в Ленинград; В Ленинград поехал / Андрей; Поехал Андрей / в Ленинград. 例句中的斜线表示实义切分。斜线之前为主位，斜线之后为述位。

述位是表述的目的，表述的中心，因为有所未知，才需要表述。因此任何句子中都不可能没有述位，否则句子就毫无意义，没有交际作用。主位则可以有，也可以省略。例如：— Куда поехал Андрей？ — В Ленинград. 答句中省略了主位 Андрей поехал，但述位 в Ленинград 不能省略。句中的主位不一定都是必需的，还因为已知的成分可以由语境或上下文来确定。有时某些事物或现象，虽然在上下文中没有提到过，但是由于它们与其他提到过的事物有联系或者由于它们是众所周知的，因此说话者可以把它们看做已知的事物。如果已知的成分上下文已确定，则整个句子构成一个述位，表述新的、未知的成分。这类句子叫做不可切分句（нерасчлененное），又称带有零位主位（нулевая тема）的句子。这类句子通常表示实际现象、事实的产生或存在，表示新的人或事物进入上下文。例如 Пришла весна；Раздался звонок；Послышались шаги；Был жаркий августовский день；Повеяло теплой сыростью；Пахнет сеном над лугами；Жил-был старик со старухой；Становилось очень холодно；Поздняя осень.

可切分句（расчлененное）和不可切分句的区别在于，前者具有主位和述位两部分，既可回答对整句提出的问题（Что происходит？Что произошло？），又可回答对句子名词性的构成部分提出的问题（Что можно сказать о данном лице или предмете？Что произошло с данным лицом или предметом？）；而后者只具有述位，不具有主位，因此只能回答对整句提出的问题。

对句子进行实义切分的主要手段是词序和语调（句重音）。在同一形态组织的句子中，由于语境或上下文的不同，实义切分也随之而不同，从而使句子表达的意义也有所不同。同一个句子在意义上的差别往往表现在词序和句重音的各种变化上。在平铺直叙或修辞上中性的陈述句中，一般的词序是“主位—述位”。先是已知的主位，然后才是必须要说明的未知的述位，句重音也落在句末的述位上，如 Долгая зимняя ночь / прошла незаметно；Молния блистала / почти беспрерывно. 这种词序被称为客观词序。但是在表达感情色彩的疑问句、祈使句或感叹句中，为了突出未知的成分，使言语更富有表现力，说话者从未知的述位开始，然后补叙已知的主位，揭示与上下文或语境的联系。这种“述位—主位”的词序叫做主观词序。在主观词序中句重音的位置随着述位位置的变化而变化。这时句重音不是在句尾，而是在句首或句中，如 Что / он делает？

Где ∕ находится библиотека? Не долги ∕ летние ночи; Кончилась ∕, наконец, зима? Что за прелесть ∕ эта Наташа!

实义切分与结构切分是从两个不同的角度对句子进行的切分。实义切分就是意义切分,它总是把句子切分为主位和述位两部分,例如 Андрей поехал в Ленинград 可切分为主位 Андрей,述位 поехал в Ленинград;而结构切分就是形态切分,它把句子切分为主语、谓语、定语、补语和状语等,例如上述句子可切分为主语 Андрей,谓语 поехал,状语 в Ленинград。由此可见,实义切分是自成系统的,与结构切分是不相对应的。但是它们之间还是有一定的联系,主要表现在:主语通常起主位的功能,如 Поезд ∕ скрылся; Разговор ∕ состоялся 等,很少起述位的功能,如 Пришел ∕ поезд; В его голосе слышалось ∕ удивление 等。与此相反,谓语起述位的功能是比较典型的,因为它通常说明主语所表示的行为、状态、性质等特征。在扩展句中谓语一般不单独组成述位,而与在句法和语义上和它有关的句子成分构成述位组合(комплексная рема),如 Лес ∕ шумел; Одни ∕ говорили, другие ∕ слушали; Мать ∕ напоила детей теплым молоком 等。有时谓语也可起主位的功能,但是这种现象比较少见,如(Подробности этой охотничьей истории заставляют нас смеяться.)Хохочет ∕ и сам охотник.

实义切分和结构切分反映了对句子研究的两种不同的观点。交际观点是句子进行实义切分的基础,而结构切分是建立在结构观点基础上的。由于交际观点和结构观点是从不同的方面对句子进行的研究,因此实义切分和结构切分也是从不同的角度对句子进行的切分,它们可以互为补充。

当然,在连贯言语中研究句子的具体意义还是一个新课题,因此实义切分的理论还存在着一些有待进一步探讨的问题:究竟什么是句子的主位和述位?是否任何句子都一律切分为主位和述位两部分?……把句子切分为主位和述位的标准各个语言学家都不大一样,而且也不十分精准。有的认为,它们的标准是已知和新知的对立,也有的认为,是不重要的和重要的对立,还有的认为,主位是表述的出发点,是用于表达实义信息的起点,而述位是对主位的描写或叙述。由于标准不太精确,因此在实义切分中就出现了不少问题。譬如在故事的前面提到过某一封信,之后又讲到主人公的各种活动,最后出现了 Михаил увидел письмо 的句子,这时进行实义切分就有困难：письмо 是主位，还是述位？按已知和新知的标准，письмо 是已知的，是主位。如按我们要说的那件事情和我们就这件事情要说的内容来说，则 увидел письмо 就是述位。又如在 Он был летчиком 的句子中，主位是 он，还是 он был？述位是 был летчиком 还是 летчиком？拉斯波波夫认为："在名词性结构的句子里，动词性系词总是连结所指的构成部分之间的中介环节，但是它本身不能进入构成部分。"这就是说，系词既不能进入主位，又不能进入述位。主要因为系词是句子结构组织的成分，不是交际组织的成分。克雷洛娃等的意见与拉斯波波夫的恰好相反，她们认为：在主位和述位之间不可能存在任何的中介环节，所以系词既可进入述位 Он / был летчиком，又可进入主位 Летчиком был / он。从中可以清楚地看出，在实义切分的理论中，特别是主位和述位的划分标准还有待于进一步研究。

2 简单句的实义切分

简单句按说话目的可分为陈述句、疑问句、祈使句和感叹句。在这里我们只谈陈述句的实义切分，其他句子的实义切分以后有机会再谈。

叙述某个事实、现象、事件的句子叫陈述句。这类句子在修辞上是中性的，不带感情色彩的。它们的词序是客观词序，从主位到述位。

哈夫罗尼娜和克雷洛娃在她们编写的《教外国人学俄语词序》一书中把陈述句的词序结构归为五类[①]。这些词序结构基本上囊括了陈述句的类型，但是尚有遗漏。在这里我们补充了一种结构类型。现将陈述句实义切分的六种类型分列如下：

2.1 第一类词序结构：П（т）/ С（р）

这类结构是：主语（主位）/谓语（述位）。它们报道已知人、物、现象的行为、状态和特征。通常回答 Что делает（делало，будет делать）известное лицо？Каков данный предмет？Каким был（будет）данный предмет？Кто таков данный человек？Что такое известный предмет？等的问题。

句中主位既可用单独一个主语表示，也可用主语部来表达。述位也是如此，例如 Ученик（т）/ пишет（р）；Ребенок（т）/ спит（р）；Бо-

① С. А. Хавронина и др., Обучение иностранцев порядку слов в русском языке. М., 1989, стр. 22 – 35.

лезнь (т) / проходит (р); Лето (т) / будет солнечное и счастливое (р); Они (т) / очень похожи друг на друга (р); Освоение космического пространства (т) / продолжается (р); Несколько человек (т) / захлопали в ладоши (р); Сидеть одному в комнате (т) / — скучно (р); Земля (т) / вращается вокруг Солнца (р); Он (т) / нисколько не страшный (р); Он (т) / не производит впечатление на очень молодого человека (р); Наша старая тропка на берегу реки (т) / была затоплена. (Ю. Нагибин)

这一词序结构的变体,如 Денег(т) / кот наплакал(р) 等,虽然在结构组织上不是主语—谓语结构,但是在语义组织上属于主体—述体结构,因此仍然归为这类词序结构。

2.2 第二类词序结构:С (т) / П (р)

这类结构是:谓语(主位)/主语(述位)。它们报道谁(什么)是已知行为的发出者、已知状态或特征的持有者。通常回答 Кто это сделал (делает, будет делать)? 等的问题。

这类结构中谓语或谓语部位居句首,表示它是上文提到过的已知项。例如 (В эти труднодоступные районы можно добраться только на лошадях. Но стройматериалы на лошадях не привезешь.) Возят (т) / вертолеты (р); (Когда началась война, все пошли на фронт.) Пошла (т) / и моя тётя (р); Одной из самых красивых башен Кремля является (т) / Никольская башня (р); Особенно стали хороши (т) / липовые аллеи (р).

不可切分句也属于这一词序结构的变体:С ($т_0$) / П (р) 或 Одн (р)。模式中的 Одн 表示单部句。不可切分句既可能是双部句,又可能是单部句。回答对整句提出的问题:Что происходит (произошло, будет происходить)? Что случилось? 等。例如 Воцарилась зловещая тишина (р); Бьют часы (р); Небольшая комната (р); Старая потертая мебель (р); (Шум умножался.) Били в набат (р); Начинало смеркаться (р) 等。

2.3 第三类词序结构:Д (т) / С + П (р)

这类结构是:限定语(主位)/谓语 + 主语(述位)。该结构报道在已知的情况下发生什么样的事件。通常回答 Что происходит (произошло, произойдет) в данное время? Что происходит в указательном месте? Что происходит по данной причине, при известных условиях? 等问题。

主位由各种不同的限定语(疏状限定语、客体限定语、主体-客体限定语)表示。述位包含的是事件、事实、现象,因此没有再切分行为与行为发出者的必要性,换言之,述位实质上就是不可切分句。因此这类结构的变体是:Д (т) / Нерас (р) 或 Д (т) / Одн (р)。模式中的 Нерас 表示不可切分句。例如 После звонка в зале (т) / наступила тишина (р); В бывшем Зимнем дворце (т) / располагается музей Эрмитаж (р); О сибирском периоде жизни декабристов (т) / имеется богатая литература; Ему (т) / стало хорошо (р); На улице (т) / быстро темнело (р) 等。

2.4 第四类词序结构:Д + П (т) / С (р)

这类结构是:限定语 + 主语(主位)/谓语(述位)。该结构报道的或者是某人在某种情况下做什么,或者是某事物在某种条件下发生什么。回答 Что делает (делал, будет делать) известное лицо в данных обстоятельствах? Что происходит с известным предметом в данное время (в данном месте)? 等问题。

主位由人或物和某种情况构成,它们都是已知的。述位表示已知人或物在某种情况下所完成的行为,所承受的状态。例如 Болдинской осенью 1830 года Пушкин (т) / много работал (р); В этих обстоятельствах сопротивление организма (т) / снижается (р); В 1840 году «Герой нашего времени» (т) / вышел отдельным изданием (р); (В 1867 году был издан 1 том «Капитала» К. Маркса.) В 1872 году он (т) / был переведен на русский язык (р) 等。

2.5 第五类词序结构:П + С (т) / Д (р) 或 С + П (т) / Д (р)

这类结构是:主语 + 谓语(主位)/限定语(述位)或谓语 + 主语(主位)/限定语(述位)。该结构的目的在于指出行为的时间、地点、原因、客体、对话者等来确切某一事实。回答带疑问词 где, когда, сколько, почему, как, с какой целью, кому, для кого, с кем, о чём 等的具体问题。

报道的出发点是已知的事实,因此主位包含主语和谓语,而述位由确切这一事实的限定语表达。例如：

① — Когда была напечатана первая книга «Тихого Дона»?

— Первая книга «Тихого Дона» была напечатана（т）/ в 1928 году（р）.

② — Как встретил Маяковский Октябрьскую революцию?

— Маяковский встретил Октябрьскую революцию（т）/ радостно и восторженно（р）.

③ — Почему невозможна жизнь на Луне?

— Жизнь на Луне невозможна（т）/ из-за отсутствия воздуха и воды（р）.

2.6 第六类词序结构：Д + С（т）/ П（р）

这是我们补充的一种词序结构。这类结构是：限定语 + 谓语（主位）/主语（述位）。该结构报道谁或什么是在某种情况下某一行为的发出者、某一状态或特征的持有者。回答带疑问词 кто，что 的问题。

例如 — Кто приехал вчера? — Вчера приехал（т）/ Саша（р）；（Первой встала Дарья.）А потом вскоре поднялась（т）/ и Анфиса Петровна（р）；（Но немцы прорвались сквозь старую границу.）Не удержали их в этих краях（т）/ и новые оборонительные рубежи（р）；（Алик первым выходит в переднюю.）За ним выходят（т）/ остальные（р）；（И только всезнающий Смолокур сказал，что в эту ночь на Христиновку провели партию невольников.）Может быть，в ней была（т）/ и Клава（р）等。

3 复合句的实义切分

苏联或俄罗斯、捷克等国的语言学家都认为，句子的实义切分是多级的，多层次的。舍舒科娃（Л. В. Шешукова）在《关于复合句的实义切分》一文中写道："动态句可由实义切分上述两个要素（主位和述位——作者注）构成，也可由更多的要素构成，也就是说，可有几个主位，而不是一个主位，或者有几个述位，而不是一个述位。""分出不是两个，而是更多实义切分要素的这种情况，导致承认句子有进行多级切分的可能性。"[①]克

① 《苏联当代俄语句法论文选》，上海外语教育出版社 1983 年版，第 310 – 311 页。

雷洛娃也指出:“实义切分二元的思想必须被句子实义切分可能是层级的、多级的、多层次的观点所补充,这就是说,第一级、第一层次的主位(或述位)可分解为第二层次的主位和述位等。”[①]例如 Лодку (т) / унесло течением (р)的句子,它回答 Что произошло с лодкой? 或 Где лодка? 的问题。但是在这个句子中,进入述位的不仅只是动词,而且还有该动词所表示的行为主体——名词。这样的述位就可以进行第二级实义切分:унесло ($т_2$) / течением($р_2$)。科夫图诺娃、阿达梅茨等都有类似的论述。由此可见,句子的实义切分既可能是单级的,又可能是多级的。

现代俄语复合句中,主从复合句与并列复合句在实义切分上的区别表现在多级切分与单级切分的对立,即前者是多级切分,而后者是单级切分。

3.1 主从复合句的实义切分

3.1.1 非分解句

在非分解句中从句(或从部)与主句(或主部)中作为词汇-词法单位的词或词组发生关系,起着扩展该词或词组的作用,因此这类主从复合句又称展词句。在这类主从复合句中,主从句之间的联系十分紧密,与词组中词形与词形间的联系相似。主句离开了从句,其结构和语义都不完整,因此需要从句来补足。属于非分解句的有定语句,说明句,地点句,行为方法、程度和度量句。

在非分解句中,由于从句具有扩展词或词组的特征,整个主从复合句有其相应的交际任务,因此从句很自然地进入第一级切分中的主位或述位。从句虽然从属于主句,但是它是一个完整的述谓单位。这就使它有可能在其述谓单位内部进行下一级的切分。例如定语句 Они / продолжают // то дело, ради которого /// отдали свою жизнь /// их товарищи. (Л. Космодемьянская) 从句 ради которого отдали свою жизнь их товарищи 可用句子 Ради этого дела отдали свою жизнь их товарищи 来替代。这并不破坏整句的交际任务。因此从句又可进行下一级的实义切分。整个定语句的实义切分是:主位为 они,述位为 продолжают то дело, ради которого отдали... 在第二级切分时,这一述位可切分为低一级实义切分的要素:продолжают ($т_2$) //то дело, ради которого отдали

---

① О. А. Крылова, Коммуникативный синтаксис русского языка. М., 1992, стр. 119.

своюжизнь их товарищи（$р_2$）。在述位$_2$（$р_2$）中又可进行第三级切分：то дело，ради которого（$т_3$）/// отдали свою жизнь（$р_3$）/// их товарищи（$т_3$），即 то дело，ради которого их товарищи 为主位，отдали свою жизнь 为述位。这一级切分是对上述扩展的事物特征进一步加以说明。其切分模式如下：

（1）тема$_1$—— рема$_1$

П / С + $Р_{об}$ + Пр

（2） тема$_2$—— рема$_2$

С // $Р_{об}$ + Пр

（3） тема$_3$—— рема$_3$

Д + П /// С + $Р_{об}$

模式中的符号：/表示第一级切分，//表示第二级切分，///表示第三级切分，П 表示主语，С 表示谓语，$Р_{об}$表示带客体意义的扩展成分，Пр 表示从句，Д 表示限定语。

又如说明句 Кирилл / слышал，// как в теле его ///сжалась каждая мышца.（К. Федин）可切分为主位$_1$（$т_1$）Кирилл，述位$_1$（$р_1$）为 слышал，как в теле его…第二级切分时，上述述位可切分为主位$_2$（$т_2$）слышал 和述位$_2$（$р_2$）как в теле его сжалась каждая мышца。第三级切分时在述位$_2$（$р_2$）内再可切分为主位$_3$（$т_3$） как в теле его 和述位$_3$（$р_3$） сжалась каждая мышца。

再如地点句 Челкаш / с улыбкой посмотрел // туда，где находится /// пакгауз.（М. Горький）可切分为主位$_1$（$т_1$）Челкаш 和述位$_1$（$р_1$）с улыбкой посмотрел туда，где…在这一述位中可切分主位$_2$（$т_2$）с улыбкой посмотрел 和述位$_2$（$р_2$）туда，где…第三级切分时，述位$_2$（$р_2$）中再可切分为主位$_3$（$т_3$） туда，где находится 和述位$_3$（$р_3$）пакгауз。

3.1.2 分解句

在分解句中从句与作为句法单位的整个主句发生关系，起着扩展整个主句或它的谓语组成的作用，因此这类主从复合句又称非展词句。在这类复合句中主从句之间的联系不十分紧密，犹如简单句层次上疏状限定语与述谓核心的联系。属于分解句的有比较句、时间句、条件句、让步句、目的句、原因句、结果句等。

这类复合句由于从句与主句的联系具有疏状限定语的性质，因此它与带有疏状限定语的简单句是同形现象。所谓同形现象在语言学中是指不同层次的语言单位在结构上的类似。例如时间句 Теперь, когда старуха кончила свою красивую сказку, в степи стало страшно тихо.（М. Горький）与带时间限定语的简单句 Теперь в степи стало страшно тихо、原因句 Но из-за того что лил дождь, Арсен и Ярослава взяли такси.（Л. Дмитерко）与带原因限定语的简单句 Из-за дождя Арсен и Ярослава взяли такси 都属于同形现象。这就有可能在这类复合句中进行第一级切分,然后在从句的述谓单位内部再进行下一级的切分。例如时间句 Когда солнце // поднимается над полями, / я невольно улыбаюсь от радости.（М. Горький）第一级切分主位$_1$（$т_1$）是 когда солнце поднимается над полями,述位$_1$（$р_1$）是 я невольно улыбаюсь от радости;第二级切分是在主位$_1$（$т_1$）和述位$_1$（$р_1$）中再切分,即主位$_1$ 可切分为主位$_2$（солнце）和述位$_2$（поднимается над полями）,述位$_1$ 也可进行相应的实义切分,即主位$_2$（я）和述位$_2$（невольно улыбаюсь от радости）。其切分模式如下:

（1）тема$_1$—— рема$_1$

Пр / Гл

（2）тема$_2$,—— рема$_2$,—— тема$_2$—— рема$_2$

П // С + Рл П // С + $Р_{обст}$

模式中的符号 Гл 为主句,Рл 为带地点意义的扩展成分,$Р_{обст}$ 为带状语意义的扩展成分。

又如条件句 Если // был праздник, / то он оставался дома и писал красками.（А. Чехов）第一级切分主位$_1$ 为条件从句 если был праздник,述位$_1$ 为主句 то он оставался дома и …第二级切分是在主位$_1$ 和述位$_1$ 中进行。主位$_1$ 的第二级切分是不可切分句 был праздник,整句构成一个述位$_2$。当然,述位$_1$ 还可切分。因为它与简单句的切分相同,就不在这里赘述了。

再如目的句 Во имя того, чтобы в каждой советской семье // новогодние елки были всегда счастливые и радостные, / наша партизанская команда должна была быть боевой, беспощадной к врагу 中 во имя того, чтобы в каждой советской семье … 是主位$_1$,наша партизанская команда должна … 是述位$_1$。第二级切分是在主位$_1$ 和述位$_1$ 中进

行。主位$_1$ 可再切分为主位$_2$ в каждой советской семье 和述位$_2$ новогодние елки были всегда счастливые и радостные,述位$_2$ 也可再切分。

3.2 并列复合句的实义切分

在并列复合句中,各分句在语法上彼此平等,在意义上都有较大的独立性,因此其中的每一分句都各有其相应的交际任务,都可在同一平面(同一层次)上在各自的述谓单位内部进行实义切分。克雷洛娃在谈及并列复合句的实义切分时说:"实义切分的层次、多级在这里没有。因此,并列复合句的分部(分句——作者注)构成独立的交际-句法单位,在实义切分方面与独立的简单句没有区别。"①例如表示联合关系的并列复合句 Воздух / дышит весенним ароматом, и вся природа / оживляется.(М. Лермонтов)其实义切分的模式如下:

тема$_1$—— рема$_1$ + и + тема$_{1'}$—— рема$_{1'}$

П / С + Р$_{об}$ + и + П / С

又如表示对别意义的并列复合句 Старик / ловил неводом рыбу, а старуха / пряла свою пряжу.(А. Пушкин)其实义切分的模式如下:

тема$_1$—— рема$_1$ + а + тема$_{1'}$—— рема$_{1'}$

П / С + Р$_{об}$ + Р$_{об}$ + а + П / С + Р$_{об}$

再如表示区分关系的并列复合句 Я ничего не узнавал. То ли я / не жил на этой улице, то ли от нее / осталось одно название.(А. Крон)

克雷洛娃在分析主从复合句与并列复合句在实义切分上的区别时,明确指出:"以并列复合句每一分部为基础的述谓关系是语义上自足的,平等的,处在一个平面上并在实义切分一个层级上揭示。而主从复合句则是另一回事。在这里有几个实义切分的层级,因此复合句单个组成部分成素之间的述谓关系,对于组成整个主从复合句的述谓关系来说处在层级的连续性之中。"②

3.3 复杂型复合句的实义切分

复杂型复合句就是以既有并列联系又有从属联系为基础构建的句子。其实义切分充分反映这两种类型复合句交际组织实义切分时的特点。

---

① О. А. Крылова, Коммуникативный синтаксис русского языка. М., 1992, стр. 127.

② О. А. Крылова, Коммуникативный синтаксис русского языка. М., 1992, стр. 128.

例如 Было уже светло и с улицы / доносился шум, // какой /// бывает только днем. 其实义切分如下：

（1） тема$_1$—— рема$_1$ + и + тема$_1'$—— рема$_1'$

— / Нерас + и + Д / С + П

（2） тема$_2'$—— рема$_2'$

Гл // Пр

（3） тема$_3'$—— рема$_3'$

П /// С

模式中的符号 Нерас 代表不可切分句。

又如 Окно / закрылось, //точно какая-то большая птица /// сложила крылья, Миронову / послышалось, // что за стеклами /// раздался крик испуга, …（М. Горький）第一级切分是在 окно / закрылось, точно … 和 Миронову / послышалось , что … 中进行,第二级在 закрылось, // точно какая-то … 和 послышалось, // что за стеклами…中进行切分,第三级切分在从句述谓单位内部进行,即在 какая-то большая птица…和 за стеклами раздался…中切分。其模式如下：

（1） тема$_1$—— рема$_1$ + тема$_1'$—— рема$_1'$

П / С + Д$_{сб}$ / Одн

（2） тема$_2$—— рема$_2$ тема$_2'$—— рема$_2'$

Гл // Пр Гл // Пр

（3） тема$_3$—— рема$_3$ тема$_3'$—— рема$_3'$

П /// С + Р$_{об}$ Д /// С + П

模式中的符号 Д$_{сб}$是带主体意义的限定语,Одн 是单主要成分。

句子和表述

众所周知,句子既是语言单位,又是言语单位,语言单位与言语单位既有区别,又有联系。句子在语言层次上是抽象的句子。抽象的句子就是句子的结构-语义模型。它是从句子的结构和语义中抽象出来的,由以词法或句法形式表达的述体和述体配价所制约的成素组成的公式。抽象的句子不仅没有词汇的填入,而且也没有语调和交际情境,因此,它是属于语法层次的。俄罗斯语言学家尤尔琴科(В. С. Юрченко)把作为语言单位的句子分为抽象的句子和句子两类,后者是抽象的句子正规体现而成的,也就是由抽象的句子模型填入具体的词汇内容而构成的,例如抽象的模型 N_1(Содуш.) + Vact f(П действие) + Cobj(О одуш./неодуш.),即名词第一格(动物参与者主体) + 行为动词变位(行为述体)+ 补语(动物或非动物参与者客体),可填入具体的词汇构成句子 Мальчик читает газету 等。句子的特征是,既没有语调,也没有交际情境,它属于词汇-语法层次。由此可见,尤尔琴科所谓的句子就是句子的形态组织。无论是抽象的句子,还是尤尔琴科所谓的句子,它们都还不是现实的言语行为(актуальный речевой акт),而是概括的言语行为(обобщенный речевой акт)。

句子在言语层次上是具体的句子或现实的句子(реальное предложение)和表述(высказывание)。前者是句子在言语中实义化了,也就是与交际情境联系起来的语法上成形(具有句子模型)的句子。它报道现实中某个事件或情景,因此它是报道单位或言语交际单位,例如 — Что читает мальчик? — Мальчик читает газету. 它是与交际情境和相应的语调紧密联系在一起的,属于言语的层次。现实的句子可具有所指部分(说话内容与现实中情景的关系)、情态部分(说话者对所述内容的态度)和语篇部分(说话内容与交际情境的关系)。

表述这一术语可用于广义的理解和狭义的理解。前者指在某一交际情境中能起交际作用,报道现实中某个事件或情景。这就是说,任何报道单位,无论是语法上成形的句子(现实的句子),还是语法上不成形的,只要是具有相应的语调的单位,它们都是表述。因此,广义的表述比现实的句子在涵盖范围上要广。狭义的表述只是指语法上不成形的报道单位。现实的句子和表述都是现实的言语行为。我们所采用的表述这一术语是广义的理解。

《语言学百科词典》认为:"句子本身区分为两个方面:结构-语义模式(模型)和表述。前者与句子的能指层次相适应,后者为句子的所指层次。"[①]我们也赞同这一观点。由于言语语言学和语义句法学的发展,句子的很多因素早先被看做表述的特征,而现在已被解释为句子结构本身的方面、它的句法范畴,从而产生了一种倾向,即不是句子与表述相对立,而是结构-语义模式(模型)与表述相对立。

作为语言单位的句子与作为言语单位的表述(或现实的句子)是两种不同的结构。前者是静态结构,而后者是动态结构,是受语境影响的交际组织。它随着交际任务的变化而变化其形态。同一个句子根据其不同的交际任务可进行不同的实义切分,如 Вчера он / получил посылку; Он получил посылку / вчера; Вчера посылку получил / он 等。这些带有不同实义切分的句子组织就是句子的交际组织,又称现实的句子或表述。因此,同一个句子可能有几个带有不同实义切分的动态结构,即表述。鉴于这一原因有些语法学家把实义切分又称之为表述切分(членение высказывания)。

表述随着交际任务的不同可分成一定的类型,而交际任务又可归结为一定类型的问题。法国语言学家巴利(Ш. Балли)把交际任务总结成四种类型的问题[②]:

(1)就全部信息提问(полный диктальный вопрос)

例如 Что случилось? В чем дело? 提问者知道发生了某件事情,但不知道具体是什么事情。因此这一类型的问题是针对表述的全部内容或信息提出来的。

(2)就部分信息提问(частичный диктальный вопрос)

---

① Лингвистический энциклопедический словарь. М., 1990, стр. 90.

② Ш. Балли, Общая лингвистика и вопросы французского языка. М., 1955, стр. 47 – 48.

例如 Кто вышел？等。有人走出去是已知的，但未知的是谁。因此这一类型的问题是针对表述的部分内容或信息提出来的。

（3）就全部情态提问（полный модальный вопрос）

整个事件是已知的，但是，不知道是否符合实际情况。例如 Павел здесь？Он пошел в школу？提这类问题的目的在于确定事件真实与否。

（4）就部分情态提问（частичный модальный вопрос）

例如 В школу ли пошел Павел？这类问题是对部分事件的真实性表示怀疑。

捷克语言学家阿达梅茨把表述分成四种类型①，以适应上述四种类型的问题。它们是：

（1）全部信息的表述（общеинформативное）

这类表述报道整个信息，回答就全部信息提出的问题。通常有两种情况：1）不可切分的表述。整个表述构成一个述位，例如 Пришла весна；Выпал снег 等。2）可切分的表述。表述中的谓语通常进入述位，例如 В это время / раздался звонок на урок；Юноша / остановил станок；Киты / выбросились на берег 等。

（2）部分信息的表述（частноинформативное）

这类表述只是报道部分信息内容，回答就部分信息提出的问题。由于整个事件是已知的，因此谓语通常进入主位。例如 Он смеялся / очень заразительно；Это случилось / поздней осенью；Он проснулся / не от крика，а от пристального взгляда；Нас удивила / сама хозяйка；Мое внимание привлекала / афиша 等。

（3）全部证实的表述（общеверификативное）

这类表述不是报道新的信息，而是肯定或否定事件的真实性。因此表述的谓语加上其肯定或否定的形式是未知的，构成述位。例如：

① — Пойдем，ребенок，кажется，уснул.

— Нет，ребенок / не спит.

② — Я думаю，что по-другому это объяснить нельзя.

— Вы ошибаетесь. Другое объяснение / существует.

（4）部分证实的表述（частноверификативное）

---

① П. Адамец，Порядок слов в современном русском языке. Praha. 1966，стр. 26 – 30.

这类表述不是肯定或否定某一事件的真实性，而是对该事件的某些方面是否真实加以肯定或否定。例如：

③ — Это брат ей подарил?

— Подарил / не брат, а его жена (Брат / не подарил, а помог купить; Брат / не ей подарил, а мне).

作为语言单位的句子与作为言语单位的表述是有区别的。它们主要表现在以下几个方面：

(1)在界限上

句子与表述在界限上既有一致的方面，又有不一致的方面。前者表现在，句子与表述在界限上吻合。例如句子的结构-语义模型 N_1 (Co-душ. / неодуш.) + V cond f (Псостояние)，即名词第一格(动物或非动物参与者主体) + 状态动词变位(状态述体)，可体现为 Магазин открывается; Ребенок спит 等句子。但是它们还是语言单位，因为它们还没有语调和交际情境。而这些句子如果获得语调，并与交际情境联系起来，则就成了言语单位。因此两者在界限上是一致的。

两者在界限上的不吻合主要表现在：

1)句子可用做复合句的组成部分，构成复合句。而整个复合句则是一个交际单位，即表述。

2)一个句子有时可以分割成几个报道，也就是几个表述。例如现代俄语中的分割结构(парцеллированная конструкция)：

① И вот мы увидели фильм. Широкоформатный, двухсерийный, цветной, со стереофоническим звуком.

② Слово уже было найдено! Всему тому, чему трудно было найти выражение.

③ И вдруг — я не верю своим ушам — кто-то выругался по-русски. Здесь, в десяти шагах от Палаццо Дожей.

④ Очень хочется, чтобы понял Борис Иванович правильно: это пишется в его защиту. Потому что в цехе у него много друзей.

又如现代俄语中的复指结构(сегментированная конструкция)：

⑤ Запах российского жесткого вагона, — мы с вами знаем его наизусть.

⑥ Вода. Для туркмен она издавна являлась символом жизни и ценилась пуще всех сокровищ мира.

⑦ Авиация… В ней, как в зеркале, отражается труд нашего народа, его фантастический рывок в будущее.

(2)在结构上

表述既可具有句子的结构-语义模型,是语法上成形的句子,又可不具有句子的模型,在语法上不成形。后者大致有以下几种情况:

1)分割结构中的分割部分,如上面列举例子中的 широкоформатный, двухсерийный, цветной, со стереофоническим звуком 等。复指结构中外位部分(сегмент),如上面列举例子中的 Запах российского жесткого вагона 等。

2)有些单独的词形或词的组合,当它们与交际情境联系起来,并获得相应的语调时,就构成了表述。例如对话中的肯定或否定、同意或不同意:Да; Нет; Ага; Никак нет; Есть! Ладно 等。又如表示问候和对它的回答,祝愿、请求、感谢以及对它们的回答:Доброе утро! Привет! С новым годом! Простите; Спасибо 等。再如表示一般疑问及其回答:Что? Ну и что? — Ничего; Неужели? Разве? Правда? — Правда 等。

3)对话、复合句中第二部分结构往往不具有句子的模型,而是依赖于第一部分建造的,如 — Кто приехал? — Иван Иванович; Отец купил сыну книжку, а дочке — куклу 等。

4)有些表述可以借助其交际情境而形成,如 — Что с ним такое? — Сердце; (Обо всех говорит с презрением.) Самомнение 等。

(3)在功能上

作为语言单位的句子不具有报道的功能,因为它还没有语调,没有和交际情境联系起来。而表述在功能上能够报道某个事件,是交际报道单位。它是与交际情境紧密联系的,可以进行实义切分,并具有相应的语调。

现代俄语模型句法学的研究对象、理论基础及其产生

1 现代俄语模型句法学的研究对象

模型句法学广义地讲是研究语言句法结构模型的科学。语言的句法结构是指由词或句按照一定的语法规则组成的整体，它们是句子和超句子统一体。词与词的组合构成句子，而超句子统一体却是由句与句组合而成的，是大于句子的句法单位。句子与超句子统一体有着本质的不同。从逻辑、语义的角度来看，句子的逻辑基础是判断，而超句子统一体的逻辑基础则是思维的另一种结构单位“逻辑统一体”。因为一个思想并不总是同单个句子的界限相吻合，往往是在一定的逻辑和句法联系的基础上，由一个句子转向另一个句子，构成超句子统一体。从结构的角度来看，句子具有有别于词的述谓特征。而超句子统一体在结构上由两个以上的句子组成，而且在这些句子之间有着特殊的联结手段，如连接词、具有地点或时间意义的副词或前置词-名词组合、谓语的时体、插入语、词序、代词、词汇重叠、语调等。因此模型句法学就是研究句子和超句子统一体模型的科学。

除句子和超句子统一体两个句法单位外，俄罗斯语言学家维诺格拉多夫还认为词组也是句法单位。对这一看法，我们不敢苟同。因为词和词组如果从逻辑的角度来看，都具有同一个逻辑基础，即概念；如果从结构的角度来看，则不是每个词组都是句法的，不少俄语中的“词组”在其他语言中可能具有词或复合词的性质。因此从普通语言学的高度来看，“词组”不宜从词中分离出来单独列为句法单位。

狭义的模型句法学是以句子的模型为研究对象的，也就是说它是研究句子模型的科学。

无论是广义的模型句法学，还是狭义的模型句法学，它们既要研究静

态的句法结构,又要研究动态的句法结构。这就是说,模型句法学既要从静态观点,又要从动态观点来对句法结构模型进行研究。静态观点认为句法结构是不受上下文或语境影响的,在任何情况下都保持其固有形态的静态结构。它们认为句子是个述谓单位,它是由词和词形按照历史形成的规则构成的,它的构成与上下文或语境没有任何联系。静态结构如果从形态角度来概括,就是形态组织;如果从语义角度来概括,则是语义组织。动态观点认为,句法结构是与上下文或语境联系在一起的,它随着交际任务的不同而变化其形态,因此它是动态结构,也就是交际组织。无论是静态结构模型,还是动态结构模型,都是模型句法学研究的对象。因此,模型句法学就是研究句法结构的形态组织、语义组织和交际组织的模型的科学。

既然模型句法学是研究句法结构的模型的,那就必然在每个句法单位中划分出两个不同的层次:语言的(语言体系的层次)和言语的(体现语言体系的层次),也就是抽象的模型和具体的"言语现实"(речевая данность)。它们两者既相互区别,又相互联系。具体的"言语现实"可高度概括为抽象的模型,它是由人工语言即科学符号组成的句法和语义结构的公式。抽象的模型又可通过词汇的填入体现为具体的"言语现实"。它们两者之间的关系实质上是一种符号变换活动。对这种符号变换活动的研究不仅有助于语言教学,而且也可促进计算机的翻译。因此模型句法学也可以说是研究句法结构的抽象模型与其具体的"言语现实"之间关系和转换的科学。

本文是狭义的俄语模型句法学,主要研究俄语简单句抽象的模型(形态组织和语义组织)与具体的"言语现实",即表述之间的关系与转换。

2 现代俄语模型句法学的理论基础

1916 年瑞士语言学家索绪尔在他的《普通语言学教程》中提出的语言理论可概括为:(1)区分语言和言语;(2)语言是一个符号系统;(3)语言本身具有共时性和历时性两个方面;(4)各语言单位之间有句段关系和联想关系[①]。

---

① 索绪尔:《普通语言学教程》,商务印书馆 1985 年版。

索绪尔指出，语言是一个符号系统，在语言中它的各个要素、各种单位既互相对立、互相区别，又互相联系、互相制约，形成一个系统。他特别强调语言系统就是由这些关系组成的，而语言实体本身并不重要，所以他宣称："语言是形式，而不是实质（实体——作者注）。"[①]

尽管索绪尔的语言理论本身尚有不少矛盾和不能自圆其说之处，但是对语言学的贡献绝不能抹杀。他的语言理论为结构主义语言学奠定了理论基础，使语言学进入了一个新的历史时期——结构主义语言学阶段。从此开始对各种语言系统本身进行客观描写。正如叶尔姆斯列夫所说的，"把语言看做相互关系的模式"。直至20世纪四五十年代，美国描写语言学派提出了句型或句子结构模式的概念。语言对象的形式化和模式化已逐渐成为研究语言的一种趋向。

20世纪中叶，转换生成语言学派在众多的语言学派中异军突起，其代表人物是美国的乔姆斯基（Н. Хомский）。他在1957年出版了一部著作《句法结构》[②]。在这部著作中，他指出美国描写语言学派以实际话语作为分析对象是作茧自缚，因为实际出现的话语是有限的，而人们还未说出来的话语是无限的。他批评描写语言学派只注意语言行为，而忽视语言能力。乔姆斯基理论的核心思想大致可归纳为以下三个方面：（1）语言具有生成能力；（2）语法是一个生成和描写句子的规则体系，而句法关系是语言的中心；（3）生成和描述某一语言是在深层结构和表层结构这两个不同层次的平面上连续进行的。

乔姆斯基的理论艰深，文字晦涩，论点多变，这个理论本身尚有不少值得商榷之处，因此对于转换生成语言学的争论一直都没有停止过。但是他企图用树形图解法来描写句子的生成规则体系，在普通语言学的研究上仍然具有巨大的理论价值和实践意义。乔姆斯基关于语言生成性的理论是模型句法学的理论基础之一，他的一套生成规则体系对现代俄语模型句法学具有启迪作用。

2.1 语言与言语

20世纪，索绪尔在《普通语言学教程》中首次区分了语言和言语。他认为，语言是词汇系统和语法系统，它潜在地存在于属于一个语言共同体

---

① 索绪尔：《普通语言学教程》，商务印书馆1985年版，第169页。

② 乔姆斯基：《句法结构》，中国社会科学出版社1979版。

的个人意识之中。作为社会的产物,作为人们相互了解的工具,语言不从属于说这种语言的个人。相反,个人应该付出很大的努力来精通语言系统。而言语意味着活动,个人通过活动,使用语言来表达自己的思想,这就是为了交际而使用语言工具。由此可见,语言是人们的交际工具,而言语是语言在交际过程中的具体运用。

语言与言语既有区别,又是统一的。从具体的使用中抽象出来的工具是语言,这种工具具体运用于表达思想就是言语。语言存在于言语之中,言语是语言存在和发展的形式,它们两者是不可分离的。正如索绪尔所说的,"这两个对象是紧密相联而且是互为前提的:要言语为人理解,并产生它的一切效果,必须有语言;但是要使语言能够建立,也必须有言语。从历史上看,言语事实总是在前的。"①

虽然索绪尔也承认语言与言语间的联系,但是他却声称:"这一切并不妨碍它们是两种绝对不同的东西。"他认为,言语是个人的,语言是社会的,从而把两者对立起来。这一看法值得商榷。众所周知,言语和语言一样,也是社会现象,也是为社会服务的,言语只有在掌握全民族语言的基础上才能形成。如果说言语是个人的,那就意味着可不受社会的制约,可不遵循全民族语言的规范,每个人都可以任意创造词和语法规则,他们说出来的话,就会变成不被社会所理解的东西,那么语言的社会性就很难理解了。而另一方面,语言表现在个人的言语活动中,是在人们的言语交际过程中不断变化和发展的,因此言语与语言绝对不是对立的。

尽管索绪尔关于区分语言与言语的理论尚有不完善之处,但他这一理论仍然是对现代语言学理论的一个极其重大的贡献,为它起了开辟道路的作用。

以索绪尔关于语言与言语的理论来研究句子,句子既是语言单位,又是言语单位。捷克语言学家马泰休斯说:"句子不都是属于言语的,而它的通常形式是和与它相关的语言中的语法体系联系在一起的。"②句子在语言,即语言体系的层次上是抽象的模型,而在言语,即体现语言体系的层次上是具体的"言语现实"(表述)。两者既有区别,又有联系。它们互相依存,共为一体。由此可见,索绪尔的这一理论为模型句法学奠定了理

---

① 索绪尔:《普通语言学教程》,商务印书馆 1985 年版,第 41 页。

② В. Матезиус, О системном грамматическом анализе. // Пражский лингвистический кружок. М., 1967.

论基础。

2.2 模型是语言符号的符号

语言是社会约定俗成的一种符号。语言的符号是能指(表达方面)和所指(内容方面)的结合。语言符号中的能指就是声音形象,即语音形式,语言符号中的所指就是概念,即意义内容。两者的结合就构成了语言符号。正如索绪尔所说的,“把概念和音响形象的结合叫做符号。”①换言之,语言符号可分解为语音形式和意义内容两个方面。语言符号的声音形象是具有一定意义内容的语音形式,而其意义内容要靠一定的语音形式表达出来。由此可见,在语言符号这个统一体中,形式与内容是互相依存的,互相制约的。没有无内容的空洞的形式,也没有无形式的赤裸裸的内容。语言符号离开其中任何一个方面都不可能存在。

语言符号与指称对象的结合是社会的产物,是社会约定俗成的,而不是它们之间有什么必然的联系。所谓指称对象不仅指周围世界的事物、事件等,而且也指人类内心世界的思想、感受等。恩格斯在《自然辩证法》中指出:“正和负。也可以反过来……北和南也一样。如果把这颠倒过来,并且把其余的名称相应地加以改变,那么一切仍然是正确的。这样,我们就可以称西为东,称东为西。太阳从西边出来,行星从东向西旋转等等,这只是名称上的变更而已。”②可见,语言符号是经过人类社会的约定去替代现实中某个对象的。只有这样,人们才能进行交际。例如“人”在汉语中叫 ren,俄语中叫 человек,英语中叫 man,日语中叫 hito 等。

但是,必须指出的是,语言符号之所以能够指称或替代对象,是因为人们把语言符号和对象在意识领域中联结起来,从而在意识中用语言符号的映像去替代对象的映像,或用对象的映像去替代语言符号的映像,实现两种映像的相互转换。因此语言符号与对象之间的联系,是在人的头脑中把它们结合起来的。也正是如此,什么语言符号代表什么对象也只有有思想的人才能理解。总之,离开思想、意识,语言符号与对象就是风马牛不相及的东西。

索绪尔进一步指出,不要把符号的展示物与由它所替代的现实对象离开意识而直接联系起来。这就是说,语言符号的形式与现实中的对象

---

① 索绪尔:《普通语言学教程》,商务印书馆 1985 年版,第 102 页。

② 恩格斯:《自然辩证法》,《马克思恩格斯选集》,第 3 卷,人民出版社 1972 年版,第 539 页。

之间的联系不是直接的，而必须通过语言符号的内容、意义这个“中介”才能联系。因为语言符号的意义就是由观念来指称所反映的对象，也就是作为现实对象在意识中的反映。因此语言符号的意义就是该符号所表达的关于对象的映像，它必须在被人的思想把握时才能存在。由此可见，语言符号的意义是联系语音形式与指称对象之间的纽带。没有意义就没有指称对象在人思想中的反映，那么声音归声音，对象归对象，两者之间就无从建立联系。语言符号的语音形式、意义内容与指称对象之间的关系可用下图表示：

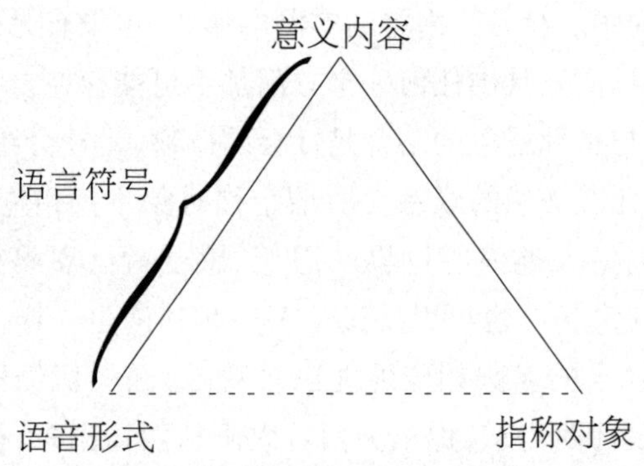

语言中的句子模型是语言符号的符号，它既可是语言符号形式方面的符号，又可是语言符号内容方面的符号。

句子形式方面的符号就是句子结构模式。它是从形态的角度对句子高度抽象而成的，也就是在形态上从数量无限的句子中抽象为数量有限的、用科学符号表示的公式，例如 Птицы улетели 和 Ребенок спит 两个句子，尽管在语义上有所不同，但是在形态上都可抽象为 $N_1 + V_f$（名词第一格 + 动词变位形式）。由此可见，句子结构模式只是对句子形态组织进行的抽象，不管其表示什么样的语义。

句子内容方面的符号就是句子的语义结构。它是从语义的角度对句子进行的抽象，例如 Птицы улетели 可抽象为 Содущ. + Пдействие（动物参与者表示的主体 + 行为述体），而 Ребенок спит 却抽象为 Содущ. + Псостояние（动物参与者表示的主体 + 状态述体）。又如 Тишина 的结构模式是 N_1，而 Стоит тишина 是 $N_1 + V_f$，但是它们的语义结构都表示非动物参与者表示的主体与其存在的关系。由此可见，句子语义结构只是对句子的语义组织进行的抽象,不管其形态组织如何。

尽管一个句子结构模式可能具有几个不同的语义结构,一个句子语义结构可用不同的结构模式表达,但是每个结构模式总是有其相对应的语义结构。因为它们代表语言符号的符号的两个方面:形式和内容,两者的结合构成句子的统一体。

句子所指称的对象是现实中的事件或情景。句子结构模式与指称的情景之间不是直接联系的,而是必须通过表示该句语义的语义结构这个"中介"才能联系起来。因为句子的语义是对客观现实中某个事件或情景称名。在这点上句与词有相似之处,它们都有称名功能。但是,前者是对事件或情景称名,后者是对事物或现象称名。换言之,句子是事件或情景的符号,词是事物或现象的符号。由于句子的语义就是由观念来称名所反映的事件或情景,因此句子结构模式、语义结构与指称的情景之间的关系可用下图表示:

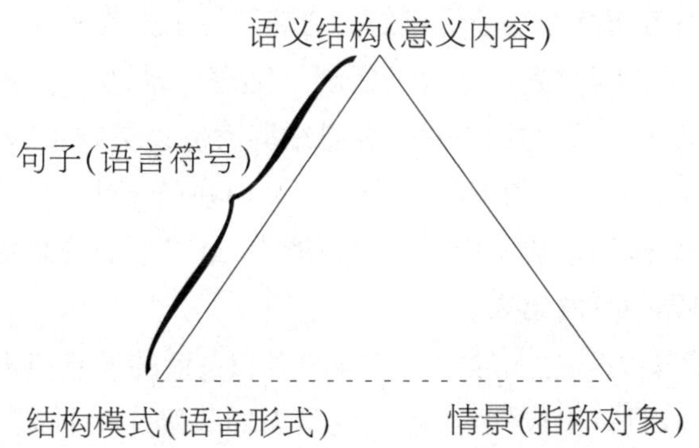

2.3 模型的生成性

作为语言符号的符号的模型具有生成性。所谓模型的生成性就是指人们掌握一定数量的句子模型后就可理解和生成数量无限的句子。众所周知,人们经常听到的或说出的大多是自己过去从未听到过的或从未说过的句子,很少完全重复过去的旧句子。除了少数问候、礼仪、日常生活方面较为固定的用语之外,几乎每句话都是说话者创新的。这一现象说明人们能够对他们接触到的语言材料进行加工、分析、归纳,从中抽象出一套编写新句的语音、词汇、语法规则,从而获得理解和创造新句的语言能力。这就是语言和模型的生成性。

关于语言的生成性问题，语言学家存在着不同的看法。美国的布龙菲尔德(L. Bloomfield)提出"刺激-反应论"[①]。他认为儿童学话是对外界环境或人话语的刺激而作出的适当反应，这是与其他动物没有任何差别的一种条件反射。由此可见，他主张外界环境的刺激是儿童学习语言的决定因素，从而完全否定人的内在语言能力和语言的生成性。与此相反，乔姆斯基提出了转换生成语法和语言机制的理论[②]。他驳斥了布龙菲尔德的观点，指出，人具有区别于其他动物的语言机制，人们学习语言的过程并非像鹦鹉学舌那样机械模仿，而是不断创新的过程。他认为，人脑天生具有语言机制，它能从语言原始材料中抽象出语音、词汇、语法规则，从而不断生成大量的新句。但是乔姆斯基在强调人的语言机制是"先天"的同时，却忽略了语言能力转化为现实的语言行为所需要的外界社会环境，从而陷入了另一个极端。

语言之所以具有生成性的特征，是因为人具有有别于其他动物的语言能力。人类生来就具有内在的语言能力。它是人类在长期的劳动中经过许多代的艰苦磨练而逐渐形成的。劳动锻炼了人类祖先的大脑和发音器官，并促进了人类祖先对语言的需要。随着劳动的日益复杂化和交往需要的日益增长，人类的意识水平和思维能力也越来越发达，对语言的要求也越来越高。人的劳动不断提出语言上内在的要求，人把外在的需要不断地内在化，逐渐形成了内在的语言能力，最终猿的脑髓变成了人的脑髓，人从动物界中分离出来。

所谓语言能力就是人的抽象思维能力和灵活的发音能力相结合。因此，语言之所以具有生成性，实质上就是人们头脑中的抽象思维能力、思维规律在起作用。思维规律就是逻辑规律。它是通过实践——认识——再实践——再认识的不断反复而形成的。列宁说："逻辑规律就是客观事物在人的主观意识中的反映。"[③]人的大脑好比一部自动控制的机器。人从外界的语言环境中学会运用思维规律不断进行分析、比较、综合，逐渐抽象出句子的模型，然后加以同形类化，从而生成无数同形的新句，尽管他本人并没有意识到他所用的语言有哪些规则在起作用。

正因为语言符号、语言模型具有生成性的特征，所以我们就可利用这

---

① 布龙菲尔德：《语言论》，商务印书馆1980版。

② 史密斯等：《现代语言学》，外语教学与研究出版社1983年版。

③ 列宁：《哲学笔记》，人民出版社1956年版，第169页。

一特征通过分析、归纳从形形色色的各种句子中抽象出某种语言的句子模型。这些模型虽然数目不多，但却代表了一种语言的语法和语义特征。任何语言如果能确定一套句子模型的目录，那么造句规则的解释就可大大的简化，从事符号变换活动的电子计算机翻译也就成为可能。

3 俄语简单句的模型

佐洛托娃在 1973 年的《俄语功能语法概要》中提出："句子的模型是相互制约的句法形式最低限度完整的结合，这些句法形式结构是具有一定的类型意义的交际单位。"①由于佐洛托娃把句子模型看做是相互制约的句法形式最低限度完整的结合，因此她的句子模型仍然属于句子结构模式的范围。此外，她的句子模型又是具有一定类型意义的交际单位，也就是说，她的句子模型是具有意义完整性的结构模式。由此可见，佐洛托娃的句子模型是作为最低限度称名单位的结构模式。

随着时间的推移，佐洛托娃对句子模型的看法也有了变化。她指出：尽管《80 年语法》承认进行语义分析的必要性，但是它仍然没有解决句子结构模式与语义结构之间的相互联系。她认为，句法的基本单位是具有实物意义的句素和具有特征意义的句素，它们进入述谓联系，构成具有一定类型意义的句子模型。她在 1988 年的《俄语交际语法》中指出："句子模型是由主体成素与述谓成素在其词法、句法和语义的特征统一中相互制约组成的。"②可以看出，佐洛托娃对句子模型的看法向前迈出了极其重要的一步，把句子结构模式与语义结构结合在句子的模型之中。

我们对句子结构模式和语义结构的研究是从上世纪 70 年代开始的。我们既研究句子的结构模式，又研究句子的语义结构，并在 80 年代中期提出了句子结构模式以述体为中心的原则和模式符号双重描写的原则。所谓模式符号双重描写就是指模式的符号用没有括号的拉丁字母表示句子的结构模式，如 Отец читает газету 可抽象为 N_1 + Vact f + Cobj（名词第一格 + 行为动词变位 + 补语）；用括号内的斯拉夫字母表示句子的语义结构，如上面列举的句子从语义上可抽象为 Содуш. + Пдействие + Оо-

① Г. А. Золотова, Очерк функционального синтаксиса русского языка. М., 1973, стр. 25.

② Г. А. Золотова и др., Коммуникативная грамматика русского языка. М., 1998, стр. 104.

душ./неодуш.（动物主体+行为述体+动物或非动物客体）。它们既代表形态表达的结构模式，又代表信息内容的语义结构，两者有机结合在同一统一体中，例如 N_1（Содуш.）+ Vact f（Пдействие）+ Cobj（Оодуш./неодуш.）。这就为句子模型的提出奠定了基础。后来于90年代中期我们终于找到了结构模式与语义结构结合在一起的新形式——句子的模型。

我们认为，俄语简单句模型是从俄语简单句的结构和语义中抽象出来的，由以词法和句法形式表达的述体和述体配价所制约的成素组成的公式。该公式具有自己的结构模式和语义结构，并且按照该公式可以生成语法上完整的和信息上独立的非扩展句。这就是说，我们的模型是由形态上的结构模式和信息上的语义结构组成的。它既包含用没有括号的拉丁字母表示的句子结构模式，又包含用括号内斯拉夫字母表示的语义结构，它们两者有机结合在同一模型之中。

述谓性是句子的主要语法特征。维诺格拉多夫认为："形成句子述谓性范畴的意义和作用在于句子内容与现实的关系。"①维诺格拉多夫所谓的"与现实的关系"这一概念是含糊的，因为除了句子以外，词和词的组合都可与现实发生关系，都可反映客观现实中的事物。由此可见，维诺格拉多夫的"述谓性"不是句子所固有的特征，并不能把句子与其他语言单位区别开来。我们也认为句子具有述谓性这一特征。但是，我们说的述谓性与维诺格拉多夫所说的不同，是指说话内容与现实中的情景发生的关系②。句子与词、词的组合都可和客观现实发生关系。它们之间的区别在于，所反映的客观现实片段的类型不同。词和词的组合是对事物的称名，词（名词）反映的是具体的事物，而句子反映的是客观现实中的情景、事件，因为它是对情景、事件的称名，具有情景性或事件性。由此可见，我们说的述谓性是句子所固有的特征，它使句子有别于词、词的组合等其他语言单位。

句子既是语言单位，又是言语单位。无论是语言中的模型，还是言语中的表述，它们都具有述谓性这一主要语法特征。句子的述谓性主要体现在谓语的情态、时间等范畴上。因此，句子的主要成分中主语和谓语相

---

① АН СССР, Грамматика русского языка. Т. Ⅱ, Ч. Ⅰ. М., 1954, стр. 80.

② 参见吴贻翼：《试谈俄语句子/表述的述谓性》，《中国俄语教学》1997年第2期。

比较而言，后者更为重要。

谓语或述体是句子结构和语义上的中心，在句中占主导地位，因为谓语或述体具有代表性（репрезентируемость）的特征。所谓代表性就是指辨认任何语段中主导成分的一种手段。在生成句子的过程中一语段和另一语段连结起来所通过的那个词就具有代表性，因此它可以代表该语段。库里洛维奇（Е. Курилович）说得好，"句子的外部联系就是谓语（在实践中指人称动词或系词）。所以，如果要用简洁的话来给句子下定义，那么就是给句子的谓语下定义……谓语意味着整个句子。"①

根据代表性的特征我们确定谓语或述体是句子结构和语义上的中心，在句中起主导作用。它们不仅指出主体或主语在一定的时间、情态范围内所具有的特征（行为、状态、性质和关系），而且还决定这一特征参与者之间作用的分配。这就在谓语或述体周围建立起一个使必需的词汇自然卷入的配价场。因此可以把谓语或述体看做句子整个事件或情景的潜在负荷者。由此可见，谓语或述体是模型的核心，在模型中起着中心成分的作用。

众所周知，形态组织中的谓语与语义组织中的述体没有直接的对应关系。但是它们之间也是有联系的。形态组织中的谓语总是语义组织中的述体，因为述体是对主体的叙述，是述谓特征的体现，它在形态上没有什么专门的标志，因此在范围上要比形态组织中的谓语要宽。这就是说，形态上的谓语必然是语义上的述体，但语义上的述体不一定是形态上的谓语。由此可见，提以述体为中心比提以谓语为中心更为恰当。

综上所述，可以看出，我们的"模型"概念与佐洛托娃的"模型"概念虽然在看法上有所不同，但是它们之间有相同之处，主要表现在，它们都是以句子结构模式和语义结构的有机结合为出发点的。当然，也有不同之处。区别在于，我们的模型以述体配价论和述体中心论为理论基础，而佐洛托娃只强调模型中的述谓性，即具有实物意义的句素和具有特征意义的句素进入述谓联系。

---

① Е. Курилович, Очерки по лингвистике. М., 1962.

4 现代俄语模型句法学的产生

19 世纪七八十年代，俄国语法学家斯兰斯基曾提议采用“句子方程式”和“方程式”的变换来研究句子和句子的意思①。尽管斯兰斯基的这一看法对俄国传统语法的发展并没有什么影响，但他终究是在俄语语法发展史上第一位提出句子模式设想的语法学家。

直到 20 世纪 60 年代初，俄罗斯语言学界才开始对句子模式进行研究。俄罗斯语言学家历来是以传统语法的观点研究句子的。他们把句子看做是结构-语义单位。维诺格拉多夫在科学院《54 年语法》中写道：“句子是按着某种语言的规律获得语法形式的完整的言语单位，是形成表达和传达思想的主要手段。”句子是“交际的基本形式”，是“语言交际中最小的完整单位”②。这就是说，维诺格拉多夫认为，句子是形态和意思相互作用而形成的复杂综合体。从 60 年代起，俄罗斯有些语言学家把注意力集中在句子的形态方面，从形态的角度来研究句子，把句子看做是形态组织。他们还在句子的形态组织中划分出两个研究对象：语言上的抽象“语法样板”（结构模式）和言语上的具体“言语现实”（现实的句子或表述）③。这一看法不仅为句法研究开辟了新前景，而且也为现代俄语模型句法学奠定了基础。什韦多娃就是这一观点的代表。

由于俄罗斯语法学家用结构模式这种新方法来描写句子，词汇填入模式的问题就提到日程上来了。这一问题的提出促使有些语法学家开始从语义的角度研究句子，这就形成了一门交叉学科——语义句法学。致力于这门学科的语法学家有阿鲁秋诺娃、洛姆捷夫等。他们从语义的观点出发把句子的信息内容概括为语义组织或语义结构。从此俄罗斯的语言学界除研究句子的形态模式外，还增添了新的研究对象——句子的语义模式。

随着语言学的发展和研究的深入，俄罗斯语言学界中又提出了句子交际组织的模式、复合句的模式、超句子统一体的模式等一系列问题。尽管至今对这些问题的研究还很不深入，但是，随着时间的推移，它们必然

---

① В. А. Белошапкова и др., Современный русский язык. М., 1981, стр. 471.

② АН СССР, Грамматика русского языка. Т. Ⅱ, Ч. Ⅰ. М., 1954, стр. 72.

③ Н. Ю. Шведова, Входит ли лицо в круг синтаксических категорий, формирующих предикативность? Русский язык за рубежом, 1971, №4.

会被人们认识得越来越清楚。这样,一门新兴的学科——现代俄语模型句法学的雏形在我们的面前展现出来。

俄罗斯语言学界之所以在60年代初出现语言形式化、句子模式化的倾向,主要因为客观现实提出了不少亟待解决的问题,例如科学院《54年语法》在保持俄国语法传统的同时,明显地脱离了当时语法科学发展的水平。就以简单句为例,简单句的句部理论、单部句的分类原则、句子主要成分和次要成分的划分标准、对不完全句的解释等问题都暴露出严重的缺陷。又如从20世纪40年代电子计算机问世以来,它的职能越来越大。运用计算机进行翻译已成为现实。机器翻译的出现给语言学提出了一系列有待解决的问题:语言规则公式化、句子结构模式化、区别形态相同而语义不同的歧义句等。再如近几十年来广大语言教师在教学中采用"框架替换"的教学方法,深感其优越性,迫切要求俄语句子结构模式化。……对于客观现实提出的这些新课题俄罗斯当时的传统语法无法作出圆满的解答。于是一部分语言学家以传统语法的观点研究这些新课题。他们探索用模式这种新形式来描写句子。他们把传统句法中关于非扩展句界限以及句子主要成分学说视为构成结构模式的依据,把句子分类学说看做是组成几十个不同结构模式的前提。这就促使传统语法在新形势下得到了新的发展。

辩证唯物主义认为,内因是变化的根据,外因是变化的条件,外因是通过内因起作用的。因此,我们既要看到在俄罗斯产生语言模式化倾向的内部原因,又要看到其外部原因,尽管它是第二位的。

欧美语言学的各种流派对俄罗斯语言学的影响,是促使俄语句子模式化的外因。长时间以来俄罗斯语言学界对国外语言学的各种流派一直采取批判态度,一概加以排斥,直至20世纪50年代中期才开始有所变化。他们一方面重新评价过去被否定的语言学流派,如索绪尔的语言学理论等,并吸收其精华;另一方面又逐步引进国外语言学流派的新观点,因为从50年代起欧美各国语言学的研究进展较快,出现了许多新的流派,如转换生成语言学理论、生成语义学、话语语言学等,不一而足。因此,国外的影响为俄语句子模式化提供了必要的条件。

Предикативность предложения и высказывания в русском языке

Предложение — это единица как языка, так и речи. Оно на уровне языка является абстрактной схемой, а на уровне речи — конкретной "речевой данностью", или высказыванием. Все они имеют предикативность. В «Грамматике русского языка» В. В. Виноградов характеризует: "Предикативность и интонация сообщения как основные грамматические признаки предложения."① Интонация сообщения не только выступает в качестве одного из постоянных характерных признаков предложения, но и является грамматическим средством оформления предикативности в предложении. Таким образом, можно сказать, что предикативность представляет основной характерный признак предложения или высказывания.

1

Что такое предикативность? В. В. Виноградов считает: "Значение и назначение общей категории предикативности, формирующей предложение, заключается в отнесении содержания предложения к действительности."② Смысл в этом определении неясен, и, следовательно, его понимают лингвисты по-разному. В. Г. Адмони рассматривает предикативность как двучленность: взаимонаправленное связывание предмета и признака, или "сочетание подлежащего и сказуемого"③.

---

① АН СССР, Грамматика русского языка. Т. Ⅱ, Ч. Ⅰ. М., 1954, стр. 76.

② АН СССР, Грамматика русского языка. Т. Ⅱ, Ч. Ⅰ. М., 1954, стр. 80.

③ В. Г. Адмони, Двучленные фразы в трактовке Л. В. Щербы и проблемы предикативности. Филологические науки, 1960, №1.

А. Б. Шапиро утверждает: "Обязательным признаком, характеризующим любое предложение в русском языке, является не предикативность, а модальность. Модальность — категория более широкая, чем предикативность. "① Он также указывает, что в предложениях, содержащих в своем составе предикат (сказуемое), модальность использует для своего выражения средства, служащие для выражения предикативности (в первую очередь формы наклонений глагола). И. П. Распопов даже отказался употреблять термин "предикативность". В своей книге«Спорные вопросы синтаксиса» он пишет: "При таком чрезмерно многозначном понимании и употреблении термина 'предикативность' соответствующее понятие, по существу, утрачивает свою познавательную ценность и становится лишь источником схоластических споров. "②

Понятие В. В. Виноградова об отнесении содержания предложения к действительности неотчетливо, так как кроме предложения, слово и словосочетание также имеют отношение к действительности и отражают конкретный предмет в объективной действительности. Отсюда следует, что "предикативность", обозначающая отнесение сообщаемого к действительности, не свойственна только предложению и не отличает его от слова и словосочетания. Такая "предикативность", по словам М. И. Стеблина-Каменского, остается еще "книгой за семью печатями" ③.

Мы считаем, что предложение отличается предикативностью. Но наша предикативность и "предикативность" В. В. Виноградова различаются между собой. Первое заключается в отнесении сообщаемого к ситуации в действительности. Объективной стороной своего значения предложение существенно не отличается от слова и словосочетания. Различие обнаруживается лишь в денотативной соотнесенности пре-

---

① А. Б. Шапиро, Модальность и предикативность как признаки предложения в современном русском языке. Филологические науки, 1958, №4.

② И. П. Распопов, Спорные вопросы синтаксиса. Ростов-на-Дону. 1981, стр. 39.

③ М. И. Стеблин-Каменский, Спорное в языкознании. Л.,1974, стр. 34 – 47.

дложения, с одной стороны, и слова и словосочетания — с другой, т. е. в том, какого рода фрагменты действительности они обозначают. Денотатом слова (существительного) может быть "вещь", конкретный предмет, так как оно дает название предмету. А предложение может обозначать только ситуацию или событие, некое "положение дел"[1]. И потому значение предложения событийно. Ср. Денотативную соотнесенность существительных "домик", "сад", "беседка", "грядка", "цветник"... и построенных по схеме Cop_1 N_1 предложений: "Опрятный домик. Сад с плодами. Беседка, грядки, цветники... И все возделывали сами мои соседки — старики." Значение номинативного предложения включает идею бытия, наличия и не равно значению реально представляющей предложение словоформы. Различие между ними в том, что номинативное предложение приобретает событийность и выражает определенного вида ситуацию или событие в объективной действительности — ситуацию или событие, относящееся к настоящему, а не к прошлому или будущему. Услышав это сообщение, мы можем соответственно реагировать на него и предпринимать те или иные действия. И, следовательно, оно приобретает актуальный смысл. Наоборот, слова "домик", "сад" и т. п. не имеют для нас никакой актуальной ценности, так как они не будут давать ни малейшего представления о том, является ли это реальным или только желательным, необходимым или возможным, и о том, относятся ли они к настоящему моменту или к прошлом... Из этого видно, что различие между приведенными рядами слов может основываться не на лексическом отношении, а на грамматическом отношении. Это является предикативностью предложения, которая заключается в отнесении сообщаемого к ситуации или событию в действительности.

И. П. Распопов не только отверг понятие "предикативность" В. В. Виноградова, но и выдвинул идею, что она должна быть заменена категориями целевого назначения, модального качества и коммуникати-

---

① Общее языкознание: Внутренняя структура языка. М., 1972, стр. 309.

вной перспективы (актуального членения) [1]. Хотя эти три категорий являются основными признаками предложения и важными средствами выражения предикативности, но предикативность носит более обобщающий характер, чем эти три категории. Она служит существенным признаком предложения, и поэтому предыдущее может обобщить не только последующее, но и также другие категории, выражающие предикативность. Из этого вытекает вопрос о том, как трактовать понятие предикативности отчетливее и точнее.

2

И. П. Распопов дальше пишет, что термин "предикативность" "должен быть ограничен в своем значении", что "его использование целесообразно ориентировать не на квалификацию предложения как коммуникативной единицы языка, а на квалификацию некоторых типов синтаксических конструкций, способных при определенном 'доосмыслении' и 'дооформлении, 'превращаться' в предложения" [2]. Это значит, что понятие предикативности используется только при структурной схеме предложения как единицы языка, а не применимо к коммуникативной единице предложения, или высказыванию как единице речи. С этим взглядом автор статьи не согласился бы.

Характеризуя синтаксические категории модальности, времени и лица как категории, конкретизирующие и выражающие предикативность, В. В. Виноградов вводит признак точки зрения говорящего. Он говорит: "В конкретном предложении значения лица, времени и модальности устанавливаются с точки зрения говорящего лица."[3] Иначе говоря, предикативность высказывания заключается в отношении говорящего к сообщаемому. Французский языковед Ш. Балли

---

① И. П. Распопов и А. М. Ломов, Основы русской грамматики. Воронеж. 1984, стр. 192 – 201.

② И. П. Распопов, Спорные вопросы синтаксиса. Ростов-на-Дону. 1981.

③ В. В. Виноградов, Избранные труды. Исследования по русской грамматике. М., 1975, стр. 268.

утверждает, что необходимо устанавливать "четкое различие между представлением, воспринятым чувствами, памятью или воображением, и проводимой над этим представлением мыслящим субъектом психической операцией". Таким образом, предложение состоит из двух частей: "одна из них будет коррелятивна процессу, образующему представление", ее можно называть "диктумом"; другая выражает "модальность, коррелятивную операции, производимой мыслящим субъектом" и образует "модус, дополняющий диктум". Языковед дальше указывает: "Предложение — это наиболее простая возможная форма сообщения мысли." "Мысль нельзя свести к простому представлению, исключающему всякое активное участие со стороны мыслящего субъекта."[1] Это значит, что кроме объективного значения, всякое предложение еще выражает субъективное значение, исходящее от говорящего. Оба они (объективное значение и субъективное значение) составляют обязательные компоненты его содержания. На основании взглядов В. В. Виноградова и Ш. Балли можно прийти к заключению о субъективности предложения как единицы речи: все они исходят от говорящего и заключают в себе его отношение к тому, о чем идет речь в предложении.

Автор в основном согласен с этим взглядом. Всем известно, что мысль, выражаемая в предложении, является отражением ситуации в объективной действительности, сознаваемой человеком. Очевидно, предложение не только отражает ситуацию в действительности, но и также выражает отношение говорящего к сообщаемому о ситуации. Таким образом, на уровне языка предикативность предложения (структурной схемы) заключается в отнесении сообщаемого к ситуации в действительности, а на уровне речи предикативность предложения (высказывания) — не только в отнесении сообщаемого к ситуации, но и в отношении говорящего к этой отражаемой ситуации действительности. Из этих двух сторон состоит предикативность высказывания.

---

[1] Ш. Балли, Общая лингвистика и вопросы французского языка. М., 1955, стр. 44.

“Отношение к высказыванию”, как говорит К. Г. Крушельницкая, “составляет основное содержание общей категории предикативности.”[①] Это является коренным различием между предложением, с одной стороны, и словом и словосочетанием, с другой. Кроме отражения объективной ситуации, предложение еще выражает отношение говорящего к этой ситуации. Например: Идет дождь — Пошел бы дождь! — Пусть идет дождь! Все эти три предложения выражают одно и то же объективное содержание, но разное отношение к нему говорящего: утверждение им реальности события в первом случае, характеристику события как ирреального, желание, чтобы оно реализовалось, — во втором и волеизъявление, направленное на его осуществление, — в третьем.

В своей книге «Коммуникативный синтаксис русского языка» О. А. Крылова отмечает, что “содержанию темы в процессе речи активно приписывается говорящим содержание ремы, иными словами, говорящий активно соотносит свое сообщение (а именно оно передается в реме) с действительностью (в случае нулевой темы) или с некоторым ее фрагментом (в случае лексически выраженной темы).”[②] О. А. Крылова установила связь актуального членения с категорией предикативности, что имеет активное значение. Но с ней автор не согласен. Это потому, что она ошибочно ставит знак равенства между действительностью и темой и между содержанием сообщения и ремой. Как известно, отнесение сообщаемого к ситуации действительности значит ее отражение в сознании. В связи с этим, отражением этой ситуации является целое предложение или высказывание. Как сообщаемое им может быть только ремой, исключая темы? Как можно поставить знак равенства между объективной ситуацией и темой высказывания? Разве рема высказывания не является частью ситуации?...

---

① К. Г. Крушельницкая, К вопросу о смысловом членении предложения. Вопросы языкознания, 1956, №5.

② О. А. Крылова, Коммуникативный синтаксис русского языка. М., 1992, стр. 39.

3

Предикативность предложения, по пониманию В. В. Виноградова, воплощается в "особых синтаксических категориях, базирующихся на морфологических категориях, но далеко выходящих за их пределы" ("категории времени и модальности, а также и категория лица") ①. Академик также считает, что среди этих категорий модальность выдвигается на первое место: "Отношение сообщения, содержащегося в предложении, к действительности, — это и есть прежде всего модальные отношения". Модальность — это грамматическая категория, выражающая отношение говорящего к высказываемому. Содержание высказываемого может мыслиться говорящим как реальное или нереальное. В первом случае высказываемое в предложении представляется как осуществляемое в реальном времени — в настоящем, прошедшем и будущем. Во втором случае говорящий может представить сообщаемое как возможное, желаемое, должное или требуемое, т. е. реально не существующее. Все они являются возможными модальными значениями. Категория модальности тесно связана с категорией времени. Последняя показывает ситуацию или событие по отношению к моменту речи как одновременное (настоящее время), предшествующее (прошедшее время) и последующее (будущее время). Предикативность конкретизируется в синтаксических наклонениях и временах. Например:

1) Синтаксический индикатив: (наст. вр.) Он работает; (прош. вр.) Он работал; (буд. вр.) Он будет работать.

2) Синтаксические ирреальные наклонения: (сослагат. накл.) Он работал бы; (условн. накл.) Если бы он работал...; (желат. накл.) Работал бы он! (побудит. накл.) Пусть он работает! (долженств. накл.) Он работай...

В этих предложениях сказано об одном и том же объективном со-

---

① АН СССР, Грамматика русского языка. Т. II, Ч. I. М., 1954, стр. 78 – 79.

держании, но отражаются разные отношения говорящего к сообщаемому.

Предикативность предложения или высказывания как единицы речи выражается средствами разных уровней ("не только грамматическими средствами, но и неграмматическими: лексическими, просодическими, контекстуально-ситуативными")①. Кроме выражения категорий модальности, времени и лица (Дети / спорят; Дети / будут спорить; Дети / спорили; Дети / спорили бы; Пусть дети / спорят! Вот бы дети / спорили!...Дети спорят / горячо; Дети спорить будут / горячо; Дети спорили / горячо; Если бы дети спорили / горячо...; Пусть дети спорят / горячо! Вот бы дети спорили / горячо!...), предикативность может найти воплощение в контекстуально-ситуативных средствах (или актуальном членении). Как О. А. Крылова справедливо говорит, "соотнесение ремы с темой имеет в своей основе то же предикативное значение, или предикативность." ② Например:

① — Что ты читаешь?

— * Я читаю.

② — Куда ты меня зовешь?

—* Я зову тебя.

Изолированные предложения "Я читаю" и "Я зову тебя" вполне нормальны и по грамматике и по стилистике. Если они выступают в составе ответных реплик, то акт коммуникации не состоится именно потому, что они лишены ремы. Вследствие этого в таких предложениях не могут быть сформированы высказывания. Если мы отвечаем на вышеупомянутые вопросы: "Я читаю / «Войну и мир» Л. Толстого" и "Я зову тебя / на концерт", то в данной речевой ситуации состоится коммуникация и образовывается предикативное соединение темы и ремы. И, следовательно, актуальное членение конкретизирует предикативность высказывания. Бывают следующие два типа организации

---

① В. В. Химик, Категория субъективности и ее выражение в русском языке. Л., 1990, стр. 74.

② О. А. Крылова, Коммуникативный синтаксис русского языка. М., 1992.

простого предложения:

(1) Предложение с грамматикализованными темой и ремой

В этом случае граница между компонентами структурной схемы (подлежащее и сказуемое) и граница между темой и ремой совпадают. Например:

③ Конференция в Лондоне / обсуждала планы будущих военно-морских операций.

④ В подобной обстановке опыт русского адмирала / приобретал особую ценность.

Если подлежащее выступает в функции не темы, а ремы, а сказуемое функционирует в роли темы, то такие тему и рему нельзя назвать грамматикализованными. Например:

⑤ Истинной причиной ухода Льва Николаевича из Ясной Поляны был / порыв к внутренней свободе.

(2) Предложение с неграмматикализованными темой и ремой

В таком случае граница между компонентами структурной схемы проходит не там, где проходит граница между темой и ремой. Например:

⑥ Поставил диагноз / участковый врач.

⑦ После звонка в зале / наступила тишина.

⑧ 4 октября 1957 года в Советском Союзе / был запущен первый искусственный спутник Земли.

⑨ Маяковский встретил Октябрьскую революцию / радостно и восторженно.

⑩ Первая книга «Тихого Дона» была напечатана / в 1928 году.

Кроме названных средств, предикативность высказывания может конкретизироваться другими средствами. Так, высказывание "Но может быть, просто не приспело еще время говорить о писателях, ушедших от нас относительно недавно?" Передает в своей грамматической основе предикативное значение синтаксического реального наклонения (время не приспело). Это значение дополняется и расширяется значениями непредикативными, выраженными вопросительной интонацией и лексическим значением вводного сочетания (может быть). Целостное предикативное значение высказывания, таким образом, устанавливается в результате взаимодействия синтаксического реального наклонения в основе и комплекса неграмматических средств.

Валентность глагола и предиката в русском языке

1

Под валентностью понимается способность языкового знака связываться с другим языковым знаком для того, чтобы составить большее целое. Валентность глагола можно определить как способность глагола вступать в синтаксические конструкции с другими словами. Особенности построения предложения через валентность глагола французский лингвист Л. Теньер предложил объяснить еще в 1934 году. Согласно пониманию Л. Теньера, глагольный "узел" — это "маленькая драма"; подобно тому как в драме действуют герои в различных обстоятельствах, так в предложении мы находим "актанты" и выражающие различные обстоятельства "сирконстанты". Сравнивая глагол с атомом, Л. Теньер ввел понятие "валентность", с которым связал способность глаголов присоединять то или иное число актантов[①]. Через несколько десятилетий идеи, выдвинутые Л. Теньером, получили широкий отклик.

Валентностью обладают не только глаголы, но и некоторые другие части речи. Существительное, прилагательное, предлог и др. способны присоединять к себе другие слова. Например: победа советского народа над фашистской Германией в Великой Отечественной войне, награда за заслуги в области здравоохранения, красивый город, богатая хлебом страна, в Киев, под руководством товарища Иванова и т. п. Однако валентность этих частей речи отличается от валентности глагола. Первая обладает способностью вступать в словосочетания или

---

① L. Tesniére, Elements de syntaxe structurale. Paris. 1959.

сочетания слов с другими словами, а не могут предсказать построение предложения. А семантика глагола всегда предсказывает определенное построение предложения и обладает способностью вступать в построение предложения с другими словами. В своей книге «Русский язык» В. В. Виноградов пишет: "Глагол наиболее конструктивен по сравнению со всеми другими категориями частей речи."① Следовательно, можно рассматривать глагол в качестве потенциального носителя построения целого предложения. Он не только называет какое-либо действие или состояние, но и предопределяет распределение ролей между актантами действия. Все это создает вокруг глагола валентное поле, в которое естественным образом оказывается втянутой необходимая лексика. В связи с этим подлежащее понижается в ранге относительно глагола-сказуемого, подводится под актанты ситуации и объявляется валентным местом. Отсюда следует, что в предложении имеется только один центр глагола как в синтаксическом, так и в семантическом отношении.

Валентность глагола разделяется на формальную (синтаксическую) и содержательную (семантическую). В первом случае валентность связана с определенной словоформой и обусловлена элементами морфологии в данном языке. Так, русск. "встретить" управляет вин. падежом, нем. begegnen — дат., но treffen — вин.; русск. "завидовать" (кому), а нем. beneiden — вин.; Из этого видно, что формальная валентность глагола обусловлена разными национальными языками, различна в разных языках. Таким образом, формальная валентность очень важна для описания характерологических особенностей данного языка. А содержательная валентность глагола зависит от его значения и, следовательно, ни в каком подчинении морфологии языка не находится. Например, такие глаголы, как "давать", "продавать", "посылать" и др., предполагают субъект, адресат и предмет действия. Глаголы речи, такие, как "рассказывать", "сообщать", "разговаривать" и др., требуют субъекта речи, адресата и содержания

---

① В. В. Виноградов, Русский язык. М.-Л., 1947, стр. 422.

речи. В связи с этим необходимо подчеркнуть, что содержательная валентность обусловлена его значением, независима от морфологии данного языка.

Если под валентностью глагола разумеется его содержательная валентность, то можно сказать, что валентность глагола — это свойство его значения. Такое свойство предполагает "пустые места", обусловленные степенью его семантической насыщенности. Следовательно, валентность глагола определяется количеством "пустых мест", нуждающихся в восполнении пробелов в значении глагола, т. е. числом актантов. Их число в принципе невелико, их обычно не более трех-четырех. По своей валентности глаголы делятся на следующие: 1) глаголы с нулевой валентностью (например: гремит, светает, сквозит, смеркается и т. д., они обычно описывают атмосферные состояния природы); 2) одноместные глаголы (например: смеяться, плакать, прыгать, лежать, стоять, зеленеть и т. д., они обычно описывают действие или состояние субъекта); 3) двухместные или трехместные глаголы (например: убивать, находить, ловить, давать, дарить и т. д., они выражают как действие или состояние субъекта, так и отношение, потому что многоместным глаголам дополнительно присуща способность выражать отношение).

Изменение валентности глагола свидетельствует об изменении значения. Так, например, глагол "читать" обычно двухместный, но когда он имеет значение "уметь читать" или "читать книгу", он одноместный, ср. Он читает; — Чем занимается отец? — Он читает. Глагол "помогать" обычно трехместный и предполагает субъект, адресат помощи и содержание помощи. Например: Он помогает мне в учебе; Товарищи помогли мне закончить работу. Но он иногда может быть двухместным, ср. Он помогает своим родным (в специальном значении "оказывать материальную помощь").

Под валентностью глагола разумеется его облигаторная валентность, т. е. такие случаи, когда глаголам необходимо восполнение "пустых мест" для того, чтобы образовать нормальные построения предложений. “Пустые места” в этом смысле обозначают подлежащие, дополнения и некоторые обстоятельства в грамматике. Так, например, Мальчик разбил *вазу*; *Картина мне* понравилась; *Школа* находится *в центре города*; *Он* поступил *благородно*. Кроме облигаторной, валентность глагола может быть факультативной. Под ней понимают такие случаи, когда данный компонент сочетается с данным глаголом часто, но не обязательно; без данного компонента не возможно оказать никакое влияние на нормальное построение предложения. Факультативно валентностные компоненты обозначают некоторые дополнения и обстоятельства. Например: Бабушка рассказывает *детям* сказки; Брат читает *нам* газету; *Вечером* сестра гладила; Мальчик *медленно* собрал вещи.

Словесная невыраженность факультативно-валентностных компонентов может иметь следующие причины:

(1) Факультативно-валентностные компоненты имеют референциально неопределенный характер (кто-то, что-то, где-то, куда-то и т. д.). Например: В дверь постучали (= Кто-то постучал в дверь); Сестра шьет (= Сестра что-то шьет); Мальчик побежал (= Мальчик побежал куда-то).

(2) Факультативно-валентностные компоненты имеют референциально обобщенный характер (каждый, все, никто, ничего, кто угодно, что угодно, что нужно и т. д.). Например: Мальчик хорошо читает (= Мальчик хорошо читает что угодно); Больной ходит (= Больной ходит куда нужно) и т. д.

(3) Факультативно-валентностные компоненты носят хотя и референциально определенный характер, но их словесное выражение не является необходимым. Это может происходить по двум причинам: а) компонентам не нужно выражаться словом, так как это зависит от актуальной ситуации, в том смысле, что данное понятие лежит в “ближайшем поле зрения”, например: Сестра идет (= Сестра идет сюда); Положи эту книгу (= Положи эту книгу там, где ты сейчас находишься); Борис уже уехал (= Борис уже уехал отсюда); Ты еще

не ответил (= Ты еще не ответил мне на вопрос, который я тебе только что задал) и т. д. ; б) компоненты не представляются говорящему существенными с точки зрения необходимости данной информации, например: Он обидел меня (своими словами, своим подозрением, своим недоверием); Ученик пишет упражнение (карандашом, ручкой, пером, чернилами) — конкретное уточнение не релевантно в коммуникативном плане.

Как известно, глаголы бывают разных классов по семантическим функциям. Различиями в семантических функциях их классов обусловливается их сочетаемость с другими словами. Видимо, валентность глаголов находится в зависимости от семантических функций. Глаголы могут быть разделены на четыре класса:

(1) Акциональные глаголы

Акциональные глаголы называют какие-то действия актантов. Они требуют разных именных компонентов, обусловленных характером действия. Так, глаголы речемыслительного действия сопровождаются именными компонентами со значением адресата и содержания речемыслительного действия. Например: выступить с речью перед публикой, рассказать друзьям о поездке и т. п. Глаголы конкретного физического действия требуют именных компонентов со значением объекта и орудия действия; первое обязательно, а второе факультативно. Например: забивать гвоздь молотком, печатать статью на машинке и т. п. Глаголы чувствительного действия сопровождаются именными компонентами со значением пациентива. Например: любить кого, сердиться на кого и т. п. Глаголы движения требуют компонентов со значением отправного пункта, пути и средств сообщения, но эти компоненты факультативны. Например: лететь из Москвы в Киев самолетом и т. п.

(2) Статуальные глаголы

Статуальные глаголы выражают состояние природы, состояние или изменение актантов. Так, глаголы, выражающие состояние или изменение состояния, требуют субъекта состояния, например: Снег тает; Ребенок спит; Больной лежит; Такси стоит; Дети растут; Сирень цветет и т. п. Безличные глаголы, выражающие состояние природы, представляют собой глаголы с нулевой валентностью, например: Уже совсем стемнело и начало холодать; Уже смеркается, когда они поднялись на гору; Начинает спадать жара, вечереет и т. п. Безличные глаголы, выражающие физическое или психическое состояние человека, сопровождаются субъектом или обстоятельственным детерминантом со значением субъекта. Например: Меня опять зазнобило; Ей сегодня нездоровится; В горле пересохло; От выпитой водки в голове его шумело и т. п.

(3) Реляционные глаголы

Реляционные глаголы показывают отношения между актантами. К числу реляционных глаголов относятся глаголы локализующего значения, которые выражают пространственное положение предмета. Эти глаголы сопровождаются компонентами с локативным значением. Например: Тетради лежат на столе; Такси стоит у подъезда; Сад спускается к реке; Тропинка ведет к реке и т. п. В их число включают и посессивные глаголы, выражающие обладание каким-либо предметом. Например: У него есть дача; Соседи владеют садом; Мы располагаем новыми моделями и т. п.

(4) Экзистенциальные глаголы

Эти глаголы показывают наличие актантов и, следовательно, требуют субъекта наличия. Например: Есть роза дивная; Стояла звездная августовская ночь; Докладчик отсутствует; Снег идет и т. п.

Учение о валентности глагола приобретает большое теоретическое и практическое значение. Оно как отражает основную связь между глаголом и другими словами в структуре предложения, так и соответствует прикладным нуждам описательного синтаксиса.

2

Понятие валентности глагола в известной степени утверждено на теоретической основе. Однако такое понятие имеет существенный недостаток. Он заключается в том, что далеко не каждое предложение включает в себя глагол. А. М. Мухин справедливо пишет: "Далеко не каждое предложение, например, в английском или русском языках, содержит в себе глагол, который можно было бы изучать со стороны его валентности." [1]Это значит, что в неглагольных предложениях не может быть и речи о валентности глагола или центральном месте глагола.

Чехословацкий лингвист Е. Беличова-Кржижкова придерживается понятия валентности глагола. В «Русской грамматике» Чехословацкой Академии, которая вышла в свет в 1979 году, она указывает: "Теоретической основой раздела «Синтаксис» является понятие валентности глагола, проецируемое в элементарные структурные схемы предложения." "Необходимо признать за глаголом функцию того компонента, который занимает центральное место в организации структуры предложения."[2] Что касается неглагольных предложений и предложений без спрягаемого глагола в системе русского синтаксиса, то Е. Беличова-Кржижкова в основном подводит подобные конструкции под разнообразные структурные схемы глагольных предложений. Так, например, номинативное предложение типа "Ночь"; "Тишина" рассматривается как "особая разновидность" структурной схемы N_1— V_f. Такое понимание необходимо исследовать в дальнейшем. В самом деле N_1 представлено однокомпонентной структурной схемой. Эта схема называет предмет, явление, состояние и утверждает, что они существуют в настоящем. Ввиду этого номинативное предложение не образует парадигмы временных форм. Предложения типа "Была ночь"; "Будет ночь" относятся к двухкомпонентной структурной схеме N_1— V_f. В этой схеме V_f является не связкой, а глаголом. В связи с этим "была" и "будет" представляют экзистенциальные глаголы в прошедшем и будущем временах. Отсюда следует, что N_1 и N_1— V_f принадлежат к двум разным типам предложений. И смешивать их нельзя. Кроме это-

---

① А. М. Мухин, Валентность и сочетаемость глаголов. Вопросы языкознания, 1987, №6.

② Русская грамматика. Т. Ⅱ. Praha. 1979.

го, Е. Беличова-Кржижкова еще указывает, что в предложениях с именным сказуемым форма глагола выражается не знаменательным глаголом, или связкой, и, следовательно, глагол все же является основой структурной схемы предложения. Такое понимание аргументировано недостаточно глубоко. Как известно, в именном сказуемом связка "быть" совсем не имеет лексического значения и только выражает грамматиче-ское значение, воплощенное во времени, наклонении и др. сказуемого. А остальные связки имеют лексическое значение в известной степени, кроме вышеуказанного грамматического значения. В своей книге «Русский язык» В. В. Виноградов пишет: "Связка 'быть' не глагол, хотя и имеет глагольные формы. Ей чуждо значение действия. Она мыслится вне категорий вида и числа. Все остальные связки в русском языке (стать, становиться, делаться и т. п.) представляют собой гибридный тип слов, совмещающих функции глагола и связки."[①] Раз у связки "быть" нет никакого лексического значения, она не может обладать валентностью глагола. Это противоречит утверждению Е. Беличовой-Кржижковой о том, что "в состав структурной схемы входит кроме глагола также компоненты, обусловленные валентностью глагола, т. е. степенью его семантической насыщенности". В связи с этим лингвисты, которые придерживаются понятия валентности глагола, не могут дать объяснение синтаксическому явлению неглагольного предложения.

Мы считаем понятие валентности предиката более целесообразным, потому что такое понятие основательнее.

Как известно, семантическая структура предложения это обобщение информативного содержания предложения с точки зрения семантики. Ее элементарными компонентами являются субъект и предикат. Субъект — это предмет речи, носитель предикативного признака, выражаемый именным компонентом. Предикат — то, что высказывается о его субъекте, или воплощение предикативного признака, т. е. при-

---

① В. В. Виноградов, Русский язык. М.-Л., 1947, стр. 475.

знак, которым субъект обладает в отношении времени и модальности. Вследствие того, что субъект и предикат обобщены с точки зрения семантики, в них совсем нет никакого объективного показателя в морфологии. Таким образом, предикат в семантической структуре и сказуемое в формальной организации относятся к различным категориям, и потому они относительно автономны, могут быть организованы асимметрично. Однако между ними еще имеется симметричное соотношение: сказуемое в формальной организации всегда входит в предикат семантической структуры. Это значит, что пределы предиката шире, чем сказуемого. Первый включает в себя не только именное сказуемое и глагольное сказуемое двусоставного предложения (например: Небо ясное; Дни стали коротки; Отец — учитель; Мальчик пишет и т. п.), главный член односоставного предложения (например: Ему нездоровится; Здесь не курят; Там не заснешь; Ему рады; Ему плохо и т. п. Необходимо отметить, что предложения типа "Ночь"; "Цветов!"; "Ни звука" состоят из двух семантических компонентов: субъекта и предиката; эти предложения показывают или "субъект и его наличие", или "субъект и его избыточное наличие", или "субъект и его отсутствие"), но и другие члены предложения (например: У него *радость*; С ним *обморок*; В комнате *чистота*; Сестер *три* и т. п.). Отсюда следует, что неглагольные предложения, которые невозможно объяснить понятием валентности глагола, могут найти правильное объяснение в понятии валентности предиката.

Валентность предиката понимается нами как тяготение предиката к сочетанию с теми или иными компонентами, виртуально заложенными в его семантической структуре. Так, например, в предложениях "Сын выше" и "Сын выше отца" валентность предиката "выше" является и одноместной (субъект), и двухместной (субъект и сравниваемый предмет). В предложении "Он проспал около часа" валентность предиката "проспал" — двухместная (субъект и величина). Таким образом, левая и правая валентность предиката создает валентное поле, в которое естественным образом оказываются втянутыми необходимые аргументы ситуации. Ядром валентного поля является предикат. Им обусловлены число аргументов и их роль в семантической структуре. Из этого следует, что валентность предиката в значительной степени определяет семантику всего предложения. Семантическая структура предложения, построенная по принципу валентности предиката, имеет одновременно и грамматическую и семантическую достаточность. И. П. Распопов справедливо говорит: "В конечном счете, решающая и определяющая конструктивный облик предложения структурно-строевая роль в его составе во всех случаях принадлежит предикату."① Ввиду этого конструктивный состав предложения определяют не его главные члены, а прежде всего семантика предиката.

С точки зрения семантических функций предикаты могут быть разделены на следующие четыре класса:

(1) Предикат действия

Предикат действия может быть выражен акциональными глаголами.

(2) Предикат состояния

Предикат состояния выражается кроме статуальных глаголов и безличных глаголов также предикативными наречиями (Морозно; В комнате светло; В аудитории холодно и т. п.), краткими формами страдательного причастия (Отец обижен; Клуб построен и т. п.) и др.

(3) Предикат отношения

Предикат отношения может быть выражен кроме реляционых глаголов также сравнительной степенью прилагательного (Мое белье красивее вашего; Эта комната светлее, чем та; Дочь более близка матери, чем отцу и т. п.) и др.

(4) Предикат свойства

Предикат свойства обозначает признак или характеристику предмета. Он выражается прилагательными (Она высокая; Шкаф высокий и т. п.), краткими формами прилагательного (Доклад интересен;

---

① И. П. Распопов, Что же такое структурная схема предложения? Вопросы языкознания, 1976, №2.

Человеку вреден табак и т. п.), существительными в именительном или родительном падеже с обязательным определением (Наш век — век высоких скоростей; Он высокого роста и т. п.), наречиями (Она замужем; Билеты в театр нарасхват и т. п.), числительными (Видов глагола в русском языке два; Ему сорок лет и т. п.) и др.

Валентность предиката предопределяет не только число аргументами ситуации, но и распределение ролей между ее аргументами. В своей работе В. В. Богданов утверждает необходимость различить одушевленность и неодушевленность аргументов. Одушевленный аргумент сам может быть источником своего действия, не нуждаясь при этом в каком-либо постороннем движущем факторе, т. е. он сам определяет свое поведение. Неодушевленный аргумент таким свойством не обладает и нуждается для выполнения того или иного действия во внешнем движущем факторе. В. В. Богданов пишет: "различие между одушевленными и неодушевленными объектами заключается в том, что первые обладают собственным поведением, чего нельзя сказать о вторых."①

По семантическим функциям аргументы могут быть разделены нами на девять групп:

(1) Функции для одушевленных аргументов: субъект (С одуш.), объект (О одуш.), адресат (А).

(2) Функции для неодушевленных аргументов: субъект (С неодуш.), объект (О неодуш.), локатив (Л), темпоралис (Т), квалификация (К).

(3) Функции для аргументов как одушевленных, так и неодушевленных: субъект (С одуш. / неодуш.).

Подводя итоги, мы можем сказать, что идея о валентности предиката или центральном месте предиката оказалась плодотворной не только для синтаксиса предложения, но и для синтаксической семантики, изучающей строение смысла предложения.

---

① В. В. Богданов, Семантико-синтаксическая организация предложения. Л., 1977, стр. 55.

Прямая и обратная валетность глагола в русском языке

1

О прямой валентности глагола см. Ч. 1 предыдущей статьи «Валентность глагола и предиката в русском языке».

2

Кроме прямой валентности, глагол еще имеет свою обратную валентность, к исследованию которой некоторые русские лингвисты приступили давно. В своей статье «Опыт теории подклассов слов» 1960 года А. А. Холодович пишет: "Ряд глаголов, которые имеют изотипное оптимальное окружение, образует подкласс. Признаком такого подкласса является наличие изотипного оптимального окружения, т. е. окружения, выполненного тождественно формально и различающегося лишь материально. Такие подклассы можно назвать подклассами с синтаксической, или синтагматической, или конфигуративной, валентностью. Как видим, подкласс находится в функциональной зависимости от своего оптимального окружения."① Исходя из своей теории, А. А. Холодович считает, что подкласс глагола, с одной стороны, имеет изотипное оптимальное окружение, а с другой стороны, — подкласс глагола функционально зависит от своего оптимального окружения. Это значит, что оптимальное окружение (т. е. валентность) глагола, наоборот, определяет функцию и значение глагола. Теорию А. А. Холодовича развивают многие лингвисты.

---

① А. А. Холодович, Опыт теории подклассов слов. Вопросы языкознания, 1960, №1.

Так, Б. А. Абрамов обосновывает две потенции глагола: центробежные и центростремительные. Первые "способны присоединять к себе слова более низкого синтаксического ранга и доминировать над ними". Они могут "реализоваться по убыванию синтаксического ранга слов, т. е. по направлению от структурного центра предложения". Центростремительные потенции, напротив, "могут присоединяться к словам более высокого ранга и находиться в синтактической зависимости от них". Они реализуются "по возрастанию синтаксического ранга слов, т. е. в направлении к структурному центру предложения"①.

Л. З. Сова отмечает точку зрения, согласно которой формальные и семантические зависимости между глаголом и сильноуправляемым приглагольным членом рассматриваются как разнонаправленные: в плане содержания глагол детерминирует семантически завершающее его имя, а в формально-грамматическом плане имя детерминирует глагол②.

Термин "обратная валентность глагола" выдвинут Е. Н. Ширяевым в монографии «Русская разговорная речь». Он указывает, что "члены с обратной валентностью сигнализируют не просто о глаголе-предикате, а о глаголе-предикате определенной семантики." ③ К такому пониманию обратной валентности близка Е. А. Земская, которая пишет: "Принадлежность конструкции с нулевым глаголом-предикатом к той или иной парадигме подобия определяется ее синтаксическим строением, т. е. тем, какие члены представлены в ней. Важно подчеркнуть, что здесь играет роль обратная валентность наличных членов, именно она показывает, что в конструкции имеется нулевой глагол. При этом грамматические признаки наличных членов предопределяют формально-синтаксическую сторону обратной валентности, т. е. сигнализируют глагол вообще, тогда как лексическая семантика

---

① Б. А. Абрамов, Синтаксические потенции глагола (в сопоставлении с потенциями других частей речи. Филологические науки, 1966, №3.

② Л. З. Сова, Аналитическая лингвистика. М., 1970, стр. 95 – 101.

③ Е. Н. Ширяев, Русская разговорная речь. М., 1973, стр. 293.

приглагольного члена определяет значение нулевого глагола, его принадлежность к той или иной парадигме подобия."①

Изучив отношение между глаголом и его окружением, В. С. Юрченко приходит к диалектическому выводу: "Мы оказываем, в сущности, в замкнутом (порочном) круге: объяснив предложение через предикат, мы вынуждены будем объяснять предикат через предложение. Такой своеобразный круг и наблюдается в современной лингвистике: в семантике из окружения глагола выводится его значение, а в синтаксисе из значения глагола выводится его окружение. Очевидно, оба направления эмпирически оправданны, но первый подход имеет безусловную ценность, поскольку целое (окружение) имеет приоритет перед частью (глагол), а второй подход имеет относительную ценность, поскольку центральный член (глагол) не порождает, а лишь отражает свое окружение."②

Хотя эти лингвисты относятся к разным направлению, но их понимание имеет общее: все они считают, что в русском языке существует явление обратной валентности, иначе говоря, валентность или окружение глагола может предопределять функцию и семантику глагола.

Исследование обратной валентности имеет теоретическую ценность, так как дальше развивает учение о валентности глагола. Оно служит теоретической основой безглагольного предложения русского языка. В таком предложении имеется обратная валентность, и, следовательно, оно сохраняет цельность и в структуре, и в семантике.

Говоря об обратной валентности, Е. Н. Ширяев пишет: "При этом возможно такое положение, когда одна только форма приглагольного члена может предсказать нулевой глагол определенной семантики. Например, любая лексема, оформленная как существительное в вин. п. с предлогом *про* и выступающая в качестве приглагольного

---

① Е. А. Земская, Русская разговорная речь: лингвистический анализ и проблемы обучения. М., 1979, стр. 139.

② В. С. Юрченко, Проблемы общей и русской грамматики. Саратов. 1995, стр. 11.

члена, может позволить глагольной семантике речи-суждения выступить в нулевом выражении: *Он про нас*; *Я про вчерашний концерт*; *Галя тут про квартиру была где* и многое другое. Объясняется это тем, что существительное в названной предложно-падежной форме с глаголами иной семантики сочетаться не может."[1] Отсюда видно, что Е. Н. Ширяев рассматривает приглагольный член как обратную валентность глагола и ставит знак равенства между ними. С этим вряд ли можно согласиться.

Всем известно, что учение о валентности глагола определяет валентность глагола как число актантов, которые может присоединять глагол. Оно еще указывает, что глагол не только называет какое-либо действие или состояние, но и предопределяет распределение ролей между актантами. Все это создает вокруг глагола валентное поле, в которое естественным образом оказывается втянутой необходимая лексика. Отсюда вытекает, что валентность глагола, или "пустые места", включают в себя как левую валентность глагола, или передглагольный член, так и правую валентность глагола, или заглагольный член, или приглагольный член. Таковы не только прямая валентность, но также и обратная. А, по мнению Е. Н. Ширяева, обратная валентность определяется как приглагольный член (правая валентность). По нашему мнению, это односторонний подход. Анализ языковых фактов доказывает, что обратная валентность и приглагольный член не тождественные понятия. По словам Е. Н. Ширяева, если приглагольный член представляет собой предлог *про* с вин. п., то он предсказывает глагол со значением речи-суждения. Если только учитывать приглагольный член (или правую валентность, или заглагольный член), если левая валентность, или передглагольный член, не выступает в выражении, то невозможно предсказать точно глагол. Если левая валентность выражается одушевленным существительным или личным местоимением, правая валентность — предлогом *про* с существительным вин. п.,

---

[1] Е. Н. Ширяев, Русская разговорная речь. М., 1973, стр. 293–294.

обозначающим содержание речи-суждения, то все они могут предсказать глагол речи-суждения: *говорить*, *рассказывать* и т. п. Но кроме этого, в таких предложениях можно предсказать и глагол мыслительного типа и др.: *думать*, *слышать*, *забывать*, *вспоминать* и т. п. Если правая валентность употребляется предлогом *про* с вин. п., а левая валентность — неодушевленным существительным с предметным значением, то дело обстоит совсем иначе. Например: *Консервы — про запас.* В примере может быть выражен глагол хранятся. Приведем еще примеры: *Мы в Москву*; *Он домой.* В этих предложениях левая и правая валентность своей формой и семантикой хорошо предсказывает глагол с семантикой движения: *ехать*, *лететь* и др. Если левая валентность может быть выражена неодушевленным существительным с предметным значением: *Чемоданы — на станцию*; *Рукопись — в Киев*; *Корреспонденция — в Стамбул* и др., то в этих предложениях глаголы-предикаты могут быть употреблены такими, как *отправлены*, *отослана*, *послана.* Отсюда следует, что обратная валентность включает в себя и передглагольный член и заглагольный член так же, как и прямая валентность.

Некоторые лингвисты считают, что различие в валентностях разных глаголов заключается в том, сколько "пустых мест" имеется вокруг глаголов. Такое понимание также страдает недостатком, потому что иногда оно не может объяснить, почему одни и те же "пустые места" обратной валентности предсказывают разную степень силы сочетаемости глаголов. Так, в безглагольном предложении *Он домой* его обратная валентность может предсказать нулевые глаголы: *идет*, *звонит*, *пишет* и др. Среди них глагол *идет* наиболее типичен по своим лексико-семантическим связям. Эта связь отражает наиболее типичные и характерные отношения внеязыковой деятельности. Правая валентность (или заглагольный член) *домой* может выступать как при глаголах с семантикой движения — *Он идет домой*, так и при глаголах иных семантических групп. Ср. *Он звонит* (*пишет...*) *домой*, но нулевое выражение может иметь только значение движения — *Он домой*, поскольку семантика *домой* значительно типичней для семантики движения, чем для семантики *звонить*, *писать* и т. п.

Обобщая вышесказанное, мы можем сделать вывод: связи между глаголом и обратной валентностью различаются не только "пустыми местами", но и разной степенью силы сочетаемости, которая показывает различие в семантической типичности этих связей.

俄语复合句及其特征

1 复合句的本质

对复合句本质的认识在俄国和苏联的语法学界存在着两种不同的观点:结构观点和交际观点。结构观点从复合句结构上的特点出发,认为复合句中的各组成部分都是句子,复合句就是句子的结合。沙赫马托夫和佩什科夫斯基就持有这种观点。他们认为,复合这个名称并不恰当,因为"它把几个句子称之为一个句子,从而会造成混乱"①。他们建议把复合句这个名称改为"句子的结合"。对复合句的另一种看法是交际观点。这种观点是以博戈罗季茨基(В. А. Богородицкий)和波斯佩罗夫为代表的。他们把整个复合句看做一个句子,而对其中的各组成部分不认为是句子,因为它们没有意思和语调上的完整性。博戈罗季茨基说得好:"在任何复合句中,它的各个组成部分都构成一个联系着的整体,因此把各组成部分单独地拿出来,它们就不能完全保留原来的意思,或者甚至于完全不可能单独地从复合句中分出来,就像词的形态部分只能存在于词之中,而不能离开词单独存在一样。所以严格说来,复合句的任何一部分都不是独立的,只有合在一起才能组成一个整体。"②

这两种观点除某些语言学家的提法过于绝对外,并不是对立的、矛盾的,而是相辅相成的、互为补充的。因为复合句的本质包括两个方面:结构方面和交际功能方面,所以对复合句本质也必须从这两个方面来认识。

维诺格拉多夫、别洛沙普科娃等认为,复合句在结构方面是多述谓结构(полипредикативная структура)。维诺格拉多夫在苏联科学院《54 年语法》中明确指出了复合句和简单句在述谓核心方面的差别。他说:"简

① А. М. Пешковский, Русский синтаксис в научном освещении. М., 1956, стр. 455.
② В. А. Богородицкий, Общий курс русской грамматики. М. -Л., 1935. стр. 229.

单句与复合句之间的差别是结构上的差别，简单句中时间、情态和人称范畴的表达形式的中心只有一个，而在复合句中此种结构中心可能有若干个（它们互相有机地联系着）。”[①]这就是说，复合句是具有几个情态和时间的句法综合体，它是几个述谓单位在句法上的组合；而简单句是只具有一个情态和时间的综合体，它只有一个述谓单位。因此复合句与简单句的对立就是多述谓结构与单述谓结构（монопредикативная структура）的对立。别洛沙普科娃在《现代俄语·句法》和苏联科学院《70年语法》复合句部分中还明确指出，述谓性在简单句和复合句中所起的作用是不一样的。简单句的述谓性构成句子的语法意义，而复合句的述谓性不能构成它的语法意义，只是它结构的要素。复合句的语法意义是由句中各述谓单位之间句法的和意思的关系构成的[②]。

他们认为复合句在交际功能方面具有交际完整性（коммуникативная целостность）。复合句的交际完整性就是在意义和语调上的完整性。这就是说，尽管复合句由两个以上的部分组合而成，但是它是在意义和语调上的统一整体，复合句中的任何一个部分都不具有这种意义和语调上的完整性。

《54年语法》和《70年语法》还认为，复合句中的各组成部分，一方面具有作为结构单位的句子所固有的特征，即具有体现述谓核心的结构模式所必需的成素；另一方面却又不具有作为交际单位的句子所固有的特征，即不具有报道内容和语调的完整性。正如维诺格拉多夫在《54年语法》句法部分的“导论”中指出的：“复合句是统一的语调和意义上的整体，但它由这样一些部分（两个以上）组合而成：那些组成部分在外形上，形式-语法结构上或多或少类似简单句。然而尽管如此，复合句各组成部分并没有句子范畴的特点，即意义上和语调上的完整性，因此它们并不构成单独的句子。”[③]因此，这两部语法把复合句看成是作为句法单位的句子中的一种类型。

而苏联科学院《80年语法》却认为复合句在结构上是由简单句按照语法规则组合而成的多述谓结构，在语义上包含两个以上的情景以及这

① АН СССР, Грамматика русского языка. Т. Ⅱ, Ч. Ⅰ. М., 1954, стр. 99.

② АН СССР, Грамматика современного русского литературного языка. М., 1970, стр. 653.

③ АН СССР, Грамматика русского языка. Т. Ⅱ, Ч. Ⅰ. М., 1954, стр. 99.

些情景间的关系。因此它把复合句看做大于简单句的另一个句法单位，是具有语法形式特征的句子组合。《80 年语法》对复合句的看法与维诺格拉多夫、别洛沙普科娃等的观点有所不同，主要有：(1)它肯定简单句的组合是复合句的基础，因此复合句是大于简单句的另一个句法单位，是从个别句子向连贯性语篇过渡中形成的结构；(2)它提出复合句是说明两个以上情景以及它们之间的联系，因为在语言现实中并不是所有的复合句都只是一个完整的交际单位，例如 Море глухо роптало, и волны бились о берег бешено и гневно. (М. Горький)包含的不是一个交际单位，而是以一定的关系为基础的两个相互联系的交际单位；(3)按照它的观点，传统语法中的无连接词复合句不具备复合句的基本条件。传统语法认为，各类复合句组成部分之间存在着句法联系，根据表达手段的不同分为连接词联系和无连接词联系。而《80 年语法》却认为，句子的无连接词组合(бессоюзные соединения предложений)不是语法联系，因此传统的无连接词复合句不应列入复合句的范围。

尽管这几部语法对复合句的看法有所不同，但是它们都是从结构方面、交际或语义方面来描写复合句的。因此它们的分歧只不过是如何更好地体现结构-语义的语法思想而已。

2 复合句的语法意义及其结构

复合句的语法意义就是指它各部分之间的意义关系。某一语法意义不仅是一个具体句子所具有的，而且还是同一结构类型句子所共有的。如 Когда наши занятия понемножку наладились, дедушка предложил добавить к ним ещё один предмет. (С. Маршак)和 Когда принесли лекарство, доктор молча, тяжело сопя приготовил в двух рюмках растворы. (Н. Гарин)，它们都具有同一个语法意义(表示时间关系，主句的行为发生在从句之后)，尽管这些句子的具体内容毫无共同之处。因此我们必须区分复合句的具体内容和其语法意义。

复合句的语法意义与其结构之间是相互制约的。从上述例句中也可以看到，复合句的语法意义的共同性受其结构的共同性制约。因为在这两个句子里从句都用连接词 когда 与主句连接，并位于主句之前，它们的谓语都用动词的同一形式(完成体过去时)表示。

复合句的结构是十分复杂的机构，它既联结述谓单位，又表达复合句的语法意义。复合句的结构要素有：联系手段（并列连接词和从属连接词，从句中的关联词和主句中的指示词）、主从句动词谓语的时体对应和排列顺序等。

复合句的结构要素在不同的组合中就构成各种不同类型的结构模式。因此某一类型的复合句是按照同一个模式建造的，具有相同的语法意义。与此相反，不同类型的复合句则按照不同的模式建造，具有不同的语法意义。如 Море глухо роптало, и волны бились о берег бешено и гневно. （М. Горький）和 Гаврик толкнул ногой калитку, и друзья пролезли в сухой палисадник…（В. Катаев）它们是按照相近，但又不相同的模式建造的：它们都用并列联合连接词 и 连接，但前一句中各分句的谓语用的是未完成体动词，而后一句中却用的是完成体动词。因此它们的语法意义也相应地有所不同：前者表示同时发生的行为，而后者则是先后发生的行为。又如 Спали в риге, так как в избе было душно. （С. Сергеев-Ценский）和 Так как в избе было душно, спали в риге. 虽然这两个句子的从句都用连接词 так как 与主句连接，都表示原因，但是前一句从句位于主句之后，表示原因关系，而后一句从句位于主句之前，表示因果关系。从中可以看到，某些结构要素受其较为共同的语法意义制约，而另一些结构要素则由其较为个别的语法意义所决定。

复合句的语法意义与其结构的相互制约这一规律适用于对复合句的描写或分类。复合句最广泛的类型通常是在最重要的结构要素和与它相应的最共同的语法意义对立的基础上划分出来的，然后在较为个别的结构要素和与它相应的语法意义对立的基础上划分出较为狭小的小类。

3 复合句中的并列关系和主从关系

传统语法一向把复合句分成并列复合句和主从复合句两类。一般认为由并列关系联结起来（利用各种并列连接词——联合、对别或区分连接词）的若干分句，在语法关系上都是平等的，它们虽然意义上互相紧密联系着，却仍然是各自独立的；而由主从关系联结起来（利用从属连接词和关联词）的若干分句，其中有的分句在语法关系上和在意义上依附于另一个分句。

应该指出的是，在并列复合句和主从复合句之间存在着过渡的类型。例如复合句各分句之间有时并不是单方面的从属，而是两方面的相互从属，如 Только что он вошёл, как началась музыка; Мы собрались вернуться в село, как вдруг с нами случилось довольно неприятное происшествие 等。在这类句子中很难确定哪个是主句，哪个是从句。正如佩什科夫斯基说的那样："……很难决定究竟谁从属于谁……其实应该把这种情况看做特殊联系而置于主从关系和并列关系之外。"[①]又如某些联系在外形上似乎是并列的，但是意义上却有主从的因素，如 Лечение до сих пор было правильное, и я не вижу необходимости менять врача; Отцы друг к другу не ездили, она Алексея ещё не видала, а все молодые соседки только об нём и говорили 等。这两个句子就是用并列连接词（и, а）连接的并列复合句，但是在意义上却与带连接词 так что, между тем как 的主从复合句相近：Лечение до сих пор было правильное, так что...; Отцы друг к другу не ездили. Она Алексея ещё не видала, между тем как...再如某些联系在外形上似乎是主从的，但是在意义上确有并列的因素，如 Хотя день был солнечный, но со стороны моря ветром гнало туман; Отец долго не приезжал из города, что беспокоило всю семью 等。这两个句子都是用从属连接词（хотя, что）连接的主从复合句，但是在意义上却与带连接词 но, и 连接的并列复合句相近：День был солнечный, но...; Отец долго не приезжал из города, и это...等。还有表示扩展关系的定语句（带有定语从句的主从复合句）Он получил известие о кончине своего брата, которое его ввергло в жестокую болезнь. 从结构上看，从句虽然形式上说明和依附于 известие，但实质上却与整个主句发生关系，起扩展主句的作用。从语义方面看，主句和从句都具有单独的交际内容，形成相互联系、相互制约的判断。由于这类定语句中的从句不是对事物的特征加以限制，而是对特指的、具体的、个别的事物作补充的描写和叙述，因此从句对于被说明词来说不是必需的。如果删去从句，主句在结构和语义上仍然相对完整。由此可见，这类定语句在结构上具有主从复合句的特点，而在语义上却具有并列复合句的因素。

从上面所列举的例子中可以看出：复合句中各分句之间的相互依附和相互制约的程度"是参差不齐、非常繁多的，想把并列关系和主从关系

① АН СССР, Грамматика русского языка. Т. Ⅱ, Ч. Ⅰ. М., 1954, стр. 101.

一刀切往往是不可能的"[①],这类过渡现象在无连接词复合句中尤多,常常难以确定句子属于哪一类型。维诺格拉多夫说得好:"无连接词复合句中情况更加复杂,例外现象之多,常使'并列关系'和'主从关系'这两个术语都失去明确的含义。"[②]"因此,研究复合句的时候,不应该只是机械地把各类复合句硬纳入并列关系和主从关系两大类中便算了事,而应该致力于充分、全面地描述复合句各基本类型的结构特点。必须密切注意复合句的各种结构形式,其中包括语调、句序、有无(与连接词相近的)关系词;注意典型化了的词汇要素的结构功能,以及结构联系的各种形态表现方式,例如借助于动词的体和时间形式等等。"[③]

虽然并列关系和主从关系之间有许多过渡现象,但是这并不能取消这两类复合句的区别,因为它们各自具有不同的意义和不同的语法手段。

4 带有同等谓语的句子问题

简单句和复合句的区别是很明显的。不过有时也很难区分,例如带有同等谓语的句子是简单句,还是复合句?俄国和苏联的传统语法认为,这类句子不是复合句,而是简单句。维诺格拉多夫在《54 年语法》中指出:"简单句不管包括多少同等成分,都只有一个共同的、统一的述谓核心。即使在含有若干同等谓语的句子里,这些谓语都和统一的、共同的主语有关。"[④]这就是说,他把同一主语带有几个谓语的句子看做简单句。在这一点上他们与欧洲的传统语法有分歧。但是,在俄国和苏联的句法学家中也有些学者持不同的看法。佩什科夫斯基就是其中的一个。他认为,几个谓语的存在是"复合整体"决定性的特征,它并不依句中有否共同主语为转移[⑤]。沙赫马托夫也不赞同把所有带有同等谓语的句子都归到简单句的范围之内。他认为,必须把几个谓语都有共同的次要成分的句子(Они меня вымыли, одели и накормили)和每个谓语都有自己单独的次要成分的句子(Я тихо сидел, и глядел кругом, и внимательно слушал)区分开来。按照他的意见,前者是简单句,后者是复合句[⑥]。

---

① АН СССР, Грамматика русского языка. Т. Ⅱ,ч. Ⅰ. М., 1954,стр. 102.

② АН СССР, Грамматика русского языка. Т. Ⅱ,ч. Ⅰ. М., 1954,стр. 102.

③ АН СССР, Грамматика русского языка. Т. Ⅱ,ч. Ⅰ. М., 1954,стр. 103.

④ АН СССР, Грамматика русского языка. Т. Ⅱ,ч. Ⅰ. М., 1954,стр. 99.

⑤ А. М. Пешковский, Русский синтаксис в научном освещении. М., 1956. стр. 424.

⑥ В. А. Белошапкова, Современный русский язык. Синтаксис. М., 1977, стр. 168.

别洛沙普科娃在《现代俄语·句法》和《70年语法》的复合句部分中明确指出:既然复合句具有几个述谓中心,所以所谓的带有同等谓语的句子事实上就是用并列关系组合起来的具有几个述谓中心的复合句。因为在这类句子中每个谓语都是述谓性的体现者。她又进一步指出:在这种复合句中体现述谓中心的各个情态和时间意义都是独立的,它们之间既可一致,又可不一致。如 Пришёл, увидел, победил; Пришёл и сижу; Пришёл и сиди; Он пришёл, но сидит у ворот, в дом не входит 等。此外,别洛沙普科娃还驳斥了在捷克的语法著作中较为流行的一种观点,即把带有同等动词性谓语的句子看做复合句,而把带有同等名词性谓语的句子看做简单句。她认为,名词性谓语中的系词,"与动词谓语一样,可以表示情态和时间的述谓范畴"①,所以无论是带有同等动词性谓语的句子,还是带有同等名词性谓语的句子都应归入复合句。

在带有同等名词性谓语的句子中,别洛沙普科娃又具体指出,如果以并列关系连接起来的是整个谓语或系词部分(它们是述谓性的直接体现者),则是多述谓结构,是复合句,如 Раньше он был рассеянным, а теперь стал собранным; Он был и остался бодрым 等;如果以并列关系连接起来的是同一系词的不同表语部分,则是单述谓结构,是简单句。如 Он был чутким и добрым; Он был чутким и добрым человеком 等。

别洛沙普科娃还认为,在口语中经常运用的谓语特殊类型,如 Иду, иду; Иди и иди; Иду да иду; Пойду спрошу; Взял да и уехал 等,是句法上不可分割的整体,是用来表达表情情态意义的。在具有这类谓语的句子里只有一个述谓中心,只有一个情态和时间的综合体。因此这类句子是简单句,不是复合句。

克鲁奇尼纳(И. А. Кручинина)赞同别洛沙普科娃把带有同等谓语的句子看做复合句的观点。她在《80年语法》中对那些认为这类句子是简单句的语法学家提出了批评,指出,他们把这类句子看做简单句的理由是同等性的原则,即两个以上的句子成分与某一个其他句子成分是同样的关系。但是他们运用这一原则并不是始终不变的:他们只把用并列连接词连接的同等谓语看成简单句,而从属连接词连接的则被排斥在简单句范围之外,如 Я смирился, хотя и обиделся 等。克鲁奇尼纳明确提

① А. М. Пешковский, Русский синтаксис в научном освещении. М., 1956. стр. 169.

出,决定这类句子是简单句还是复合句的本质特征,不是同等性原则,而是它们之间的联系性质。由于它们在形态上不止一次地表达时间和方式,在语义上说明同一主体的几个情景,因此这类句子应该属于复合句的范围①。

5 述谓单位构成复合句分句的规律

不是任何述谓单位都能构成复合句的分句的,这也有其规律性。这个问题十分重要,但是苏联语法学家对它的研究很不充分。别洛沙普科娃在这方面有一定的研究②。她认为,述谓单位构成复合句分句时受以下六方面的限制。

5.1 受述谓单位中成分组成的限制

以扩展词语关系为基础的复合句的特征是在其主句中必须具有基础词,而且该基础词不带必需扩展成分(从句的代替者)。例如 Иван Иванович приехал 和 Иван Иванович рассказал о новостях 两个句子,都不能用做带有说明从句的复合句的主句。因为前一句的组成中没有要求说明从句的基础词,后一句中基础词 рассказал 可以要求说明从句,但其位置已为从句的替代者 о новостях 所占据。

5.2 受述谓单位的疑问和非疑问的限制

这种限制充分反映在并列复合句的开放结构和闭合结构之中。在开放结构中只能用一种类型的述谓单位。这就是说,只能用疑问的或只能用非疑问的。在闭合结构中可用不同类型的述谓单位。

在并列复合句中闭合结构可由疑问的和非疑问的述谓单位组合,但是位置有严格的规定:疑问的述谓单位只能在复合句的第二部分,如 Они пусть уходят, но тебе-то зачем уходить? Тебе хорошо, а мне каково?

在主从复合句中,由疑问的述谓单位构成的从句可用在下列场合:如在带有说明从句的复合句中,则从句必须具有间接问题的性质,如在其他类型的主从复合句中,则从句只能是不具有疑问意义的疑问句,例如 Он будет занят ещё часа два, так что не пойти ли нам погулять? 在这个句中从句形式上是疑问的,但意义上是祈使的。如疑问不是针对从句的,而

---

① АН СССР, Русская грамматика. Т. Ⅱ. М., 1980, стр. 461–462.

② В. А. Белошапкова, Современный русский язык. Синтаксис. М., 1977, стр. 185.

是针对整个复合句的,则从句必须位于主句之后,例如 Он пришёл, потому что его вызвали?(他来是因为有人叫他,这是否确实?)Ты вернулся домой, сразу после того как окончилось собрание?(会议结束后你就回家了,是吗?)

5.3 受述谓单位的肯定和否定的限制

在复合句的组成中肯定或否定的述谓单位对很多复合句结构来说是十分重要的。在一些带有代词对应从句的复合句(сложноподчиненные предложения местоименно-соотносительного типа)中,主句的肯定或否定对选择不同的连接词(что, чтобы)起决定作用。如 Лес такой большой, что в нём можно заблудиться — Лес не такой большой, чтобы в нём можно было заблудиться; Машина увязала так глубоко, что мы не можем её вытащить — Машина не увязала так глубоко(увязала не так глубоко), чтобы мы не могли её вытащить 等。有些复合句的结构本身也决定其分句的肯定或否定, 如 Крестьянин ахнуть не успел, как на него медведь насел 中第一分句就必须是否定的,而在带有连接词 едва, только, лишь, только что 等的时间从句的复合句中,从句就不能用否定的述谓单位。如 Едва мы добежали до дома, как пошёл дождь.

5.4 受述谓单位动词体的限制

在带有连接词 по мере того как 的复合句中,必须用未完成体动词表示不受限制的延续性, 如 По мере того как мы шли лесом, впереди всё светлело, светлело 等。

在带有连接词 пока не 从句的复合句中,主句要用具有受限制或不受限制的延续意义的动词表示。这种意义不仅未完成体动词具有,而且带有受限制延续意义的完成体动词也具有,如 Доктор сидел у нас, пока ребёнок не заснул — Доктор посидел у нас, пока ребёнок не заснул — Доктор просидел у нас около часа, пока ребёнок не заснул 等。

5.5 受述谓单位的情态和时间的限制

复合句中的情态和时间不仅可以由动词谓语的时间和方式来表示,而且还可以由句中词汇的组成与时间、方式的相互关系而构成, 如 Иду в кино — Иду я вчера в кино — Завтра иду в кино 等。

在不同类型的复合句中协调各个分句情态的规律是各不相同的。在并列复合句的开放结构中由于只能用同一类型的分句,因此也只能用具有同一情态意义的述谓单位组合，而在闭合结构中却可用不同情态的述谓单位组合，如带连接词 но 的并列复合句可以自由地组合各分句的情态意义，而在带有连接词 и，а 的并列复合句中只有第二分句具有与前一分句不相适应的意义时，也就是 и，а 的意义接近于 но 时，各分句的情态时间意义才能自由地组合，如 Я знаю，ты торопишься，и（а）всё-таки сядь и выслушай меня внимательно；Я был очень занят，и（а）всё же для друзей у меня нашлось бы время 等。

在主从复合句中不同情态意义组合的范围就较小。在所有的主从复合句（带有结果从句的复合句除外）中，从句都不能运用动词谓语表示的祈使的情态意义。此外，不同类型的主从复合句还有其特有的运用情态意义的规则，因为对情态的限制是与连接词的语义联系在一起的。例如在带有原因从句的复合句中主句的情态可以是任意的，而从句可以用真实的情态或假设的情态。从句中假设的情态通常用在主句是真实的情态，从句表示与理由相反的场合，如 Мы старательно тренировались перед походом，потому что иначе не одолели бы всех его трудностей. 带有结果从句的复合句与上述情况恰好相反，如 Без тебя он не полез бы на эту гору，так что отвечаешь ты 等。

在不同类型的复合句中协调各分句时间意义的规律也是一定的。在大多数情况下一个分句的时间与另一分句的时间是协调的，因此一分句动词的时体变化会引起另一分句时体相应的变化，例如 Всходит солнце，и мы трогаемся（тронулись，будем трогаться，тронемся）в путь；Всходило солнце，и мы трогались（тронулись）в путь；Взошло солнце，и мы тронулись（трогаемся，будем трогаться，тронемся）в путь；Взойдёт（будет всходить）солнце，и мы тронемся（будем трогаться）в путь 等。在有些类型的复合句中连接词的语义决定其固有的时间协调规律，如时间连接词连接的各分句都有其各自的时间协调范围。时间连接词 когда 可连接 Когда я окончу школу，я буду работать на заводе 这样的句子，而 с тех пор как 就不能，它可连接 С тех пор как я окончил школу，я работаю на заводе 这样的句子，而 когда 则不能。还有一些复合句没有各分句的时间协调关系，因此，一分句动词时间形式的变化不引起另一分句动词时间的变化，如 Сосед думает，что мы уезжаем — Сосед думал，что мы уезжаем — Сосед будет думать，что мы уезжаем；Сосед думает，что мы уезжаем — Сосед думает，что мы уезжали（уехали）— Сосед думает，что мы будем уезжать（уедем）等。由此可见，在这类复合句中主句动词的任何时间形式可以毫无限制地与从句动词的各种时间形式进行组合。

5.6 受述谓单位的词汇组成的限制

复合句各分句的词汇组成可以是自由的或不自由的，因而可分为词汇上自由的结构和词汇上不自由的结构两类。前者的词汇组成只受句子语义组合的限制，而后者的词汇组成是有严格的规定的，不能任意加以变换。

词汇组成上的不自由表现在复合句的第一分句具有某些固定的实词，如 слишком… чтобы，достаточно… чтобы，довольно… чтобы，стоит（стоило）… как（чтобы，и）等。词汇上的不自由还表现在句子结构要求运用由固定的词汇群组成的词组，例如有些复合句要求第一分句由动词加具有行为界限、度量意义的词或词组构成，第二分句的句首要有连接词 как，如 Не прошло и получаса，как погода изменилась；Он немного не дошел до берега реки，как над головой его провыла первая мина 等。

6 复合句的语义

复合句的语义就是指它所报导的两个或两个以上的情景以及情景之间的关系。复合句与简单句在语义上的区别在于它们在报导情景数量上的多少。后者通常只报导一个单独的情景。

6.1 复合句的语法结构和语义结构

复合句的语法结构与语义结构通常是吻合的、一致的、对称的。但是，有时也可能不一致，不对称。如 Проводи меня，а не то я заблужусь 这一句子，结构上是由两个部分组成的，而语义上却有三个部分（Проводи меня，а если не проводишь，я заблужусь）。科洛索娃（Т. А. Колосова）称这种复合句为不对称复合句（асимметричные сложные предложения）[①]。不对称复合句有两种类型：

---

① Т. А. Колосова，Русские сложные предложения асимметричной структуры. Воронеж. 1980.

（1）数量不对称

所谓数量不对称（количественная асимметрия）就是指复合句的语法结构（述谓单位）与其语义结构（情景）在数量上不相应，也就是复合句中的语义环的数目大于语法环的数目。例如由连接词 если…，то … 构成的某些复合句，如 Если хотите купить хлеба，то магазин налево（Если хотите купить хлеба，то имейте в виду，что магазин налево）等。再如由连接词 а то，（а）не то，потому что 以及类连接词 иначе，в противном случае 等构成的某些复合句，如 Муж её рано умер，а то бы она вышла в люди（Муж её рано умер，а если бы не умер так рано，то она вышла бы в люди）；Ты тормози плавно，потому что шестерёнки сорвёшь（Ты тормози плавно，потому что если ты не будешь тормозить плавно，то шестерёнки сорвёшь）等。又如由连接词 если 和假定方式以及假定方式和连接词 но 构成的某些复合句，如 Я бы уехал，но денег на дорогу не было（Если бы были деньги на дорогу，то я бы уехал，но денег на дорогу не было，поэтому я не уехал）；Если бы часы не остановились，я не опоздал бы；Я не опоздал бы，но часы остановились（Если бы часы не остановились，то я не опоздал бы，но часы остановились，поэтому я опоздал）等。

（2）质量不对称

"质量不对称"（качественная асимметрия）这一术语是舒瓦洛娃（С. А. Шувалова）在《复合句中的意义关系及其表达方法》一书中使用的[①]。我们认为这一术语不够准确，不能完全概括这一语言现象的本质。但一时又想不出更好的提法，只好暂且用之。

波斯佩洛夫在《主从复合句及其结构类型》一文中指出，单部结构的主从复合句结构上从句不是与主句整体发生关系，而是与它的词或词组发生关系，语义上通常表示一个复杂形式的判断[②]。

《70 年语法》和《80 年语法》赞同波斯佩洛夫的看法，但是它们把这

① С. А. Шувалова，Смысловые отношения в сложном предложении и способы их выражения. М.，1990，стр. 10.

② Н. С. Поспелов，Сложноподчиненное предложение и его структурные типы. Вопросы языкознания，1959，№2.

一现象称之为主从复合句中的“非分解句”[①]。波斯佩洛夫的观点是正确的，因为它反映了这一语言现象的本质。但是也应该指出的是，在单部结构或非分解性的主从复合句中存在着结构和语义不相适应的现象，即从句结构上与主句中的词或词组发生关系，而语义上却与整个主句相对应，形成两个相互联系、相互制约的判断。

定语句（带定语从句的主从复合句）中的扩展类型，从结构方面看，从句形式上依附于主句中的被说明词，但实质上却与整个主句发生关系，起扩展主句的作用。从语义方面看，主句与从句都具有单独的交际内容，形成两个相互联系的判断。在这类复合句中从句不是对事物加以修饰、限制，而是对特指的、个别的、已知的事物作补充的描写和叙述。因此从句对于被说明词来说不是必需的。如果删去从句，主句在结构和语义上仍然相对完整。由此可见，扩展类型的定语句结构上是非分解型的，而语义上却是分解型的。例如：

① Он получил известие о кончине своего брата, которое его ввергло в жестокую болезнь.

② Капитан с капитаншею отправились спать; а я пошёл к Швабрину, с которым и провёл целый вечер.（А. Пушкин）

扩展比较级的比较句（带比较从句的主从复合句），如在 Звёзды на юге крупнее, чем бывают на севере 中，我们可以看到，从句在结构上说明的是比较级 крупнее，而该句的语义关系不产生于它们两者之间，却产生于两个现实对象（звёзды на юге 和 звёзды на севере）之间，即“南方的星星”与“北方的星星”相比较，也就是前者比后者具有较高程度的特征。又如 Чем ближе я подъезжал к дому, тем сильнее билось моё сердце. 其语义关系也是两个分句整个地相对应，而对其结构关系语法学家看法上有分歧：《70 年语法》把这类句子看做分解型的[②]，而《80 年语法》认为，这类句子结构上从句说明主句中的比较级，是非分解句[③]。如果是非分解句，这类句子的结构关系与语义关系就产生了矛盾。

---

① АН СССР, Грамматика современного русского литературного языка. М., 1970, стр. 682.

② АН СССР, Грамматика современного русского литературного языка. М., 1970, стр. 734.

③ АН СССР, Русская грамматика. Т. Ⅱ. М., 1980, стр. 492.

语法学家尽管从不同的角度来划分说明句(带说明从句的主从复合句),如波斯佩洛夫是从从句与主句中由基础词表示的成分之间的关系来划分的[①],而《70年语法》却认为说明句是基础词的语义性质决定其结构的句子[②],但是它们都把说明句看做从句在结构和语义上说明基础词的句子,都归为单部结构或非分解型主从复合句。但是,在说明句中有一类评价句,如 Беда, коль пироги начнёт печи сапожник; Счастье, что мы успели вовремя; Я дурак, что согласился 等。从结构的角度看,它们与其他类型的说明句相同,其从句形式上与主句中的基础词发生关系,但是它们之间也有不同之处:前者主句的结构是完整的,并不缺少任何成分,因此从句不起填位作用。从语义方面看,评价句报导对某一情景的评价,也就是说从句是主句评价的对象或理由,因此其语义关系产生在两分句之间。由此可见,说明句中的评价类型,其语义结构与语法结构也是不相应的。

6.2 复合句的客观意思和主观意思

复合句的语义与简单句一样,是由客观意思和主观意思两种不同类型的意思结合而成的。前者反映客观现实,后者反映能思维的主体对客观意思的态度,如他的评价、感受,意志的表达等。法国语言学家巴利把句子内容的这两个方面称之为客观陈述(диктум)和主观述评(модус)[③]。在《复合句理论概要》一书中,切列米辛娜(М. И. Черемисина)和科洛索娃指出:"客观陈述主要报导其所指是在以言语反映的现实中事件的某种情况,如 Световой день уже сильно увеличился."而主观述评是"对客观陈述的事件表达出来的主观解释,它既可能从情态的观点出发(事件的可能性、或然性和对事件报导的可信程度),又可能从对客观陈述事件的概念(信息)进行心理加工的角度来看"[④],即客观现实与对被描写事件的心理感受、主观评价的对立,如 Мне кажется (Меня радует), что световой день сильно увеличился.

---

① Н. С. Поспелов, Сложноподчиненное предложение и его структурные типы. Вопросы языкознания, 1959, №2.

② АН СССР, Грамматика современного русского литературного языка. М., 1970, стр. 701.

③ Ш. Балли, Общая лингвистика и вопросы французского языка. М., 1955.

④ М. И. Черемисина, Т. А. Колосова, Очерки по теории сложного предложения. Новосибирск. 1987, стр. 34 – 35.

复合句如从客观陈述的角度来表达，则其语义表示情景之间客观关系，如 На предприятии многое изменилось, потому что произошли перестановки в руководстве. 如果从主观述评的角度出发，则其语义包含着被描写的情景以及对它的评价，如 На предприятии многое изменилось, благодаря тому что произошли перестановки в руководстве. На предприятии многое изменилось, из-за того что произошли перестановки в руководстве. 这两个句子除反映情景间的客观意思外，还包含着作者的主观附加意味，即主观评价。前一句是肯定的评价，而后一句却是否定的评价。换言之，"企业发生了很多变化"的拥护者和反对者各自从不同的观点出发报导企业的情况。

复合句中的主观述评既可从作者（说话者）出发，又可从其他能思维的主体出发，如 Маше хочется, чтобы поскорее наступило лето 中，Маша 就是作者以外的其他能思维的主体。舒瓦洛娃对句子 Тане показалось, что в темноте кто-то прячется 进行了分析①，指出 казаться — показаться 有两个意思："想象"和"好像觉得"。前者表示不知道现实的情况，其语调应是：Тане показалось, что в темноте кто-то пря[1]чется 或 Та[3]не показалось, / что в темноте кто-то пря[1]чется. 这时对事件进行主观述评的主体不是作者，而是 Таня。第二个意思表示想象中的事件与现实情况不符，因此它是不真实的，不正确的。其语调是：Тане показа[2]лось, что в темноте кто-то прячется. 这时该句所表达的意思更为复杂，由以下三个方面组成：(1)被描写的情景；(2)Таня 对事件的主观述评；(3)作者对整个句子(Таня 对事件的评定)给予再评定，即作者认为 Таня 的评定是不正确的，不真实的。

复合句中表达主观述评的方法通常有：

(1)某些连接手段，它们往往兼有客观的基本意义和主观的附加意义，如上述例句中的 благодаря тому что, из-за того что 等。又如 Эту книгу любят дети, и взрослые читают её с удовольствием; Не только дети любят эту книгу, но и взрослые читают её с удовольствием 等句子中，后一句除表达前一句的基本意思外，还强调了作者认为第二个情景

① С. А. Шувалова, Смысловые отношения в сложном предложении и способы их выражения. М., 1990, стр. 25.

взрослые читают её с удовольствием 更为重要。这就在基本意思的基础上添加了主观的附加意思。

（2）专门化的手段（如语气词、情态词等），它们既可"加"在连接手段上，如 В результате взрыва никто не страдал главным образом（прежде всего，только，исключительно）потому，что взрыв произошёл после рабочего дня 等，又可单独用在句子之中，如 В результате взрыва，к счастью，никто не страдал，потому что…；В результате взрыва никто не страдал，потому что，к счастью，взрыв…；К счастью，в результате взрыва…等。

6.3 复合句表示的语义关系

在《复合句中的意义关系及其表达方法》中，舒瓦洛娃将复合句所表示的语义关系分为以下两种类型。

6.3.1 合取关系

合取关系（конъюнктивные отношения）是逻辑学中的术语，现借用来表示：复合句的所指是两个或两个以上的现实情节或情景，它们处在共存的关系之中。这里我们所说的合取或共存，并不是指这些情节必须同时存在，而是指：存在着情节 1，存在着情节 2，……和（以及）存在着情节 x。它们既可能只表示共存，不再指出它们之间的其他任何关系，又可能共存的情节还处在其他的关系之中：或者处在时间关系之中，情节间在时间上吻合或不吻合；或者处在生成或制约关系（因果关系、条件关系、目的关系）之中，一情节生成或制约另一情节；或者按其特征的异同处在对比关系之中。合取关系可分为：

（1）纯共存关系

1）同时共存。例如 Сегодня на столе чистая скатерть，и（а）на окнах стоят цветы；Дует соленый ветер，моросит дождик，и（а）с моря кричат чайки.

2）顺序共存。例如 Я закончил работать，и мы поехали на дачу；Приехали к вечеру，затопили печь，и поставили варить картошку.

3）离散共存是指两个以上的情节被时间的间隙隔离开来，它们的共存既不是同时的，又不是顺序的，例如 В субботу на столе появилась чистая скатерть，а сегодня на окнах стоят цветы；Небо затянуло тучами，а（и）к вечеру пошел снег.

（2）时间关系

1）时间上吻合

а 完全吻合是指一情节的存在与另一情节的存在在时间上完全吻合，也就是两情节存在的开始界线和结束界线吻合，例如 Пока сын читал, мать готовила ужин; В то время как сын читал, мать готовила ужин.

б 同时开始是指两情节存在的开始界线吻合，而结束界线不吻合，例如 С тех пор как ребенок ходит в бассейн, он больше не болеет.

в 同时结束是指两情节存在的结束界线吻合，而开始界线不吻合，例如 Я сидел над задачей（до тех пор）, пока не решил ее; К тому времени, как ты дочитаешь, я приготовлю ужин.

г 一情节存在于另一情节存在的时间范围之内，它们两者无论是开始界线，还是结束界线都不相吻合，例如 Когда мы ездили за город, я забыл в электричке фотоаппарат; Когда я родился, мои родители жили в Ленинграде.

д 一情节的开始界线发生在另一情节存在的时间范围之内，而其结束界线却发生在另一情节存在的时间范围之外，也就是在另一情节存在结束以后才发生其结束界线，例如 Когда мы учились в университете, Сергей начал изучать финский язык.

2）时间上不吻合

а 连续顺序。例如 Когда я пришел домой, сразу же лег спать; После того как я допишу письмо, мы тотчас же пойдем гулять.

б 间隙顺序。例如 Через полчаса после того как началась передача, в студии раздался звонок.

（3）制约关系

1）因果关系。例如 Становилось прохладно, оттого что наступил вечер; Окна светятся, и значит хозяева дома; Наступили теплые и ясные дни, чем все дети были очень довольны.

2）条件关系。例如 Если цветы не поливать, они завянут; Мы могли бы завтра пойти на концерт, если бы достали билеты.

3）目的关系。例如 Я прилег на диван, чтобы немного отдохнуть.

(4) 对比关系

静态对比，即一次的对比，例如 В понедельник будет лекция, а в среду — семинар. 动态对比，即不止一次的对比，例如 Чем темнее ночь, тем ярче звезды.

6.3.2 选言关系

选言关系(дизъюнктивные отношения)也是逻辑学中的术语。我们借用来表示：复合句的所指只是客观现实中的一个情节，但是在表达过程中作者采用描写处在相互排斥、相互交替等关系中的两个或两个以上情节的手段。如果是选言关系，一情节的存在或实现排斥其他情节的存在或实现，换言之，只能存在或实现一个现实的情节。选言关系通常有以下几种情况：

(1) 当作者不具有充分、准确的信息时，他向交谈者提供两个或更多的情节，并指出其中只有一个情节是所指的。通常用的连接手段有：или; или..., или...; то..., то...; то ли..., то ли...; не то..., не то...; может быть..., может быть... 等。例如：Или ты ко мне придешь, или я приеду к тебе; То он мне помогает, то я ему; В комнате почти совсем темно. Не то это было раннее утро, не то уже наступал вечер; Выйди на берег реки, прислушайся, и ты услышишь песню. То ли это человеческий голос, то ли шумят прибрежные деревья, то ли просто поет твое сердце; Что-то Алеши долго нет. Может быть в школе задержали, может быть к приятелю заглянул, может быть на пустыре в футбол играет.

(2) 当作者由于信息不足或其他原因不能或不想确切地表达时，他或者采用表达所谓的"中间"行为或状态的手法(如 Деревце не погибло, но и не зацвело)，或者有意回避直接描绘所指情节(如 Ваша работа не то чтобы совсем бесполезна, но она не решает поставленной проблемы)，以减轻信息的否定性质。常用的连接手段有：не..., но и не...; не то чтобы (не)..., но и...; не то чтобы (не)..., но и не то чтобы (не)...; нельзя сказать что (чтобы)..., но и... 等。例如：Спектакль не провалился, но он и не пользовался успехом; Не то чтобы он принял нас холодно, но был как-то не особенно любезен; Люди нельзя сказать, что гуляют, но и не работают.

有的复合句的第一部分可用由同一动词的不定形式与其变化形式组合而成的成语化结构。例如：Люди гулять не гуляют, но и не работают; Бранить не бранит, но и не хвалит; Спать не спишь, но и не бодрствуешь等。

(3)当作者进行"争辩"时，他否定一情节，肯定另一情节，并把它们两者对立起来。连接手段是 не…, а…例如：Не мы ее упрекали, а она нас обвиняла; Не она жалуется, а на нее жалуются; Он не упал, а поскользнулся; Он не заснул, а задремал.

俄语复合句的结构模式

俄语复合句结构模式已提出好多年了，但是，对该课题的研究进展不快，至今尚属起步阶段。现将有关情况作扼要介绍。

俄语复合句结构模式是由别洛沙普科娃在1967年出版的《现代俄语复合句》①一书中以及同年在苏、捷两国语言学家参加的一次语言理论讨论会上提出来的。后来她在1977年《现代俄语·句法学》②和1981年《现代俄语》③句法部分中都对这一问题作了阐述。

所谓复合句结构模式是一种抽象的样板，按照这一抽象的样板可以构成某种类型复合句的最低限度结构。别洛沙普科娃认为："简单句是由一定形态的词组成的，因此简单句公式的建立可归结为其述谓核心的词法性质的表示。""而复合句是由按照简单句公式建造的述谓单位或它们在上下文中的等值语组成的，因此复合句公式，必须反映出在其组成中述谓单位组合的规则。"④她又进一步指出，反映述谓单位组合规则的复合句公式必须是具有以下四个结构特征的综合体：(1)复合句组成的潜在数量，即结构的开放性或闭合性，前者是不定数量述谓单位的组合，而后者必须是两个述谓单位的组合；(2)构成复合句各分部的述谓单位的结构和词汇填入的特点；(3)复合句各部分的组合手段和它们之间关系的表达；(4)分部排列顺序的可能性，即结构的灵活性或不灵活性。

上述第二个结构特征中各分部述谓单位的结构特点是指构成复合句时受述谓单位情态和时间的限制。在不同类型的复合句中协调各分部情

---

① В. А. Белошапкова, Сложное предложение в современном русском языке. М., 1967.

② В. А. Белошапкова, Современный русский язык. Синтаксис. М., 1977.

③ Современный русский язык. Под ред. В. А. Белошапковой. М., 1981.

④ В. А. Белошапкова, О понятии «формула предложения» на уровне синтаксиса сложного предложения. // Единицы разных уровней грамматического строя языка и их взаимодействие. М., 1969.

态的规律是各不相同的。在开放结构中,由于只能用同一类型的分部,因此也只能用具有同一情态意义的述谓单位的组合。而在闭合结构中却可用不同情态的述谓单位的组合。

在并列复合句的闭合结构中,不同情态的述谓单位可以自由地组合,如带连接词 но 的并列复合句可以自由地组合各分部的情态意义。而在带连接词 и 和 а 的并列复合句中,只有当第二分部具有与前一分部不相适应的意义时,也就是 и 和 а 的意义接近于 но 时,各分部的情态意义才能自由地组合。

在主从复合句中,不同情态意义组合的范围较小。在所有的主从复合句(带有结果从部的复合句除外)中,其从部都不能运用动词谓语表示祈使的情态意义。此外,不同类型的主从复合句还有其特有的运用情态意义的规则。因为对情态的限制是与连接词的语义联系在一起的。例如在带有原因从部的复合句中,主部的情态可以是任意的,而从部可以用真实的情态或假设的情态。从部中假设的情态通常用在主部是真实情态的条件下。这时从部表示与理由相反的意义,如 Мы старательно тренировались перед походом, потому что иначе не одолели бы всех его трудностей.

在不同类型的复合句中,协调各分部时间意义的规律也是一定的。在大多数情况下一分部的时间与另一分部的时间是协调的,因此一分部动词的时体变化会引起另一分部时体相应的变化,例如 Всходит солнце, и мы трогаемся (тронулись, будем трогаться, тронемся) в путь; Всходило солнце, и мы трогались (тронулись) в путь; Взошло солнце, и мы тронулись (трогаемся, будем трогаться, тронемся) в путь; Взойдет (будет всходить) солнце, и мы тронемся (будем трогаться) в путь 等。在有些类型的复合句中,连接词的语义决定其固有的时间协调规律,如时间连接词连接的各分部都有其各自的时间协调范围。когда 可连接 Когда я окончу школу, я буду работать на заводе 这样的句子,而 с тех пор как 就不能,它可连接 С тех пор как я окончил школу,я работаю на заводе 这样的句子,而 когда 则不能。还有一些复合句没有各分部的时间协调关系,因此一分部动词时间形式的变化不引起另一分部动词时间的变化,例如 Сосед думает (думал, будет думать), что мы уезжаем; Сосед думает, что мы уезжаем (уезжали, уехали, будем уезжать, уедем）等。由此可见,在这类复合句中主部动词的任何时间形式可以毫无限制地与从部动词的各种时间形式进行组合。

第二个结构特征中词汇填入的特点是指构成复合句时述谓单位受词汇组成的限制,即自由或不自由。前者的词汇组成只受句子语义组合的限制,而后者的词汇组成是有严格的规定的,不能任意加以变换,例如Чай слишком горяч, чтобы пить; Не прошло и получаса, как погода изменилась.

别洛沙普科娃以表示现象交替的区分关系复合句的公式为例,如 То шел дождь, то падал снег, то сыпалась какая-то колючая крупа 的公式应包括下列特征:(1)指出结构的开放性;(2)指出由词汇填入的同等性所表达的各分部语义上的同型性以及其情态上的同一性;(3)指出该结构只能用连接词 то…то 连接;(4)指出各分部只能是一个跟着一个。别洛沙普科娃把该复合句归结为下列公式:

то + $Psimi1^{1}$… то + $Psimin^{2}$

公式中的 P 是述谓单位,即复合句的分部。它们的指数 1……n 是分部顺序的号码。s 和 m 分别表示各分部的语义特征和情态特征,而它们带的 i 表示其同等性。

又如 Чтобы проект был закончен в срок, все работали с предельной нагрузкой 的公式应指出下列特征:(1)该句由两个述谓单位构成;(2)述谓单位受其结构和语义上的限制:连接词连接的分部必须用表示愿望的假定情态,另一分部必须具有积极的目的行为意义;(3)述谓单位由连接词 чтобы 连接;(4)述谓单位的排列顺序并不固定:连接词连接的分部可在另一分部之前,之后,之中。该句的公式为:

Psl←(чтобы + Pml)

公式中符号旁的数字 1 表示语义与情态受限制,符号 ← 表示括号中的分部没有固定的位置。

1990 年舒瓦洛娃在她的专著《复合句中的意义关系及其表达方法》中从意符语法的角度详细描写了对比意义的语义模型①。她明确指出:"模型是由相应符号表示的指定的意义组成成素(конституент)和自然

---

① С. А. Шувалова, Смысловые отношения в сложном предложении и способы их выражения. М., 1990.

语言单位表达的意义的修饰成素（оформитель）结合而成的。”[①]在对比意义的模型中，舒瓦洛娃所谓的意义组成成素是指对比对象（如人、事物、概念、有地点或时间标志的情景等）和它们的特征（如行为、状态、性质、行为方法、地点或时间的标志等）。前者用符号 $К_1$ 和 $К_2$ 表示；后者用 $П_1$ 和 $П_2$ 表示。所谓意义的修饰成素是指参与表达某一意义的所有的语言单位，因此它比传统语法中的“连接手段”范围更广。如对比意义的修饰成素既包括传统语法中的连接词 и, а, же, тоже, также 等和语气词 не, еще 等，又包括传统语法中没有在功能上以术语命名的词或综合体 менее, так же как и 等。

舒瓦洛娃又把对比意义的模型根据其对比的次数分成静态的（一次对比的）和动态的（多次对比的）两类。静态的模型如下：

$К_1$— $П_1$, — а — $К_2$— менее — $П_2$

该模型可体现为下列句子：На улице жарко, а в доме менее жарко; Маша мила, а Таня менее симпатична.

$К_1$— $П_1$, — так же как и — $К_2$

该模型可体现为：Петя работает тщательно, так же как и Коля; Маша получила “отлично”, так же как и Таня.

$К_1$— $П_1$,— а — $К_2$— ещё — Пк

模型中的 Пк 表示由简式比较级表达的特征。该模型可体现为 На улице жарко, а в доме ещё жарче 的句子。

动态的对比意义模型，如 По мере того как — $К_1$— (все больше) — $П_1$,— $К_2$— (все больше) — $П_2$ 等。它可体现为 По мере того как Петя (все больше) веселел, Коля (все больше) мрачнел 的句子。

在舒瓦洛娃的专著中列出了对比意义模型的整个目录，共有八九十个之多。

众所周知，复合句是句子内部复杂程度最高的单位，因此要在用简单符号表示的模式中反映出各种类型复合句的特征，其困难是可想而知的。正如什韦多娃所说的那样：“企图在复合句公式中反映出通常在我们描

① С. А. Шувалова, Смысловые отношения в сложном предложении и способы их выражения. М., 1990, стр. 97.

写复合句时所有的一切方面，可预料必然会失败。”①因此，如果能在复合句的特征中作些必要的区分，把复合句某些类型的特征与复合句的基本特征区分开来，也就是说复合句模式只反映其基本特征，则模式抽象的困难程度就可能会有所缓解。

别洛沙普科娃认为，复合句组成的潜在数量（结构的开放性或闭合性）能区别相互对立的两种结构。此外，还能区分某些其他特征。例如在开放结构中各分部在情态上是相同的，而在闭合结构中可以出现不同情态的述谓单位的组合。这一看法值得商榷。首先，在并列复合句中区分开放结构与闭合结构有其必要性，而在主从复合句中似乎没有必要区分这两种结构。因为这一结构特征在这类复合句中的表现不很明显。其次，各分部同一情态或不同情态的组合，与其说受开放结构和闭合结构的制约，还不如说受连接词语义的制约。例如连接词 а 连接闭合结构的并列复合句时，其分部通常不能用不同情态的组合。但只有当它的语义接近于连接词 но 时，也就是在它连接的复合句中具有让步-转折意义时，各分部的情态才能自由组合，如 Я знаю, ты торопишься, а (но) все-таки сядь и выслушай меня внимательно; Я был занят, а (но) все же для друзей у меня нашлось бы время 等。又如连接词 и 连接闭合结构的扩展句时，通常只能用同一情态的组合，而当它具有结果意义时，就可用不同情态的组合，如 Это очень интересная книга, и я охотно ее прочел бы; Я ещё вчера прочел эту книгу, и ты возьми её у меня 等。由此可见，结构的开放性和闭合性只是并列复合句的特征，不是整个复合句的基本特征。

别洛沙普科娃在第二个结构特征中谈到了各分部构成复合句时受到述谓单位情态和时间的限制。这是正确的，但尚嫌不足。她没有提到受述谓单位动词体的限制。事实上，只谈时间不谈体是不可能的，因为两者是紧密联系在一起的。这就是说，在结构模式中要反映述谓单位时、体对应的规则。

众所周知，时、体对应在复合句结构中起着重要的作用，例如 Море глухо роптало, и волны бились о берег бешено и гневно; Гаврик толк-

① Н. Ю. Шведова, О структурной схеме сложного предложения. //Единицы разных уровней грамматического строя языка и их взаимодействие. М., 1969.

нул ногой калитку, и друзья пролезли в сухой палисадник…两个句子，虽然都用同一个连接词 и,但是,由于时、体对应不同,因此语法意义也有所不同。前一句用的是未完成体动词,表示列举同时发生的现象,后一句用的是完成体动词,表示事件的先后发生。如 Когда мы упрекнули её в небрежности, она обиделась; Когда (если) мы упрекали её в небрежности, она обижалась 两个句子中,用不同的时、体对应,因此影响其语法意义和连接词的选择。前句用的是完成体动词,表示时间关系,只能用 когда 连接,后句用的是未完成体动词,表示时间-条件关系,可用 когда 和 если 连接。

还必须指出的是,时、体对应在不同类型的复合句中所起的作用是不同的。根据其不同的作用,复合句大致可分为两类。一类是,在大多数情况下,时、体对应不仅相对自由,而且还不影响句子的基本意义,如主从复合句中扩展词语的非分解句:Я написал другу, которого давно не видел (не скоро увижу); Я пишу другу, которого давно не видел (не скоро увижу); Поскорей напиши другу, которого не скоро увидишь 等。

另一类是,在大多数句子中时、体对应受到严格的限制,这种限制与其语法意义联系在一起,如主从复合句中扩展全句的分解句。以 когда 连接的时间句为例[①]。在这类时间句中两个行为在时间上一定要有直接接触,即两行为在时间上吻合或部分吻合,或一个接一个地先后发生,它们之间不容许有时间上的间隙。这就是这类时间句时、体对应组合必须遵循的规律[②]。когда 连接的时间句中,同一时间形式的对应组合有九对。它们的行为在时间上可以直接接触,不需要借助其他手段。它们或是未完成体同一时间的对应组合,表示同时发生的行为,如 Когда она ехала с вокзала домой, то улицы казались ей очень широкими, а дома маленькими;或是不同体的同一时间形式的组合,表示部分同时发生的行为,如 Отец, когда я пришел к нему, сидел глубоко в кресле;或是完成体的同一时间的形式,表示先后发生的行为,如 Когда я лег и уснул, мать осторожно встала со своей постели и тихо подошла к нему. 当然,这类时间句中还有不同时间形式的对应组合。它们的行为在时间上不能

① 吴贻翼:《现代俄语复合句句法学》,北京大学出版社 1999 年版,第 218 – 230 页。

② АН СССР, Грамматика современного русского литературного языка. М., 1970, стр. 727 – 728.

直接接触，两行为之间在时间上有间隙，通常在实践语言中不能应用。其中十三对对应组合借助一定的条件，即加上适当的时间状语或动词时间的转义运用，可使两行为在时间上接触起来，不留间隙，例如 Теперь, когда я устал, смените меня, “如果句中没有 теперь，两部分的组合是不可能的”[①]。因为它把已经发生的行为和即将发生的行为容纳在同一时间背景之中。此外，还有三对时、体对应组合即使借助其他手段也无法构成正常的句子，即两行为在时间上无法直接接触。

我们还可以 после того как 和 с тех пор как 连接的时间句为例。前者表示一行为发生在另一行为结束之后的先后关系，完全排除两行为同时存在的可能性。因此它连接的从句通常要用完成体动词。而 с тех пор как 表示一行为是另一行为开始的界限，因此它既表示两行为的先后关系，又兼有两行为的部分同时关系，所以它连接的从句可用完成体或未完成体动词。

我们在别洛沙普科娃的四个特征的基础上作了一些修正，提出复合句结构模式的下列结构特征：(1)联系手段既包括连接词、关联词、指示词，又包括起连接作用的某些副词（потому, поэтому, оттого）、情态词（следовательно, значит）和语气词（ведь, все же, все-таки, все равно, тем не менее）等；(2)述谓单位的时、体对应；(3)述谓单位的情态对应；(4)述谓单位的排列顺序。

对于舒瓦洛娃描写的对比意义的语义模型，我们只想谈一点看法。众所周知，数量有限的句子模式是从数量无限的具体句子中抽象出来的，然后再将数量有限的抽象模式体现为数量无限的具体句子。这是一个从具体到抽象，再从抽象到具体的过程；从无限到有限，再从有限到无限的过程。模式的数量是与句子的抽象程度联系在一起的。抽象程度越高，模式数量越少。反之，模式数量就越多。而模式数量的多少还取决于描写模式的目的。如果目的在于对现有句子的结构组织、语义组织进行分析和分类，则模式的抽象程度较高，数量较少。如果目的在于按照抽象的模式生成具体的句子，则模式的抽象程度较低，数量较多。而后一目的中又有机器翻译和语言教学等各种不同的情况。如果是机器翻译，模式就

① АН СССР, Грамматика современного русского литературного языка. М., 1970, стр. 727–728.

可多一点。如果是后者,模式就不能太多,否则就不便于教学,不便于记忆。但是,总的说来,模式数量不宜过多。过多,就会使模式失去抽象的样板作用,就无所谓模式了。而舒瓦洛娃的对比意义的语义模型就有八九十个。由此可以推测,她整个复合句的语义模型可能要以千来计算。我们认为,她的语义模型数量多了一点,需要进一步抽象和提炼。

别洛沙普科娃和舒瓦洛娃对复合句模式的上述看法只是极其初步的设想。但是随着时间的推移,对该课题的研究必定会取得更大的进展。

现代俄语句子发展的趋向

本文试图从苏联语言学家列斯基斯(Г. А. Лесскис)[①]、阿基莫娃(Г. Н. Акимова)[②]、韦谢洛夫斯卡娅(Т. М. Веселовская)[③]等的不完整资料中分析现代俄语句子发展的趋向。

1 句子的长度呈缩短的趋势

18 世纪中叶整句(从一个句号到另一句号)的长度平均为 24.76 个词(其中科学著作整句的平均长度为 26.4 个词,文艺著作,即作者的连续叙述,为 23.13 个词)。19 世纪整句的平均长度为 22.85 个词(其中科学著作为 28.5 个词,文艺著作为 17.2 个词)。而 20 世纪 70—80 年代整句的长度平均为 21.55 个词(其中科学著作为 22.01 个词,文艺著作为 21.1 个词)。

句子长度缩短的主要原因有二。一是随着时间的推移,著作中复合句占的百分比在减少,而简单句占的百分比在增加。18 世纪中叶著作中复合句与简单句的比例是 2:1,19 世纪复合句占 62.3%,简单句占37.7%(其中科学著作复合句占 73.8%,简单句占 26.2%;文艺著作复合句占

---

① Г. А. Лесскис, О зависимости между размером предложения и его структурой в разных видах текста. Вопросы языкознания, 1964, №3; О зависимости между размером предложения и характеристикой текста. Вопросы языкознания, 1963, №3; О размерах предложений в русской научной и художественной прозе 60-х годов XIX века. Вопросы языкознания, 1962, №2.

② Г. Н. Акимова, Размер предложения как фактор стилистики и грамматики (На материале русского литературного языка XVIII века). Вопросы языкознания, 1973, №2; Конкуренты простого предложения в русском литературном языке XVIII века (проблемы осложнения простого предложения). // Семантика и функционирование синтаксических единиц. Казань. 1983.

③ Т. М. Веселовская, Размер предложения — статистический параметр стиля. Вестник ЛГУ. Сер. 2. 1987, вып. 3 (№16).

50.5%,简单句占 49.5%)。而 20 世纪 70—80 年代复合句占 54.7%,简单句占 45.3%(其中科学著作复合句占 47%,简单句占 53%;文艺著作复合句占 62.5%,简单句占 37.5%)。第二个原因是复合句的复杂系数在下降,复合句的平均长度在缩短。复合句的复杂系数是复合句的数量除复合句组成中述谓单位的数量,因此它反映了复合句复杂化的程度。18 世纪中叶复合句的复杂系数为 3.1(其中科学著作为 3.2,文艺著作为 3),而现代俄语为 2.8(其中科学著作为 2.5,文艺著作为 3.1)。由于复合句的复杂系数下降,这必然使复合句的平均长度缩短。18 世纪中叶复合句的平均长度为 30.37 个词(其中科学著作为 31 个词,文艺著作为 29.75 个词);19 世纪为 28.7 个词(其中科学著作为 33.5 个词,文艺著作为 23.9 个词);而 20 世纪 70—80 年代却为 26.77 个词(其中科学著作为 27.8 个词,文艺著作为 25.75 个词)。

众所周知,同一信息内容可采用不同表达手段。但是,随着时代的前进,同一信息内容越来越采用经济和简易的表达手段。这就是说,表达同一信息内容能用复杂系数小的复合句就不用复杂系数大的,能用简单句就不用复合句。这是带规律性的倾向,因为它符合普通语言学中"任何语言的语法都是经济和简易这两个特点的某种结合"的原则[①]。例如 Я слышу крик журавлей 和 Я слышу, как кричат журавли 两个句子,虽然它们都表达同一信息内容,但是前一句比后一句要优先采用,因为它在表达同一信息内容时比后一句要经济,要简易。

2 简单句的信息容量在增加

这主要表现在,在不同的时间段落里简单句的平均长度在增加。科任娜(М. Н. Кожина)和科秋洛娃(М. П. Котюрова)在《俄语科学言语中句法单位功能的某些倾向》一文中指出,在科学言语中,18 世纪简单句的平均长度为 12 个词[②],而到 20 世纪 70—80 年代却为 16.4 个词。这说明了现代俄语中简单句的繁化现象呈现出增加的趋势。繁化简单句在 20 世纪 70—80 年代占简单句总数的 67.4%,其中科学著作占 72.1%,文艺著作占 62.7%。这一现象表明,简单句的繁化成分逐渐发展成为复合

① 叶蜚声、徐通锵:《语言学纲要》,北京大学出版社 1981 年版,第 135 页。

② М. Н. Кожина, М. П. Котюрова, О некоторых тенденциях функционирования единиц синтаксиса в русской научной речи. // Стиль научной речи. М., 1978.

句中从句的竞争者。人们随着时代的发展逐渐采用简单句的繁化手段来替代复合句中的从句,从而提高了简单句中的信息容量。

3 现代俄语中简单句繁化的特点

现代俄语中简单句繁化的特点是,语段上有联系的各种类型的繁化成素在减少,如扩展性的独立短语、一连串的同等成分等;而语段上没有联系的繁化成素在增加,如嵌入结构等。

众所周知,简单句繁化成素按其进入或不进入句子结构（语段上有联系或没有联系)可分为两类。属于第一类的是进入句子结构的句法结构,如同等成分群、独立成分群(形容词短语、同位语短语、形动词短语、副动词短语、非一致定语)、比较短语、明确语等。属于第二类的是不进入句子结构的句法现象,如插入结构、嵌入结构、呼语、复指结构(сегментированные построения)等。

语段上有联系的繁化成素形动词短语和副动词短语的数目在各种不同语体中呈现出下降的趋势。如果 18 世纪中叶 100 个句子中平均有 38.3 个形动词短语和 33.6 个副动词短语,那末 19 世纪末在政论语体中平均有 24.9 个形动词短语,6 个副动词短语;20 世纪 60 年代在同一语体中只有 18.6 个形动词短语和 8.1 个副动词短语①。

具有定语意义的独立名词短语也在发生变化。它从以语段联系扩展简单句的形式变为没有语段联系的孤立第一格(именительный изолированный）形式。所谓孤立第一格就是在形式上与主格句相似,用语法上不从属于其他词的名词第一格的形式,但又与主格句不同,它不具有情态、时间和语义上的独立性。在大多数情况下,它在功能上起着非一致定语的作用。例如:

① В обществе дам, занятых работой, Екатерина Викторовна (*скромная белая блузочка*, *длинная черная юбка*) всегда занимала центральное место, вроде генерала в штабе. (В. Пикуль)

② Старушка — очки в роговой оправе, зачесанные со лба редкие волосы, кружевной воротничок и белые манжеты — ворковала, точно младенца убаюкивала. (Н. Самвелян)

---

① Г. Н. Акимова, Новое в синтаксисе современного русского языка. М., 1990, стр. 49–50.

③ Был он〔пастух〕худ и черняв, *лицо длинное, морщинистое*, из-под картуза глядели маленькие, темные, глубоко сидящие глаза.（Б. Харчук）

孤立第一格在现代俄语中逐渐发展成为独立的非一致定语的竞争者。试比较：... Екатерина Викторовна, *в скромной белой блузочке, длинной черной юбке*, ...; Старушка, *в очках в роговой оправе, с зачесанными со лба редкими волосами, с кружевным воротничком и белыми манжетами*, ...; Был он худ и черняв, *с лицом длинным, морщинистым*, ... 这一结构由于用第一格形式来替代间接格形式而引起语段上与基本句的分离。尽管它表面上是独立的，但实际上与基本句还有着信息和功能上的联系。

从上述现象可以看出，某些繁化成素逐渐从语段上有联系向语段上没有联系转化，正如阿基莫娃所说的，另一种倾向是"主格群在发展，它的中心是起着定语功能的，与独立的名词短语（以弱支配关系与在句中处在各种不同句法位置的名词联系起来的短语）竞争的名词第一格形式"①。

现代俄语中语段上没有联系的繁化成素嵌入结构在文艺著作中最常使用，在政论语体和科学语体中也得到广泛的应用。所谓嵌入结构就是与基本句无语法联系，含有各种附加的补充意义的结构。它虽然在信息上与基本句的内容发生关系，起着补充信息内容的作用，但又不是基本句表达的信息内容所必需的，因此可以省略不用。嵌入结构通常位于基本句内，用括号或破折号与基本句隔离。嵌入结构可以是各种不同的句法单位：词形、词组、句子以及语篇的片断等。例如：

④ Недавно в США стала выходить газета «Сайентист»（*«Ученый»*).（газ.）

⑤ На стене знакомая ученая роспись — *геометрические фигуры*— облезла и потрескалась.（В. Тендряков）

⑥ *А дом был большой, двухэтажный* — знаете эти северные просторные дома? — *хозяйка наша, тетка моего друга, спала внизу, мы располагались на втором этаже.*（Ю. Бондарев）

---

① Г. Н. Акимова, Новое в синтаксисе современного русского языка. М., 1990, стр. 52.

嵌入的句法结构是各种各样的，也可以与基本句有语段上的联系，如以并列和从属联系为基础的词形、独立短语、主从复合句中的从句等。

⑦ Остроты Тютчева сохранились и в письмах и в записях, и, конечно, было бы очень печально, если бы знавшие Анну Андреевну не записали по свежим следам ее иронических (*иногда очень хлестких*) отзывов о тех или иных книгах, событиях, людях, вещах. (К. Чуковский)

⑧ Вероятно, отсюда шли и знаменитые вопросы Потебни к аудитории (*которыми он часто удивлял студентов на лекциях*), понятна ли его мысль. (журн.)

但是，在19世纪到20世纪的发展过程中俄语发展的倾向是优先运用语段上与基本句没有联系的嵌入结构。由于受分析语倾向（аналитизм）发展的影响，句法上与基本句脱离是现代俄语中嵌入结构发展的主要倾向。阿基莫娃在《现代俄语句法中的新现象》一书中写道："可以认为俄语标准语中嵌入结构的发展是对减少使用语段上有联系的简单句繁化的某种补偿。"①

---

① Г. Н. Акимова, Новое в синтаксисе современного русского языка. М., 1990, стр. 49–50.

俄语语篇语言学的建立、发展以及语篇语法的研究对象

1 俄语语篇语言学的建立和发展

语篇语言学(textlinguistics, лингвистика текста)又称话语语言学。它的理论基础是20世纪初由捷克布拉格功能学派所奠定的。他们认为,语言的基本功能是交际,语言是社会的产物,是人们进行交际、交流思想的工具。他们把语言看做一种社会现象,强调语言的社会交际功能。因此,主张研究语言要与人们进行交际的具体言语环境联系起来。布拉格学派在音位学、语法学和语言学理论方面提出了很多创见。特别是马泰休斯创建的句子实义切分理论。他指出:"有必要把句子的实义切分同句子的形式切分区别开来。如果形式切分是从语法要素的角度研究句子成分的话,那么句子的实义切分就是研究句子以何种方式与上下文的具体情境发生联系,而句子也正是在这种具体上下文的基础上形成的。"① 对于句子的实义切分俄罗斯的语言学家维诺格拉多夫早在20世纪50年代就作了肯定,他说:"值得注意的是,已经有人尝试摆脱赤裸裸的形式-逻辑的窠臼来研究这类语言现象了。譬如捷克语言学家马泰休斯曾经主张把句子的一般形式-语法分析即结构分析和实义切分区分开来。""研究这些问题,对于更深刻地理解俄语的表情手段(其中包括词序)无疑是有很大帮助的。"②

20世纪20年代波兰籍语言学家马林诺夫斯基(B. Malinnowski)提出了"语境"这一术语。他认为一种语言基本上植根于说该语言的民族的文化、社会生活和习俗之中。不参照这些广泛的语境便难以正确理解

① В. Матезиус, О так называемом актуальном членении предложения. // Пражский лингвистический кружок. М., 1967.

② АН СССР, Грамматика русского языка. Т. Ⅱ, Ч. Ⅰ. М., 1954.

语言。他把语境分为情景语境和文化语境两类。英国语言学家弗斯(J. R. Firth)发展了马林诺夫斯基的观点,建立了较为完整的语境理论。他把语言看成“社会过程”,是人类的“一种生活方式”,“一种行为方式”。他试图把语言研究和社会研究结合起来。他认为,语言学研究的任务就在于把语言中各个有意义的方面与非语言因素联系起来。他扩展了语境的概念,指出,除了语言本身的上下文以及在语言出现的环境中人们所从事的活动之外,整个社会环境、文化、信仰,参与者的身份、经历,参与者之间的关系等,都构成语境的一部分。随后英国语言学家韩礼德(M. A. K. Halliday)提出了“语域”(registers)这个术语,并指出,“范围”、“方式”、“交际者”是语域的三个组成部分。他的所谓“语域”实际上就是“语境”。他还提出了接应理论,把句子与句子之间的接应关系分为内接应和外接应,内接应又分为前接应和后接应。这一理论揭示了句际间的内在联系,不仅对研究句际联系、句际连接手段有指导意义,而且是研究连贯性语篇内在规律的基础。这些语言学家的理论对语篇语言学的建立起到了一定的促进作用。

20 世纪 50 年代到 60 年代中期语篇语言学进展较为缓慢。这主要因为这门学科还没有引起各国语言学家的重视,还因为当时欧美的结构主义理论和美国语言学家乔姆斯基的转换生成语法正风靡一时,成为各国语言学家研究和争论的焦点。

直到 60 年代末、70 年代初语篇语言学才有了进一步的发展,逐渐形成了一门独立的学科。德国语言学家在这方面作出了极大的贡献。“语篇语言学”这一术语就是德国语言学家温里克(H. Weinrich)于 1967 年提出来的。德国语言学家德雷瑟(W. U. Dressler) 撰写的《语篇语言学导论》、施密特(S. J. Schmidt)的《语篇理论》等著作,对语篇语言学的研究对象、研究内容、研究方法等都作了详尽的阐述。他们把语篇语言学看做一门研究正确交际的科学。

俄语语篇语言学是于 20 世纪中叶起逐渐在俄罗斯形成的一门新兴学科。它的兴起和发展经历了一个较长的历史过程。这一历史过程大致可分为三个阶段。

第一阶段从 20 世纪 40 年代末到 60 年代,是俄语语篇语言学的开创阶段。40 年代末、50 年代初一种大于句子的结构引起了俄罗斯语言学家波斯佩罗夫、菲古罗夫斯基(Н. А. Фигуровский)、布洛霍夫斯基(Л. А.

Булаховский）等的重视。他们一方面研究连贯语篇中句子的交际组织，另一方面又研究言语链条中大于句子的单位——复杂句法整体（сложное синтаксическое целое），并初步揭示了它的本质、地位以及在结构和语义上的特征。从 50 年初以后到 60 年代对它的研究比较缓慢，进展不大。在开创阶段俄罗斯语言学家把复杂句法整体看做“语篇”（text，текст），并把这一研究局限在句法的范围内，因此称之为“大句法”（макросинтаксис）。尽管如此，对复杂句法整体的研究已开创了俄语的语篇语言学，并打破了传统句法把研究局限在句子范围之内的框框。

第二阶段是从 20 世纪 60 年代末至 70 年代。由于语篇语言学在世界上已发展成了一门独立的学科，俄语语篇语言学才有了进一步的发展。这一阶段的特点是，以前被看做句法单位的超句子统一体（сверхфразовое единство）（复杂句法整体——作者注）现在被看做构成语篇的单位。他们认为，超句子统一体是由表述链构成的。表述是指在某一交际情境中能起交际作用，报道现实中某个事件或情景的、语义上完整的并具有相对独立性的言语单位。这阶段俄语语篇语言学的研究主要局限在系列句子或超句子统一体的范围之内，很少涉及整个语篇作品，因此，有人把这样的“语篇”称之为“小语篇”（микротекст）。这期间对俄语语篇语言学的研究大致可归纳为三个方面：（1）超句子统一体，如索尔加尼克（Г. Я. Солганик）的《现代俄语的复杂句法整体及其形态》[①]和《句法修辞学（复杂句法整体）》[②]、塞尔曼（Т. И. Сельман）的《句法修辞问题》[③]等；（2）句子的词序、句子的实义切分，如科夫图诺娃的《现代俄语（词序与句子的实义切分）》[④]、克雷洛娃和哈夫罗尼娜的《俄语词序》[⑤]、拉斯波波夫的《现代俄语中简单句的结构》[⑥]、洛巴诺娃（Н. А. Лобанова）和戈尔巴

---

① Г. Я. Солганик，Сложное синтаксическое целое и его виды в современном русском языке. Русский язык в школе，1969，№2.

② Г. Я. Солганик，Синтаксическая стилистика（Сложное синтаксическое целое）. М.，1973.

③ Т. И. Сельман，Проблемы синтаксической стилистики. Л.，1973.

④ И. И. Ковтунова，Современный русский язык. Порядок слов и актуальное членение предложения. М.，1976.

⑤ О. А. Крылова и С. А. Хавронина，Порядок слов в русском языке. М.，1984.

⑥ И. П. Распопов，Строение простого предложения в современном русском языке. М.，1970.

奇克(А. Л. Горбачик)的《俄语词序》[①]以及捷克斯洛伐克的语言学家阿达梅茨的《现代俄语的词序》[②]等;(3)句际联系,如洛谢娃(Л. М. Лосева)的《句际联系研究(段落与复杂句法整体)》[③]等。

从 80 年代起进入了俄语语篇语言学发展的第三阶段。对它的研究出现了两个趋向。一个趋向是研究向纵深发展。语篇的概念已从系列句子或超句子统一体扩大为整个言语作品,因此被称为"大语篇"(макротекст)。研究对象涉及构成语篇的各个单位,即句子、超句子统一体、片段(фрагмент)、节(глава)、章(часть)、全文。如索尔加尼克 1993 年出版的《从词到语篇》[④]等。过去实义切分限制在句子的范围内,而现在扩大到更大的语篇单位,如系列句子或超句子统一体等。佐洛托娃在 1982 年的《俄语句法的交际观点》中认为,语篇或小语篇中主位和述位在结构-语义上具有同型性和同一性,从而指出,话语中存在着优控述位(рематическая доминанта)。在 1992 年的《俄语交际句法》中克雷洛娃提出了语篇的超主位(гипертема)和超述位(гиперрема)[⑤]。这说明了俄语语篇语言学正在探索在更大的语篇单位中进行实义切分。另一个趋向是研究向分科发展,出现了一些新的独立学科,如修辞学方面有索尔加尼克《语篇修辞学》[⑥]、奥金佐夫(В. В. Одинцов)《语篇修辞学》[⑦]等,语法学方面有莫斯卡利斯卡娅《语篇语法学》[⑧]等,语义学方面有诺维科夫(А. И. Новиков)《语篇语义学及其形式化》[⑨]等。

参加俄语语篇语言学这门学科建设的主要有俄罗斯的语言学家。当然,也还有其他国家的俄罗斯语文学家,如捷克斯洛伐克的阿达梅茨、达内什(F. Danes),中国的王福祥等。

---

① Н. А. Лобанова и А. Л. Горбачик, Порядок слов в русском языке. М., 1966.

② П. Адамец, Порядок слов в современном русском языке. Praha. 1971.

③ Л. М. Лосева, К изучению межфразовой связи (абзац и сложное синтаксическое целое). Русский язык в школе, 1967, №1.

④ Г. Я. Солганик, От слов к тексту. М., 1993.

⑤ О. А. Крылова, Коммуникативный синтаксис в русском языке. М., 1992.

⑥ Г. Я. Солганик, Стилистика текста. М., 1997.

⑦ В. В. Одинцов, Стилистика текста. М., 1980.

⑧ О. И. Москальская, Грамматика текста. М., 1981.

⑨ А. И. Новиков, Семантика текста и его формализация. М., 1983.

2 现代俄语语篇语法学的研究对象

"语篇"这一术语在不同语言学家的著作中有着不同的含义。有的语言学家认为语篇只指书面语言,不包括口头语言。他们用"话语"(discourse)来指口头语言。而有的语言学家则认为,语篇既指书面语言,又指口头语言。英国语言学家韩礼德就持这一观点。我们采用这一看法,用"语篇"这一术语来指书面语言和口头语言。

什么是语篇?语篇是言语作品。它既可能很短,只有一二句话,如一句口号,一张便条,一个谜语(Еду, еду — следу нету)等;也可能很长,洋洋万言以上,甚至几百万字的言语作品,如托尔斯泰的巨著《战争与和平》。因此,我们通常把语篇理解为长短不一、结构和语义完整的话段或文段。它是大于句子的语言单位,由多少不等的句子组成,既可能是超句子统一体,也可能是片段、节、章、全文。有的语言学家则认为语篇就是超句子统一体。我们对此不敢苟同,因为这一理解过于狭隘。难道片段、节、章、全文不是语篇吗?有的语言学家把这种看法称之为"小语篇"。看来,这也不是没有道理的。

语篇语言学以连贯性语篇为其研究对象。这门学科打破了以往语言学只局限在对句子和小于句子的语言单位进行研究的框框,而把语言学的研究对象扩大到语篇,也就是对句子以及大于句子的语言单位,即超句子统一体、片段、节、章等进行研究。语篇语言学研究构成连贯性语篇的语言单位的语法、语义和语用关系。仿照符号学的三分法,即研究符号之间形式关系的语法学、研究符号与符号所指对象关系的语义学、研究符号与符号解释者关系的语用学,语篇语言学也可分为三门分支学科:语篇语法学、语篇语义学和语篇语用学。语篇语法学主要研究构成语篇的语言单位之间(如句子之间、超句子统一体之间、句子与超句子统一体之间、片段之间等)的形态接应。语篇语义学侧重研究构成语篇的语言单位之间的语义接应。前两门学科都是分析构成语篇的内部因素的。而后一门语篇语用学则研究构成语篇的外部因素,如情境性、目的性等问题。

现代俄语语篇语法学主要分析、研究连贯性语篇的内部构成规律。连贯性语篇是有其内部构成规律可循的。从人类思维的过程来看,人们通常把已知的信息作为话语的出发点,把未知的信息作为话语的核心。因为人们有所未知才有话语,否则话语就没有必要了。由此可见,从已知的信息到未知的信息,通常是信息传递或信息排列的规律,也是人类思维的规律。这一规律就是连贯性语篇构成的内部规律。既然俄语语篇语法学是研究连贯性语篇内部构成规律的,那就是说,它不仅要研究连贯性语篇的形态或结构,而且还要涉及其语义。这主要因为连贯性语篇的结构或形态与语义是密不可分的,内容与形式是统一的。

总而言之,现代俄语语篇语法学是研究构成语篇的内部规律的。具体地说,是研究实义切分的,揭示连贯性语篇从左到右,从未知到已知的线性规律;是研究大于句子的语言单位超句子统一体、片段、节、章等的结构,语义特征的,是分析它们的句际联系或成素间联系及其类型的。

下　编

现代俄语句法结构

俄语中«НЕЛЬЗЯ + Inf»的结构

俄罗斯语法学家斯帕吉斯(А. А. Спагис)在《俄语动词体的构成和使用》一书中指出,动词不定形式与 нельзя 连用时动词体的选择决定于 нельзя 的情态意义:用于“禁止”意义时与未完成体动词连用,用于“不可能”意义时,则与完成体动词连用①。其他语言学家也有类似的看法②。这一看法只是基本上概括了动词不定形式与 нельзя 连用时体的最常见的语言现象,但是,它们并没有把有关这方面的所有语言现象都囊括进去。因为动词不定形式与 нельзя 连用时动词体的选择,除了要考虑其情态意义外,有时还必须考虑其体的意义。

在 нельзя 与动词不定形式的连用结构中,动词不定形式的体具有两种功能,既有体的意义,又有情态意义。前者是基本的,是体的主要功能;后者是从体的意义中派生出来的,是体的次要功能。例如否定行为必要性这个情态意义,由于它否定的是行为的过程,否定行为本身的存在,因此要用未完成体动词。又如否定行为可能性这个情态意义,由于否定的不是行为的过程,而是行为获得的结果,因此要用完成体动词。由此可见,在一般情况下,情态意义与体的意义是一致的,不矛盾的。这时体的主要功能(体的意义)逐渐减弱,而其次要功能(情态意义)逐渐加强,这就致使动词的体逐渐成为表达情态意义的手段。

因此,在 нельзя 与动词不定形式连用的结构中,如果表示“禁止、不许、不该做什么”等情态意义,通常用未完成体动词。如果表示“不可能”的情态意义,则通常用完成体动词。例如:

① *Нельзя* сейчас *открывать* окно, а то в комнату налетят комары.

---

① А. А. Спагис, Образование и употребление видов глагола в русском языке. М., 1961.

② О. П. Рассудова, Употребление видов глагола в современном русском языке. М., 1982.

② *Нельзя переходить* улицу во время движения машин.

③ Убийствами отдельных лиц *нельзя* было *свергнуть* царское самодержавие, *нельзя* было *уничтожить* класс помещиков.

④ После дождя посреди улицы образовалась такая лужа, что никак *нельзя* было *пройти*.

但是,在 нельзя 与动词不定形式连用的结构中,动词的体有时出现体的意义与情态意义相矛盾的情况。例如在一个句子里有时既要表示"禁止、不许"的情态意义,又要表示就某一具体事件而言的体的意义。前者要求用未完成体动词,而后者要求用完成体动词。有时既要表示"不可能"的情态意义,要用完成体动词,又要表示"持续、重复"或就一般情况来说的体的意义,要求用未完成体动词。这就产生了体的意义与情态意义的矛盾。这些矛盾通常由情态意义让步于体的意义而得到解决。这主要因为情态意义是从体的意义中派生出来的。因此,这就出现了完成体动词也可表示否定行为必要性的情态意义,未完成体动词也可表示否定行为可能性的情态意义。这时,动词不定形式的体既有体的意义,又有情态意义。两者是不一致的,矛盾的,具体表现在:

(1)在 нельзя 与动词不定形式连用的结构中,有时完成体动词也可表示"禁止、不许"的情态意义。试比较:

⑤ Что касается орошения Заволжья, а это главное с точки зрения борьбы с засухой, — то *нельзя допустить*, чтобы это дело было отложено в долгий ящик. (И. Сталин)

⑥ *Нельзя допускать*, чтобы интересы личной дружбы ставились выше интересов дела.

这两个句子都具有"禁止、不许"的情态意义,但是前一句用的是完成体动词,因此它还表示就某一具体事件而言的体的意义。而后一句用的是未完成体动词,具有就一般情况来说的意思。又如:

⑦ В школу мы ходили с месяц времени; из всего, что мне было преподано в ней, я помню только, что на вопрос:

— Как твоя фамилия? — *нельзя ответить* просто:

— Пешков, — а надобно сказать:

— Моя фамилия — Пешков. (М. Горький)

⑧ *Нельзя крикнуть*, *поднять* тревогу. Кровожадная тварь должна быть убита. (Н. Островский)

(2)在 нельзя 与动词不定形式连用的结构中，表示"不可能"的情态意义时，通常用完成体动词。但用未完成体动词表示的也屡见不鲜。用未完成体动词不定形式表示"不可能"的情态意义，通常有以下几种情况：

1)如行为具有持续、重复等体的意义，则要用未完成体动词。例如：

① В саду *нельзя* было *гулять*: там лежал глубокий снег.

② Почему *нельзя* иногда, при известных условиях, *применять* чрезвычайные меры против нашего классового врага, против кулачества?

单体未完成体动词的词汇意义决定它们所表示的行为或状态是持续的，因此它们与 нельзя 连用表示"不可能"的情态意义时，通常还具有持续的体的意义。例如：

③ Без пищи *жить нельзя*.

④ Матраца, считайте, нет, вместо него положили лист папиросной бумаги. На нем *спать нельзя*: заболят бока. (Б. Горбатов)

2)如果整个句子具有概括意义，也就是具有"就一般情况而言"的意思，通常要用未完成体动词。例如：

① *Нельзя строить* социализм, не будучи уверен, что его можно построить.

在这类句子中，如用未完成体动词，则具有概括意义；如用完成体动词，则表示"就某一具体事件而言"的意思。试比较：

② И, не имея такого фундамента, как профсоюзы, *нельзя осуществлять* диктатуру, *нельзя выполнять* государственные функции. (В. Ленин)

③ В противном случае *нельзя* было бы *объяснить* тот факт, что до февраля 1917 года мы вели работу при лозунге революционно-демократической диктатуры пролетариата и крестьянства, а после февраля 1917 года этот лозунг заменили лозунгом социалистической диктатуры пролетариата и беднейшего крестьянства. (В. Ленин)

3)如果强调否定行为过程的发生，表示根本不可能发生的行为，通常用未完成体动词。例如：

① Пришли газеты за 9, 10 и 11-е, но *читать нельзя*, так как нет света.

② Не менее смешным кажется другой вопрос: можно ли пустить кулака в колхоз. Конечно, *нельзя* его *пускать* в колхоз. Нельзя, так как он является заклятым врагом колхозного движения.

在这类句子中,如用完成体动词,则否定行为的结果,表示不可能获得所需的结果。试比较:

③ При таком шуме совершенно *нельзя читать*.

④ При таком шуме *нельзя прочитать* ни слова.

前一句表示"在这样的嘈杂声下根本无法看书",而后一句表示"在这样的嘈杂声下一个字也读不进去"。

带-нибудь，-то，кое-的不定代词在句子中的用法

1 带-нибудь 或-либо 的不定代词

这种不定代词在语义上是完全不定的，具体表现为或者说话人对人、事或特征没有确定的要求，具有“随便……”、“无论……”的意思；或者说话人对是否存在着某人、某事、某特征等不确定。例如：

① Расскажи *что-нибудь*！/请随便讲点什么吧！

② Приходил *кто-нибудь*？/有没有人来过？

1.1 时间

陈述式的现在时形式具有现实现在时和非现实现在时两种意义。前者表示说话时刻正在进行的具体行为，通常表示所述的事实是确定的，因此在语义上与带-нибудь(-либо)的不定代词是矛盾的，而后者与说话时刻没有联系，可以表示多次重复的概括行为，因此它可以表达所述的事实有着各种不同的可能性，可能是这样的，也可能是那样的，这就具有了不定性。所以谓语的非现实现在时只能用在带-нибудь(-либо)的不定代词的句子里。例如：

① По вечерам к нам обычно приходит *кто-нибудь*.

② Нина не может сидеть сложа руки, она всегда *что-нибудь* делает.

③ Бабушка, бывало, не спит, рассказывает мне о *чём-нибудь* тихо.

陈述式的未完成体过去时形式如果不表示具体的行为，而表示说话前多次重复的概括行为，则对所述的人、事、特征就有各种不同的可能性，这就具有不定的性质。通常可与带-нибудь(-либо)的不定代词连用。例如：

④ Вообще, когда он о *чём-нибудь* рассказывал, все слушали с интересом.

⑤ Он всегда *что-нибудь* читал.

陈述式的将来时形式表示说话之后即将发生的行为，因此它具有说话时刻尚未存在的人、事或特征的不定性。它通常可以与带-нибудь(-либо)的不定代词连用。例如：

⑥ Я возьму *что-нибудь* почитать.

⑦ Он *что-нибудь* купит для вашего брата.

⑧ Ему будет помогать *кто-нибудь* из товарищей.

⑨ Может быть, *кто-нибудь* из нас, сегодняшних школьников, будет в числе первых пассажиров космических кораблей.

1.2 情态

否定句通常对人、事或特征的存在予以否定，因此这种情态意义在语义上与带-нибудь(-либо)的不定代词比较吻合。所以这种不定代词通常用在否定句中。例如：

① Я не хочу приглашать *кого-нибудь*.

② До Ломоносова *каких-либо* научных теорий о строении вещества не существовало.

疑问句和间接问句表示对人、事或特征等的存在与否不肯定，因此通常与带-нибудь(-либо)的不定代词连用。例如：

③ Меня спрашивал сегодня *кто-нибудь*?

④ Нет ли у вас *чего-нибудь* покушать?

⑤ Я не знаю, принёс ли он *что-нибудь*.

⑥ Я не знаю, придёт ли к нам *кто-нибудь* сегодня.

动词的命令式表示说话人希望发生或祈求发生的行为，所以它是与说话时刻还不存在的人、事或特征联系在一起的，具有不定的性质。因此动词命令式只能与带-нибудь(-либо)的不定代词连用。例如：

⑦ Дайте мне *какой-нибудь* лист бумаги.

⑧ Расскажите мне *что-нибудь* интересное.

⑨ Давайте пригласим *кого-нибудь* в гости к нам.

⑩ Пусть *кто-нибудь* придёт.

动词假定式表示虚拟的、假设的或希望发生的行为，这就是说，所述行为是否存在还不能肯定。因此它只能与带-нибудь 的不定代词连用。例如：

⑪ Ты бы *чем-нибудь* другим занялся, Павлуша.

⑫ Если бы *кто-нибудь* помог мне, я давно бы уже кончил работу.

连接词 чтобы 来源于 что 加 бы,因而它与假定式有着密切的联系。动词假定式的主要意义(表示虚拟、假设、愿望等)在 чтобы 的用法上都有反映。因此连接词 чтобы 连接的从句只能与带-нибудь(-либо)的不定代词连用。例如:

⑬ Я хочу, чтобы *кто-нибудь* из вас пошёл со мной в кино.

⑭ Саша заболел, надо, чтобы *кто-нибудь* навестил его.

⑮ Девочка села у окна, чтобы видеть *что-нибудь*.

⑯ Он позвал Петю, чтобы тот принёс *что-нибудь* поесть.

条件从句除了可用动词假定式表示非现实的条件外,还可用动词陈述式表示现实的条件。这种条件尽管有可能实现,但仍然是一种假定。因此条件从句中只能用带-нибудь 的不定代词。例如:

⑰ Когда ждёшь *чего-нибудь* с нетерпением, время тянется особенно медленно.

⑱ Если без меня мне будет *кто-нибудь* звонить, то попросите его позвонить ещё раз вечером.

⑲ Он закончит работу в срок, если ему *что-нибудь* не помешает.

1.3 人称

人称与不定代词的不定性关系不太密切,因此对不定代词使用的限制较少。带-нибудь(-либо)的不定代词可以与三个人称连用。例如:

① Я вставал рано, с рассветом, и тотчас же принимался за *какую-нибудь* работу.

② *Кто-нибудь* из вас должен выполнить эту работу.

2 带-то 的不定代词

кто-то, что-то, какой-то 等不定代词在其意义上有其确定的一面,表示说话人确知有其人,有其物,有其特征;但也有其不定的一面,说话人不知究竟是谁,是何物,是何特征。这种代词通常可译为"某人"、"某事"或"某物"、"某种的"等。例如:

① *Кто-то* приходил. /有人来过了。

② Он сказал мне *что-то*, но я уже забыл. /他曾对我说了些什么,但是我已经忘记了。

2.1 时间

现实现在时如果不带有其他的情态意义，通常表示所述的事实是确定的，因此现实现在时在语义上与带-то 的不定代词是比较一致的[①]。例如：

① В дверь *кто-то* стучит.

② Этот мальчик *что-то* читает.

陈述式的完成体过去时形式表示说话之前完成和实现的动作，具有确定的性质，因此它通常可以用在带-то 的不定代词的句子里。例如：

③ Услышав, что *кто-то* вошёл, он поднял голову.

④ Вдруг *что-то* упало в воду.

动词的未完成体过去时形式有时只确定某个行为在说话前发生过，而对其结果并不注意。这与带-то 的不定代词在语义上没有矛盾。因此它们通常可以连用。例如：

⑤ *Кто-то* звонил вам вечером.

⑥ «Олег, ты спишь? Проснись!», — шептал *кто-то*.

某些具有运动意义的动词，其未完成体过去时形式表示某一方向往返一次的行为。由于它们具有确定的性质，通常可以和带-то 的不定代词连用。例如：

⑦ Я заметил, что без меня в мою комнату *кто-то* входил.

⑧ К вам приходил *какой-то* человек, но ждать вас не согласился.

陈述式的将来时形式表示说话之后即将发生的行为，因此它具有说话时刻尚未存在的人、事或特征的不定性。它通常不与带-то 的不定代词连用。但是，有时也可连用。此时这种时间形式具有行为在将来肯定要发生的意义。例如：

⑨ Он вам *что-то* принесёт. /他一定会给您带点什么来的。

---

① 在带-то 和-нибудь(-либо)不定代词的句子里，虽然其谓语都可用现在时形式，但是它们所表示的语义是各不相同的。试比较：Миша *что-нибудь* ломает.（米沙总在弄坏点什么。）Миша *что-то* ломает.（米沙正在弄坏什么东西。）前一句是非现实现在时，表示多次重复的概括行为，强调无论什么东西米沙都弄坏。因此，弄坏的东西可能是各种各样的，也可能是这个，也可能是那个，说话人只是指出米沙经常弄坏东西，而不确定弄坏的是什么东西。后一句是现实现在时，表示正在进行的行为。米沙正在弄坏东西是确定的，但是究竟是什么，说话人是不知道的，不确定的。

2.2 情态

疑问句表示对人、事或特征等的存在与否不肯定,因此它通常不与带-то 的不定代词连用。但是,有时也可连用。这时疑问句对人、事或特征等的存在是肯定的,而对是何人、何事或何特征等表示疑问。试比较:

① Нина о *чём-нибудь* просила вас? /尼娜是否向您提出过什么请求?

② Нина о *чём-то* просила вас? /尼娜向您提出什么请求?

③ Вы ждёте *кого-нибудь*? /您是否在等人?

④ Вы ждёте *кого-то*? /您在等谁?

2.3 人称

带-то 的不定代词由于表示说话人本人也不确知的人、事或特征,因此通常不与第一人称连用,而与第二、第三人称连用。例如:

① Он просит *какую-то* газету.

② Помните, вы пели *что-то* из «Фауста»?

只有在上下文或语境中可以表示说话人自己也不确知其人、其事或其特征的情况下,带-то 的不定代词才可用在第一人称的句子里。例如:

③ Подождите минуту, я *что-то* хотел вам сказать, сейчас вспомню.

④ Я видел *кого-то* из студентов в кино, но никак не мог вспомнить его фамилию.

3 带 кое-的不定代词

кое-кто, кое-что, кое-какой 等不定代词在语义上确定的程度比较高,表示说话人确知是某人、某事物、某特征;但也有某种程度的不定,表现在对话人不知是何人、何事物、何特征,也就是说话人因某种原因不愿说出是何人、何事物、何特征。例如:

① Я хочу рассказать тебе *кое о чём*. /我想跟你说点事情。

② Из философии и риторики *кое-что* ещё помню…/我在哲学和演讲学方面的东西还记得一点……

③ К нам *кое-кто* приходил. /有一个人来过我们这里。

这种不定代词与带-нибудь(-либо)、带-то 的不定代词在语义上是有区别的,其区别就在于后者所表示的内容对说话人本身来说是模糊不清的,而前者则与之相反。试比较:

④ Он *кое в чём* виноват. /他在某件事情上有过错。

⑤ Он в *чём-то* виноват. /他在某件事情上有过错。

前一句表示说话人知道那个人的过错,但他不对对方说出来,而后一句表示说话人本身对那个人的过错也是模糊不清的。

这种代词与带-то 的不定代词在用法上也有区别:前者常与第一人称的人称代词连用,而后者通常与第二、第三人称的人称代词连用。试比较:

⑥ Я *кое-что* знаю.

⑦ Он *что-то* знает.

有时带 кое-的不定代词可用于 некоторый 的意义。例如:

⑧ Я встретил *кое-кого* из своих товарищей. /我遇见了一些同志。

⑨ *Кое-кому* моё выступление не понравилось. /有些人不喜欢我的演说。

现代俄语中的无动词句

一

在现代俄语中对 Татьяна в лес; Он в зал; Он к воротам 等句子类型，看法不一，莫衷一是。

很多语言学家（如沙赫马托夫①、佩什科夫斯基②、格沃兹杰夫（А. Н. Гвоздев）③、瓦尔金娜（Н. С. Валгина）④等）把它们看做不完全句，指出：这类句子在一定的上下文或语境的制约下缺少一个或几个句子成分。它们在语法结构上是不完整的，只有通过上下文或语境恢复或添补“不足”的成分，才能理解整个句子的意义，因此在上下文和语境中意义是相对明确、完整的。维诺格拉多夫虽然认为，它们“是句子的特殊结构类型，不能说它们违反了抽象语法模式所要求的什么‘完全’句的规范”；研究这类句子“不应从形式上缺什么成分或什么成分不完全等角度着眼，而应该着眼于它们所独具的、特殊的结构性质和功能”⑤。但是，他仍然把它们归为不完全句。总之，这一看法长时间地统治着俄罗斯的语言学界。

另一种观点认为，上述所列举的句子不是不完全句，而是完全句，因为它们可以脱离上下文或语境而单独存在，人们在相互交际时已不再想到那些缺少的动词，甚至有时也很难说出它们缺少了什么样的动词。持

---

① А. А. Шахматов, Синтаксис русского языка. Л., 1941, стр. 48, 128, 157.

② А. М. Пешковский, Русский синтаксис в научном освещении. М., 1956, стр. 396.

③ А. Н. Гвоздев, Современный русский литературный язык. Ч. Ⅱ. М., 1958, стр. 148–157.

④ Н. С. Валгина, Синтаксис современного русского языка. М., 1991, стр. 212.

⑤ АН СССР, Грамматика русского языка. Т. Ⅱ, Ч. Ⅰ. М., 1954, стр. 97.

这一观点的语法学家有什韦多娃①、佐洛托娃②、泽姆斯卡娅(Е. А. Земская)③等。尽管她们的看法还有细微的差别,例如佐洛托娃把这类句子称之为无动词句,而泽姆斯卡娅却称为零位动词述体句,但是,她们有一个共同点,就是把这些句子都看做完全句。

我们赞同什韦多娃、佐洛托娃等人的观点,认为无动词句是完全句。它在结构上是完整的,不是言语中成素的省略,而是语言中成素的弱化和消失。它在语义和信息上是不依赖于上下文或语境的,是独立的、自足的。由此可见,无动词句已形成语言中的句子结构-语义模型。例如句子模型 N_1(С одуш.) + Adv / N_2…(П действие + Л)(没有括号的拉丁字母表示形态结构,即名词第一格 + 副词或名词间接格;有括号的斯拉夫字母表示语义结构,即动物主体 + 具有方位意义的行为述体)可体现为 Я домой; Я в институт 等句子。这些无动词句的意义不以上下文或语境为转移,表达的意思必定是“我回家”,“我去学院”,因此它们是完全句。但是,在一定的上下文或语境中,如说话者在电话机旁,句子的意思是“我给家里打电话”,“我给学院打电话”。若说话者正在写字或拿着信封,其意思是“我给家里写信”或“我给学院写信”。所以,此时这些句子的某些成素在言语中是被省略的,是不完全句。

二

尤尔琴科指出,俄语简单句有六种最重要的类型:双部动词句(Рабочий строит дом)、双部静词句(Ночь темна)、单部(无人称)动词句(Светает рано)、单部(无人称)静词句(На улице хорошо)、称名句(Зима)和情态句(Да; Нет; Вероятно)。这些句子可以分成两类:前一种句子是一类,后五种是另一类;前者为基础句型,后者是由前者派生的,从属于前者,是派生句型④。

双部动词句是俄语中的基础句。它在俄语句法中有两个重要的派生

---

① АН СССР, Русская грамматика. Т. Ⅱ. М., 1980, стр. 300.

② Г. А. Золотова и др., Коммуникативная грамматика руского языка. М., 1998, стр. 176.

③ Е. А. Земская, Русская разговорная речь: лингвистический анализ и проблемы обучения. М., 1979, стр. 139-141; Е. А. Земская, Русская разговорная речь. М., 1978, стр. 288-308.

④ В. С. Юрченко, Очерк по философии грамматики. Саратов. 1995, стр. 3-14.

过程。这两个派生过程就是从基础句中逐渐消失语法主体和动词述体。语法主体弱化的结果是:①主体句变成了无主体句,②人称动词变成了无人称动词。这就导致了双部动词句变成了单部(无人称)动词句。动词述体弱化后就出现了:①实义动词弱化为系词,②在动词后成分(状语、补语)的基础上构成了静词述体成分。这样的结果就产生了动词谓语的组成(谓语 + 从属于它的静词群)变成静词谓语的组成(系词 + 表语),也就是双部动词句变成了双部静词句。由于主体和述体的弱化,基础句分化成两种类型:"理想"的句子(双部静词句)和"残缺"的句子(单部无人称动词句)。分化与合并是对立统一的。在基础句分化成两种派生句的基础上,它们又合并成一种结构类型,即单部(无人称)静词句。

在基础句中,由于种种原因,如动词后成分上有逻辑重音、动词谓语信息不充分或语义不完整等等,动词后成分存在的必要性更为明显。这就促进了动词谓语发生弱化或消失。一方面,动词弱化为系词,构成双部静词句;另一方面,由于动词的消失出现了一种特殊的副产品,即无动词句,如 Книга на столе; Татьяна в лес, медведь за нею 等。

众所周知,语言与言语既有区别,又有联系。语言是人们的交际工具,而言语是语言在交际过程中的具体运用。从具体的使用中抽象出来的工具是语言,这种工具具体运用于表达思想就是言语。语言存在于言语之中,言语是语言存在和发展的形式,两者是不可分离的。但是,从历史上看言语事实总是在前的。我们知道,基础句的派生过程是漫长的、渐进的。在这一过程中可分出消除句法成素的两种类型:言语中成素的省略和语言中成素的弱化、消失。一方面,这是原则上不同的两个过程,前者是一次性行为,它为说话者的意图所制约,从而从结构中省略某些实义化的成素,而语言中成素的弱化和消失,是一个在语法层次上进行的客观过程,它是逐渐进行的,是在大量言语材料的基础上实现的。另一方面,这两个过程有内在联系,它们之间没有明确的界限。由此可见,语言中的变化是从言语中的变化开始的。在大量具体句子的基础上,言语中动词谓语的省略现象逐渐弱化和消失。这就是说,言语的省略通过无数次的重复最终转变为语言的弱化和消失。

无动词句就是从双部动词句演变而来的。它已实现了从言语省略到语言弱化、消失的转变。完成这一转变的客观标志是,能否脱离上下文或语境单独进行交际。正如泽姆斯卡娅所说,无动词句是"语言事实",它已“不要求语境的支持”①。由此可见,无动词句已成为语言中的一种结构-语义模型,是结构-语义完整的完全句。

三

霍洛多维奇的《词的亚类理论的试验》认为,各类动词在功能上依赖于它们同型的最佳组配场(изотипное оптимальное окружение)②。由此我们可以引申出:各类动词的功能或语义在某种程度上是由动词前成分和动词后成分表示的关系所决定的。这就使在双部动词句中动词消失后仍保持原有的功能和语义成为可能。这就是无动词句的理论依据。

《词的亚类理论的试验》认为,任何词的系列都可分成核心和它的组配场。例如在句子 Вновь наступили холода 中,根据动词中心论的看法,наступили 是该系列的核心,вновь, холода 是它的组配场。每一个核心都可和一个或若干个成素组配,例如 Вскрылись реки; Уже вскрылись реки; На юге уже вскрылись реки 等。我们把核心可组配成素的数目称之为组配能力。从中可以看到,每一核心都有不同能力的组配场。但是在每一核心的不同能力的组配场中,总有一个(且只有一个)最佳的组配场,其余的或是多余的组配场,或是不足的组配场。一个最佳的组配场可能是零位的,如 Светает;可能是一位的,如 Лают собаки;可能是二位的,如 Он походил на ребенка;也可能是三位的,如 Я пронзил его шпагой.

假设我们把动词作为某一结构的核心,它总有同等的最佳组配场。如 $ab(V_1)$ = Волк загрыз ягненка. 对于核心来说,可以说:① Волк (медведь…) загрыз ягненка; ② Волк загрыз ягненка (козу…); ③ Волк (медведь…) загрыз ягненка (козу…)。在这一结构中,或按①替换,或按②替换,或按③将组配场的两个成素都替换。从中可以看出,结构中所有的组配场都是同等的:1)它们在位子的数目上是等同的,如是二位的。组配场可在内容上更换,但位子的数目不能变动。如果增加,就成了多余组配场;否则,就成了不足组配场。2)它们在占据位子的词的类别上是相同的。动词的组配场替换时必须局限于相同的词类框架范围内,如 волк 可换成 медведь,ягненка 可换成 козу 等,但不能将 волк 换成 иг-

① Е. А. Земская, Русская разговорная речь: лингвистический анализ и проблемы обучения. М., 1979, стр. 141.

② А. А. Холодович, Опыт теории подклассов слов. Вопросы языкознания, 1960, №1.

рать，ягненка 换成 быстро，如果这样，就会导致整个结构的破坏。3）它们在功能总和及其分配上是等同的。组配场中每一成素都与核心或通过该核心与成素完成一定的功能，而各成素所完成的功能是不一样的，因此组配场在功能的数量和功能的分配上都要相等，如 Волк загрыз ягненка = Медведь загрыз козу，因为不仅功能数目一致，而且功能的分配都处在同一位置，即主体与客体的位置不能相互颠倒。霍洛多维奇认为，这样的等同是形态上的。凡在形态上等同，而内容上不同的组配场，称之为同型组配场。

作为核心与组配场结合的结构在组合关系上是有限的，因为它具有确定的规模。但是在结构上还有聚合关系的另一方面。结构的组配场中每一成素都可替换，因此在聚合关系方面它在形态上是无限的，但是在内容上是有限的，例如 Я читаю книгу 中 книгу 这个词只能与一定数量的词替换，也就是只能与表示带有文字符号的物品的词替换，如 письмо，газета，телеграмма 等。而在形态上则任何词（只要是名词并起着同一功能）都可替换。

霍洛多维奇以他提出的“词的亚类理论的试验”为依据，明确指出：“具有同型的最佳组配场的系列动词构成亚类。这些亚类的特征是有着同型的最佳组配场，即形态上等同的，只是在内容上不同的组配场，可以把这些组配场称为带有句法（或组合关系，或结构）配价的亚类。正如看到的那样，亚类在功能上依赖于自己最佳的组配场。”①

综上所述，可以看出：动词的亚类理论与“动词中心论”或“动词配价论”极其相似。它们都把动词看做句子的“核心”或“中心”，把受动词语义或功能饱和程度制约的成素叫“配价”或“组配场”。此外，它们还都认为，在动词周围建立起一个使必需的词汇自然卷入的“配价场”或“同型的最佳组配场”。但是，它们还有不同之处：“动词配价论”只提动词决定其配价，配价对动词的影响却只字未提；而“动词亚类论”除了主张动词的亚类有着同型的最佳组配场外，还提出它在功能上“依赖于自己最佳的组配场”，这就是说，同型的最佳组配场反过来也决定动词的功能。这是该理论值得肯定之处。泽姆斯卡娅曾提出“逆向配价”的观点。她认为：“带有零位动词述体的结构属于哪个相似聚合体是由它的组合关系

---

① А. А. Холодович, Опыт теории подклассов слов. Вопросы языкознания, 1960, №1.

决定的,即由结构中的成分决定的。重要的是要强调,在这里起作用的是成分的逆向配价,……扩展动词的成分的词汇语义决定零位动词的意义及其属于哪个相似聚合体。”①由此可见,在这方面霍洛多维奇和泽姆斯卡娅的看法是一致的。只不过霍洛多维奇提得更早而已。

同型的最佳组配场在某种程度上可决定动词的功能或语义,这就是说,动词前成分和动词后成分在某种程度上决定了动词的功能或语义。因此,在双部动词句的某些类型中只要有该动词的同型的最佳组配场,即使动词已经消失,也不影响整句的结构和语义。例如动词 идти 表示“走”、“驶”时其同型的最佳组配场是,动词前成分由动物名词或车、船等名词表示,动词后成分可用前置词与间接格名词的组合或副词表示,它们具有运动起点、终点、途径等意义,例如 Я иду домой; Он идет из аудитории 等句子中,尽管动词消失,即 Я домой; Он из аудитории 等,但是其同型的最佳组配场仍然可决定该句的语义和结构。

四

佐洛托娃在《俄语交际语法》一书中写道:“可以把主体名词与报道主体运动方向及其空间位移的述体特征名词的结合看做是这些句子(无动词句)自身的结构属性。说出运动方向或途径的自由句素既可没有动词,又可没有上下文就能表达这一特征。”②佐洛托娃对无动词句的看法基本上是正确的,但是尚嫌不足。无动词句的述体特征除了佐洛托娃所说的用名词表达外,还可用副词、动词不定形式等表示,这是其一。其二是无动词句除了表示主体的运动或位移外,尚可表示主体的言语、给予、处所等述体特征。

我们认为,无动词句是结构-语义完整的句法单位。在无动词句中只有表示人或物的行为、状态或关系的名词类、副词类等句素,但却没有表示该行为、状态或关系的动词。这类句子是由表示人或物的名词构成的主体和表示行为、状态或关系的间接格名词、副词等构成的述体组成,它们具有表情性和简洁性。

---

① Е. А. Земская, Русская разговорная речь: лингвистический анализ и проблемы обучения. М., 1979, стр. 139.

② Г. А. Золотова и др., Коммуникативная грамматика руского языка. М., 1998, стр. 176.

在这里我们对无动词句的述体作一些概略的描写。

4.1 行为述体

4.1.1 述体具有运动意义，表示运动的方向、起点、终点、途径、工具、目的等。它们通常由前置词与名词间接格的组合、副词、动词不定形式等表示。例如：

① Я завтра в Ленинград, потом в Киев.

② — Ты откуда? — Я от декана.

③ — Вы пешком? — Нет, на метро.

④ Я обедать. Пошли вместе.

⑤ Я за хлебом. И чаю надо.

⑥ До свидания, я направо.

4.1.2 述体具有言语意义，表示言语的内容、方式等。通常由前置词 про, о 与名词间接格的组合、副词 по-русски, яснее, короче 等表示。例如：

① Вот и он мне про это же все время.

② Ты поняла, о чем я?

③ Не очень-то это интересно, ты покороче.

④ Он по-французски с детства.

4.1.3 述体具有给予意义，表示给承受者东西。承受者用第三格名词表示，东西用第四格名词表示。例如：

① Вот и эти пилюли мне врач.

② Я вам сегодня рубль, а остальные завтра. Ладно?

4.1.4 述体具有"打"、"揍"、"击"的意义。主体通常用第一人称代词，并带有逻辑重音；述体用第三格或第四格的第二人称或第三人称代词，表示挨打的承受者。此外，主体和述体都可用代词或动物名词，这时还必须有性质副词、带有工具意义的第五格名词、带有挨打部位意义的前置词 в 和第四格名词的组合或前置词 по 和第三格名词的组合等。例如：

① Я его (ему).

② Мне кажется это его клюшкой.

③ Он эту собаку палкой, а то бы укусила.

④ Саша ему в бок, тот и отскочил.

4.2 状态或关系述体

述体具有地点、处所意义，通常用前置词和名词的组合或副词表示。

例如：

① … сухая пальмовая ветка за иконой.（В. Катаев）

② Книга на столе.

③ Школа в центре города.

④ Выставка налево.

五

尤尔琴科在《俄语中谓语的体系》一文中指出，双部动词句的谓语有三个功能：范畴功能、联系功能和情态功能[①]。动词谓语的范畴功能是表达主体事物的述谓特征的。动词谓语的联系功能起着联系主语和动词后成分（状语、补语）的作用，同时动词谓语又是它们之间的中介环节。由于它处在句子中间的位置，因此围绕着它的配价，即左翼位（主语）和右翼位（动词后成分），都能获得反映。但是这一功能具有隐蔽的性质，因为右翼位或动词后成分在句子的线性序列中是远离主语的，而在结构和语义上直接依赖于动词谓语，并以依附关系和支配关系的形式表达与它的联系。这时动词后成分与主语的联系是间接的，并没有被表达出来。联系功能与范畴功能似乎是相互"对立"的：动词谓语的述谓特征越明显，其联系功能越隐蔽；或者相反。动词谓语的情态功能指动词的形态是表达方式和时间的语法范畴。

双部动词句虽然是基础句型，但是它并不是我们"理想"的句子。这主要因为它具有多余的性质，在一个情态（方式和时间）的综合体上却有两个述谓特征：一个是由实义动词表示的、明显的动词述体，另一个是由动词后成分表示的、隐蔽的静词述体。例如 Солдат сражается храбро = Солдат сражается + Солдат храбр(о)；Книга лежит на столе = Книга лежит + Книга на столе；Инженер приехал из Киева = Инженер приехал + Инженер из Киева 等。由此可见，基础句型的逻辑述体可分解为明显的动词述体和隐蔽的静词述体两部分。从中可以看出，基础句型的逻辑结构和语法结构并不是并行的。

基础句型谓语中述谓特征的多余性可通过两条途径加以解决。一条

---

① В. С. Юрченко, Система сказуемого в русском языке. Филологические науки, 1988, №4.

是，消除句中动词成素的范畴内容，并将实义动词降低为抽象系词，从而组成静词谓语。双部静词句是理想的句型，因为它的静词谓语仍然有三种功能：①范畴功能，由表语部分表示；②联系功能，由系词承担；③情态功能，由系词表示。这样，述谓特征的多余性问题得到了解决，因而这种句子是理想的。另一条途径是，动词谓语消失，双部动词句变成双部无动词句。这时，正如米吉林（В. Н. Мигирин）在他的《俄语中过渡过程的理论概要》一书中所说的，动词消失后"述谓性可移到扩展动词的词上"①。无动词句中的静词谓语起着三种功能的作用：(1)由状语或补语（动词后成分）起着述谓特征的作用。(2)它们与主语之间联系不是间接的，而是直接的。(3)由于句中没有动词或系词，因此情态功能就无法表示，这就使无动词句单独使用时只能表达具有现实意义的现在时。佐洛托娃正确地指出："报道主体运动方向的无动词句不具有情态-时间的聚合体。"②当然，无动词句在解决述谓特征的多余性问题上前进了一步，但是它的谓语却丧失了表达情态的功能。因此，这类句子也是不够理想的。

什韦多娃在《80 年语法》中把类似 Приезжий — из Москвы; Я — с работы; Ты вся не отсюда; Школа — за пять километров; Ворота — на улицу; Сад — за забором; Приказ — на доске; Книга — на столе 等无动词句都归到 N_1— Adv（N_2…）的结构模式（如 Отец на работе; Друзья рядом）之中。事实上，上面所列举的无动词句与 Отец на работе 等并不属于同一个类型。什韦多娃还指出，这一结构模式的聚合体有 8 种变化：句法陈述式（现在时、过去时和将来时）与非句法现实式（假定式、条件式、愿望式、祈使式和应该式）③。当然 Отец на работе 的聚合体确实有 8 种变化。但是上面所列举的无动词句就没有也不可能有情态-时间聚合体的变化。众所周知，在这类句子中既无动词，又无系词，其谓语或述体通常是用间接格名词或副词等表示的，而名词和副词都没有方式和时间的范畴，因此无动词句不具有表达时间和方式的情态综合体。这类句子脱离上下文或语境只表示陈述式的现在时。如果要表示时间和

① В. Н. Мигирин, Очерки по теории процессов переходности в русском языке. Бельцы. 1971, стр. 43.

② Г. А. Золотова и др., Коммуникативная грамматика русского языка. М., 1998, стр. 182.

③ АН СССР, Русская грамматика. Т. Ⅱ, М., 1980, стр. 302.

情态，则只能借助于其他的手段，如词汇手段、一定的上下文或语境等。关于这方面情况在这里作一些概略的介绍。

5.1 词汇手段

最常用的是在句中加一些具有时间意义的词或词的组合、语气词，如 завтра, вчера, с детства; бы, чтоб 等，使句子具有将来时、过去时、假定式、愿望式等意义。例如：

① Мою ручку ты куда вчера?

② Я вам сегодня рубль, а остальные завтра.

③ Он по-французски с детства.

④ Полям бы сейчас дождичка!

⑤ Чтоб сейчас же чаю!

5.2 语篇手段

借助上下文或语境的时间、情态，无动词句自身可获得时间、情态意义。通常可表达现在时、过去时、将来时、假定式、愿望式、祈使式等意义。例如：

① Они заманили ее в подъезд и чем-то там тяжелым по голове, но она все-таки жива осталась.

② Вот и эти пилюли мне врач. Помогло.

③ Он у нас в комнате головой о полку очень сильно, сотрясение даже было.

④ Он сначала спросил биографию. Откуда? Кто родители? Куда выезжала? Какие районы знаю? Какой язык знаю? Я сказала: немецкий. Потом про ноги, сердце, нервы. (Л. Космодемьянская)

⑤ Я кончу и к врачу быстренько.

⑥ Если бы обратно в развалины Сталинграда, туда, где воевал, тогда только в свой батальон, и никуда больше. (К. Симонов)

⑦ «Как, — загремел Троекуров, вскочив с постели босой, — высылать к нему моих людей с повинной, он волен их миловать, наказывать! — да что он в самом деле задумал; да знает ли он, с кем связывается? Вот я ж его... Наплачется он у меня, узнает, каково идти на Троекурова!» (А. Пушкин)

六

《语言学术语词典》认为:“语法范畴是由共同的语义和词法-句法特征组成的最大的词汇-语法类型。”[①]这就是说,范畴内各成员的语义和词法-句法特征都是共同的,它们在范畴内的地位也是相等的,两个范畴之间非此即彼,完全不可能有着某些“中间地带”。这一看法过于绝对,因此不可能解释清楚纷繁复杂的语言现象。认知语言学提出了“范畴化的典型理论”。该理论认为,实体的范畴化建立在好的、清楚的样本之上,然后将其他实体根据它们与这些好的、清楚的样本在某些或一组属性上的相似性而归入该范畴。这些好的、清楚的样本就是“典型”。它又指出,范畴内的成员在说话者的心目中地位并不相等,有较好的与较差的样本之分,即成员资格有等级之分[②]。这就是说,在一个范畴内各成员的“范畴属性”强弱程度不等,即成员有典型的、不太典型的、非典型的之分,两个范畴之间可能有中间地带或过渡现象。从认知语言学理论来观察无动词句这一范畴,我们可以看到,在该范畴内各成员也有典型的、不太典型的之分,甚至还有非典型的。

双部动词句中的动词后成分有两重性。一方面,状语、补语与动词有直接的联系,如性质状语、处所状语、时间状语(читает внимательно — дома — вечером);直接补语、间接补语(читает книгу — сыну)。另一方面,它们是通过动词谓语与主语发生联系的,这种联系是间接的,因此它们是隐蔽的或潜在的静词谓语。句中动词弱化程度越高,它们的隐蔽程度越低,其述谓性越明显,例如 Он внимателен; Он дома; Письмо — брату 等。应该指出的是,动词后成分中状语和补语所具有的述谓性在隐蔽程度上是不一样的。总的说来,状语的述谓性和补语的述谓性相比较而言,前者更为明显,即隐蔽程度较低,具有较高的述谓性,这主要是因为状语表示出发事物(主体)的疏状特征,特别是性质状语表示的是主体的内在性质,试比较:Солдат сражается храбро 和 Солдат храбр. 而补语

---

① Д. Э. Розенталь и др., Словарь-справочник лингвистических терминов. М., 1976, стр. 81.

② 廖秋忠:《〈语言的范畴化:语言学理论中的典型〉评介》,《国外语言学》1991 年第 4 期;袁毓林:《词类范畴的家族相似性》,《中国社会科学》1995 年第 1 期;黄颖:《试用“范畴化的典型理论”诠释俄语语法范畴》,《外语学刊》1998 年第 1 期。

的述谓性隐蔽程度较高，因为它远离主体，并与主体对立，试比较：Мальчик читает книгу 和 Мальчик — книга（книголюб），因此补语具有较低的述谓性。

我们还可从语言的发展史来看，事物特征的划分早于过程特征的划分，这是因为副词出现得比形容词晚。性质状语与性质定语相比较，前者反映了人类思维更高程度的发展。在发展过程中人类的思维学会了把特征与事物脱离开来，并把它挪到行为上去。这就出现了性质状语。这就是说，在语言发展过程中人类能较早表达的是，Быстрый олень бежал；思维进一步发展后才能表达 Олень бежал быстро 这样的句子[①]。米吉林认为，性质状语的产生无论从历史上还是从逻辑上看都早于直接补语。先出现 Охотник стреляет метко 这样的句子，后出现句子 Меткий охотник убивает оленя。正如杰斯尼茨卡娅（А. В. Десницкая）在《比较语言学和语言史》中所指出的那样，"对印欧语第四格古代运用的语义分析发现，纯客体功能（特别是扩展及物动词的直接补语功能）是派生的，犹如出现定语-状语序列原始意义那样。"[②]

综上所述，在双部动词句中状语比补语具有较高的述谓性，因此在句中动词逐渐消失发展成无动词句后情况也是如此。这就是说，具有疏状意义的前置词与名词间接格组合或副词表示的谓语或述体是无动词句的典型。其中以行为述体中具有运动意义的最为突出。它们通常表示运动方向、起点、途径、工具等，例如 Татьяна в лес，медведь за нею；Я направо；Он домой 等。当然，其中还包括具有状态或关系述体的，它们表示非动物名词（如物品、机构、建筑等）的地点、处所意义，例如 Книга — на столе；Город — далеко；Село — за рекой 等。其次是行为述体中具有言语、给予、"打"或"揍"等意义的，其述体用行为客体来表示，如表示言语内容、给予承受者东西等，例如 Она вечно про свои дела；За что он бедную кошку？Ты бы мне еще одну бутылку 等。这类无动词句比上一类在典型上稍差一点。因此有的语言学家不认为它们是无动词句。这一看法值得商榷。尽管这类无动词句不如无动词运动句那样典型，但是它仍然具有无动词句的特征，即它脱离上下文或语境能单独进行交际。

---

① В. Н. Мигирин，Очерки по теории процессов переходности в русском языке. Бельцы. 1971，стр. 57－58.

② А. В. Десницкая，Сравнительное языкознание и история языков. Л.，1984，стр. 77.

还有一些非典型的,甚至很不典型的,如 Отец на работе; Друзья рядом 等。它们的主语或主体是由动物名词表示的。这些句子与其说是无动词句,还不如说是动词句。因为动词句的特征更为明显,即句中的 быть 不是系词,而是独立动词。因此这些句子与其像什韦多娃那样归入结构模式 N_1— Adv (N_2...),还不如归为 N_1— V_f的模式。这正好说明类似这样的句子处在无动词句范畴的边缘,是非典型的,它们是无动词句与动词句之间的过渡结构或中间地带。

КОГДА 连接的时间句

1 从句说明主句或主句中的成分

когда 连接的时间句中，从句可以说明整个主句或其谓语以及状语、定语、补语等成分，具体情况如下。

1.1 从句说明整个主句或其谓语

在这类时间句中，从句既可位于主句之前或主句之中，又可位于主句之后。例如：

① *Когда* волчиха пробиралась к себе густым осинником, то было видно отчётливо каждую осинку.（А. Чехов）

② *Когда* люди молоды и весна на дворе, всё кажется весёлым и радостным.（К. Станиславский）

③ Отец, *когда* я пришёл к нему, сидел глубоко в кресле.（А. Чехов）

④ И у Матвея Костиевича вдруг больно сжалось сердце, *когда* в этой девушке он узнал прежнюю Лизу Рыболову.（А. Фадеев）

1.2 从句说明主句中的状语

在这类时间句中，从句必须位于主句之后，或位于被说明的状语之后。

1.2.1 从句揭示主句中用做时间状语的指示词的具体内容。常用的指示词有 тогда, в то время 等。例如：

① Умей жить и тогда, *когда* жизнь становится невыносимой.（Н. Островский）

② В то время, *когда* на квартире Туркенича шло совещание ребят, Андрей Валько и Матвей Шульга стояли перед мастером Брюкнером и его заместителем Балдером в том самом кабинете, где несколько дней назад делали очные ставки Шульге.（А. Фадеев）

③ Десять лет прошло с того дня, *когда* я в последний раз выступал на конференции комсомола.（Н. Островский）

1.2.2 从句确切主句中概念笼统或广泛的时间状语的内容。这类时间状语通常由副词（завтра, сегодня, теперь, потом, утром, вечером, весной 等）、前置词-名词的组合（после чая, до обеда, по утрам, через месяц 等）表示。例如：

① Прежде, *когда* я был помоложе, мои родные и знакомые знали, что со мною делать...（А. Чехов）

② ... и я решил, по шишкинскому примеру, показать табель потом, *когда* праздники кончатся.（Н. Носов）

③ Каждый раз, *когда* я приходил, Катя встречала меня со своим привычным сдержанным достоинством.

1.2.3 从句说明主句中由副动词表示的独立状语。例如：

① Николай, его стремянный, дядюшка и его охотник вертелись над зверем, улюлюкая, крича, всякую минуту собираясь слезть, *когда* волк садился на зад, и всякий раз пускаясь вперёд, *когда* волк встряхивался и подвигался к засеке, которая должна была спасти его.（Л. Толстой）

1.2.4 从句说明主句中由动词不定形式表示的目的状语。例如：

① До шести часов я вышел из дому встретить Лизу, *когда* она будет возвращаться с работы.

1.3 从句说明主句中的定语

在这类时间句中从句必须位于被说明的定语之后。

1.3.1 从句说明主句中由某些形容词（известный, свойственный, близкий, нужный, необходимый 等）表示的独立定语。例如：

① В продолжение этого времени он имел удовольствие испытать приятные минуты, известные всякому путешественнику, *когда* в чемодане всё уложено и в комнате валяются только верёвочки, бумажки да разный сор.（Н. Гоголь）

② Повара старинных помещиков приступают к изготовлению долгоносых птиц и, войдя в азарт, свойственный русскому человеку, *когда* он сам хорошенько не знает, что делает, придумывают к ним такие мудрёные приправы, что…(И. Тургенев)

1.3.2 从句说明主句中由形动词表示的独立定语。例如：

① Это жил Мойсейка, дурачок, помешавшийся лет двадцать назад, *когда* у него сгорела шапочная мастерская.（А. Чехов）

② Глядя в окно на мокрую зелень ветвей, думала она о жестоких мужниных словах, сказанных, с хлопаньем дверьми, *когда*, противно всем долголетним привычкам, ушёл Алексей Алексеевич спать один в кабинет.（Л. Толстой）

1.4 从句说明主句中的补语

在这类时间句中从句必须位于被说明的补语之后。

1.4.1 从句说明主句中由动词不定形式表示的补语。例如：

① Он уговаривал меня спрятаться от немцев, *когда* они будут шагать по улице.

② Я обещаю немедленно известить его об этом, *когда* вы вернётесь.

1.4.2 有一类比较特殊的结构,在这类结构中从句既与主句中的谓语发生关系,补充说明具有言语、思维、知觉等意义的动词所表示的谓语,又与主句谓语所要求的补语发生关系,从时间关系上进一步确切补语的内容,使其具体化。因此这类结构兼有说明句和时间句两者的某些特点,具有口语特色,通常可译为"……,当时……"、"……,那时……"。例如：

① Как теперь вижу Исая Фомича, *когда* он в субботу слоняется, бывало, без дела по всему острогу.（Ф. Достоевский）

② Я помню эту Кисочку миленькой, худенькой гимназисточкой 15—16 лет, *когда* она изображала собою нечто в гимназическом вкусе.（А. Чехов）

③ Но больше всего я вижу её в паре с отцом, *когда* она плавно двигается около него и с гордостью и радостью и за себя и за него взглядывает на любующихся зрителей.（Л. Толстой）

1.5 从句说明主句中用名词表示的比较短语

在这类时间句中,从句的谓语多半用未完成体现在时或完成体将来时形式表示经常性的行为。从句的位置必须在被说明的比较短语之后。

例如：

① Люди вспыхивали около неё, как паруса на рассвете, *когда* их коснётся первый луч солнца…(М. Горький)

② Он сквозь щёлку видел, как Герасим, сидя на кровати, приложив к щеке руку, тихо, мерно и только изредка мыча, пел… как ямщики или бурлаки, *когда* они затягивают свои заунывные песни. (И. Тургенев)

③ Полненькие щёки казачки были свежи и ярки, как мак самого тонкого розового цвета, *когда*, умывшись божьею росою, горит он, расправляет листики. (Н. Гоголь)

④ … и в его голосе слышится не только одобрение, но и снисходительность, совсем такая же, как у Мити, *когда* он говорит об отце. (Б. Горбатов)

⑤ Что касается меня, то, когда я добрался до Колючей, у меня, как и у Пири, *когда* он достиг полюса, было только одно желание — выспаться. (Б. Горбатов)

2 主从句行为的时间关系

2.1 同时关系

同时关系可分为全部同时关系和部分同时关系。前者指两个行为同时存在,在时间上吻合;后者指两行为部分同时存在,即一行为的发生与另一行为过程中的某一点在时间上吻合。这两种不同的情况主要是用主句和从句中动词谓语的不同时体对应关系来表示的。

2.1.1 全部同时关系时,主、从句谓语都用未完成体同一时间的语法形式。

从句谓语	主句谓语
未完成体过去时	未完成体过去时
未完成体现在时	未完成体现在时
未完成体将来时	未完成体将来时

① Был сентябрь, ветреный и мокрый, *когда* Артамонов подъезжал к Дрёмову. (М. Горький)

② *Когда* она ехала с вокзала домой, то улицы казались ей очень широкими, а дома маленькими. (А. Чехов)

③ *Когда* мы ехали из колхоза, мы всю дорогу говорили о проблемах сельского хозяйства.

④ *Когда* людей незаслуженно унижают, он не может стоять в стороне и молчать. (Ю. Трифонов)

⑤ *Когда* люди молоды и весна на дворе, всё кажется весёлым и радостным.

⑥ *Когда* солнце поднимается над полями, я невольно улыбаюсь от радости. (М. Горький)

⑦ Я буду читать твою статью, *когда* буду дежурить у телефона.

⑧ Думаешь, я буду хныкать и молчать, *когда* меня будут бить? (А. Фадеев)

⑨ Так же и вы не будете замечать Москвы, *когда* будете жить в ней.

主、从句谓语用未完成体现在时或过去时形式时,既可表示同时发生的一次行为,又可表示同时发生的经常、重复的行为。在表达行为的重复性时,句中可以有具有行为重复意义的状语(каждый раз, иногда, всегда, часто, по утрам 等)。有时行为的重复性可以根据上下文和句子的意思来判断,而句中并没有特殊的表达形式。例如:

⑩ *Когда* мы едем куда-нибудь вечером, я всегда сажусь на козлы. (Л. Толстой)

⑪ Каждый раз, *когда* повторял старый урок, я задавал себе несколько вопросов.

⑫ *Когда* роешься в книгах — время течёт незаметно. (М. Горький)

需要说明的是,主、从句的动词谓语用完成体同一时间的语法形式通常表示在后关系,但偶尔也可表达同时关系,表示两个瞬间的行为同时存在。这主要由这类时间句本身的含义以及上下文所决定。例如:

⑬ Наталье показалось, что щёки матери зарумянились и что, *когда* она, улыбаясь, сказала: «Я не боязлива», — улыбка вышла фальшивой. (М. Горький)

⑭ … голос его задрожал, *когда* он сказал: «До чего довели». (Л. Толстой)

⑮ Близкого человека только тогда поймёшь вполне, *когда* с ним расстанешься. (И. Тургенев)

⑯ А чем вы, дорогие мои друзья, встретите своих отцов и братьев, *когда* они вернутся домой? (А. Мусатов)

2.1.2 表示部分同时关系时,如从句的动词谓语用未完成体过去时或将来时,主句谓语用完成体同一时间的形式,则表示主句行为的发生与从句行为过程中的某一点在时间上吻合;反之,表示从句行为的发生与主句行为过程中的某一点在时间上吻合。

从句谓语	主句谓语
未完成体过去时 未完成体将来时	完成体过去时 完成体将来时
完成体过去时 完成体将来时	未完成体过去时 未完成体将来时

① Вечером, *когда* пили чай, кухарка подала к столу полную тарелку крыжовнику. (А. Чехов)

② *Когда* он слушал эти рассказы о любви, его собственная любовь к Наташе вдруг вспомнилась ему. (Л. Толстой)

③ Валя увидится со своим другом, *когда* он будет проезжать через наш город.

④ *Когда* я буду перепечатывать свой доклад, я вставлю цитату из выступления М. Горького на съезде писателей.

⑤ Отец, *когда* я пришёл к нему, сидел глубоко в кресле. (А. Чехов)

⑥ Утром, *когда* я проснулся, ласковое апрельское солнце весело глядело во все окна моей комнаты. (Д. Мамин-Сибиряк)

⑦ *Когда* закончат стройку электростанции, вы уже будете инженером.

需要说明的是,从句谓语用完成体将来时形式、主句谓语用未完成体将来时形式的结构,通常表示在后关系,但有时也可表示部分同时关系。表示部分同时关系时,必须借助于词汇手段,即在主句中要有 уже 等词。试比较:

⑧ *Когда* она окончит университет, я уже буду работать. (表示部分同时关系)/等她大学毕业的时候,我已经参加工作了。

⑨ *Когда* она окончит университет, я буду работать. (表示在后关系)/她大学毕业后,我也将参加工作。

2.2 在后关系

2.2.1 从句动词谓语用完成体过去时形式时,如主句谓语用未完成体过去时形式,则表示从句行为结束后主句的持续行为发生;如主句谓语用完成体过去时形式,则表示两行为先后相继发生,并都已达到内在界限。从句谓语用完成体将来时形式时,如主句谓语用未完成体将来时形式,则表示从句行为将来结束后主句的持续行为发生;如主句谓语用完成体将来时形式,则表示两行为将要先后相继发生,并达到其内在的界限。

从句谓语	主句谓语
完成体过去时	未完成体过去时 完成体过去时
完成体将来时	未完成体将来时 完成体将来时

① *Когда* гроза прошла, мы долго гуляли в саду.

② *Когда* дым рассеялся, на земле лежала раненная лошадь, и возле неё Бэла ... (М. Лермонтов)

③ *Когда* он лёг и уснул, мать осторожно встала со своей постели и тихо подошла к нему. (М. Горький)

④ *Когда* я открыл окно, моя комната наполнилась запахом цветов, растущих в скромном палисаднике. (М. Лермонтов)

⑤ *Когда* я вырасту, я тоже буду бегать на лыжах и прыгать с высоких гор. (А. Малеинов)

⑥ Раньше шлифовали модели вручную, а *когда* папа сделает такой прибор, все модельщики будут шлифовать модели этим прибором.（Н. Носов）

⑦ *Когда* я узнаю его телефон, я сообщу его тебе.

⑧ Вы это поймёте, *когда* поживёте здесь ещё несколько времени.（А. Пушкин）

需要指出的是,从句谓语用完成体过去时形式、主句谓语用未完成体过去时形式的结构,既可表示主、从句行为的部分同时关系,又可表示在后关系。通常可根据上下文和句子的意思来确定其时间关系。试比较:

⑨ *Когда* я пришёл домой, все уже спали.（表示部分同时关系）/我回到家的时候,大家都已睡了。

⑩ *Когда* он увидел свою первую книгу на полках магазина, он не спал всю ночь, думал, как её встретит читатель.（表示在后关系）/他看到店里架子上放着他的第一部著作时,他整夜都没有睡着,总在想,读者会对它有怎样的反应。

2.2.2 表示在后关系时,有时主、从句谓语可用未完成体过去时或现在时形式,表示经常重复的、先后发生的行为。

从句谓语	主句谓语
未完成体过去时 未完成体现在时	未完成体过去时 未完成体现在时

① *Когда* все в доме засыпали, он тихонько одевался и до утра исчезал куда-то.（М. Горький）

② *Когда* я открывал окна, в комнату залетали сухие дубовые листья.（К. Паустовский）

③ Каждый день, я ложусь спать, *когда* кончаю работу.

④ *Когда* вспоминаю отца, всегда чувствую раскаяние — всё кажется, что недостаточно ценил и любил его.（И. Бунин）

主、从句的动词谓语用未完成体现在时或过去时形式,既可表示同时关系,又可表示多次重复的在后关系。这主要由上下文和全句所表示的意思来决定。试比较:

⑤ *Когда* мы вчера вечером возвращались домой, шёл дождь.（表示同时关系）/昨天晚上我们回家的时候,正下着雨。

⑥ *Когда* я поздно вечером приходил домой, я ужинал и сразу ложился спать.（表示在后关系）/每当我深夜回到家以后，吃过晚饭就马上躺下睡觉了。

2.3 在前关系

通常主、从句谓语用完成体动词同一时间的语法形式。此外，还必须借助于词汇手段，即在主句中有 уже，давно，совсем 等词，或在从句中有 ещё не 等词。例如：

① Уже стемнело，*когда* Акопов，подув на конверт，чтобы просохли чернила，надел тюбетейку и пошёл из палаты.（И. Василенко）

② Солнце уже давно встало，*когда* Рудин пришёл к Авдюхину пруду …（И. Тургенев）

③ *Когда* я приду，он уже уедет.

④ *Когда* взошло солнце，ветер совсем стих.（В. Лацис）

⑤ *Когда* он ещё не вернулся домой，мы отправились в путь.

3 主从句谓语的时体对应规律

《70 年语法》指出："时间句表达同一时间平面上或一个跟着一个不同时间平面上实现的两个现象外部联系的各种不同形式。它与制约句不同，其从部与主部的时间概念不能分隔，即将来时与过去时概念不能组合。"[①]《80 年语法》也有同样的看法，它认为："时间句结构具有其他类型句子所没有的专门限制的特点，即在这类句子中不容许句法时间平面的分隔。因此主、从部动词谓语或是同一时间的形式，或是按时间接触的原则成形，也就是排斥将来时形式与过去时形式的组合。"[②]由此可见，在时间句中或是主、从句时间平面的重合，即同一时间平面上发生的行为；或是主、从句不同时间平面的直接接触，即一个跟着一个不同时间平面上发生的两个行为。总之，时间句中主、从句的时间平面不能分隔，它们之间不能有任何间隙。这就是时间句中主、从句谓语时体对应必须遵循的规律。

когда 连接的时间句也不例外。如果在这类时间句中两行为在时间平面上不重合，没有直接接触，则不能用 когда 来连接，否则，句子就无法

---

① АН СССР，Грамматика современного русского литературного языка. М.，1970，стр. 727.

② АН СССР，Русская грамматика. Т. Ⅱ. М.，1980，стр. 542.

理解,如不可以说 *Когда мать пришла, ребёнок успокоится; *Когда все будут вставать, он улёгся 等。

总之,在 когда 连接的时间句中,两个行为在时间平面上一定要有直接接触,时间平面之间不容许有任何间隙。

在 когда 连接的时间句中,主、从句动词谓语时体的对应组合可以有 25 种可能性。根据上述规律,它们有以下三种情况。

3.1 无条件的对应组合

这类对应组合表示的行为在时间平面上可以直接接触,不需要借助其他手段,因此称它们为无条件的对应组合。

无条件的对应组合是动词谓语的同一时间形式的各种对应组合:或是未完成体的同一时间形式,通常表示全部同时关系;或是不同体的同一时间形式,通常表示部分同时关系;或是完成体的同一时间形式,通常表示在后关系。这类对应组合共有 9 对,参看前面举的例句。具体有:

从句谓语	主句谓语
未完成体过去时	未完成体过去时 完成体过去时
完成体过去时	未完成体过去时 完成体过去时
未完成体现在时	未完成体现在时
未完成体将来时	未完成体将来时 完成体将来时
完成体将来时	未完成体将来时 完成体将来时

3.2 有条件的对应组合

这类对应组合表示的行为在时间平面上不能直接接触,但是借助其他手段可促使两个行为在时间平面上接触,不留间隙。所以它们是有条件的,被称为有条件的对应组合。

有条件的对应组合是动词谓语不同时间形式的对应组合。由于主、从句谓语用的是不同的时间形式,因此两个行为在时间平面上不能直接接触,它们之间有间隙。这类对应组合在实践语言中通常不能运用,只有加上一定的条件,如借助适当的时间状语、句法时间的转义运用等,才有可能使行为的不同时间平面接触起来。例如:*Когда* я устал, смените меня 中,从句表示的是说话前已经发生的行为,而主句表示的却是潜在的将来发生的行为。这两个行为在时间平面上没有接触,它们之间有一个间隙。因此感受者对这样的句子无法理解。但是,如果在主句中加上时间状语 теперь,如 Теперь, *когда* я устал, смените меня.(现在,当我很累的时候,请您替换我。)就可使人理解,在实践语言中可以运用。这主要因为 теперь 把已经发生的行为和即将发生的行为在同一时间平面上连结起来。《70 年语法》指出:"如果句中没有 теперь 这个词,两个部分的组合是不可能的。"①由此可见,теперь 这个条件是这类时间句所必需的。

这类对应组合共有 13 对。根据其运用手段的不同又可分为以下两种情况。

3.2.1 主句中加时间状语 теперь, сейчас 等

在现代俄语中时间副词 теперь, сейчас 的特点是它们本身没有明确的时间概念,既可能是较短的时刻,又可能是较长的时期。因此句子的时间概念一般不是通过它们来表达的,而是通过句中动词谓语的时间形式来确定的。鉴于这一特点它们可以容纳说话前、说话当时存在的或说话后可能存在的行为,例如 Он сейчас диссертацию защищал.(他刚才进行了论文答辩。)Теперь мы переселились в другой город.(现在我们迁居到另一城市了。)— Сейчас я пишу письмо.(现在我在写信。)Чем он теперь занимается?(现在他在做什么?)— Теперь он будет хорошо работать.(现在他将好好工作。)Сейчас я приду.(我马上就来。)此外,还有一些时间副词 утром, вечером, ночью, весной, летом 等以及某些具有时间意义的前置词-名词组合 под вечер, перед зарей 等也具有这一特点。

正因为这些时间状语可以容纳各种不同的时间平面,所以不同时间发生的行为通过它们就有可能在同一时间平面上连结起来,使时间平面之间不留间隙。

---

① АН СССР, Грамматика современного русского литературного языка. М., 1970, стр. 728.

这一类型的对应组合共有10对,具体有:

第一组对应组合　在这一组对应组合中,从句谓语用的未完成体过去时或完成体过去时形式都必须具有行为已经完成,但其结果继续存在的意义。未完成体过去时形式具有这种意义的动词为数很少,通常有 видеть, слышать 等表示感受意义的动词。时间状语 теперь 等把从句中过去发生的行为结果与主句中现在或将来发生的行为连结起来,构成同时关系。例如:

从句谓语	主句谓语
未完成体过去时	未完成体现在时 未完成体将来时 完成体将来时
完成体过去时	未完成体现在时 未完成体将来时 完成体将来时

① Теперь, *когда* я видел это своими глазами, случившееся представляется мне в ином свете.

② Теперь, *когда* я видел этого человека, я буду с уверенностью защищать его.

③ Теперь, *когда* вот уже целый месяц не выпадали дожди, урожай, наверное, погибнет.

④ Старые рабочие прямо говорят: на хозяина работали лучше, на капиталиста работали исправнее, а теперь, *когда* мы сами стали хозяевами, этому нет оправдания. (Н. Островский)

⑤ Даже теперь, *когда* все опасности миновали, я буду приходить к вам.

⑥ Теперь, *когда* мать пришла, ребёнок успокоится.

第二组对应组合　在这组对应组合中,теперь 等的时间状语把主、从句不同时间平面发生的行为连结起来。它们使从句谓语的未完成体现在时扩展为从过去到说话时刻的一个持续的过程,而主句谓语的未完成体或完成体过去时表示已经发生的行为,与从句行为过程中的某一段或

某一点在时间上吻合,构成部分同时关系。例如:

从句谓语	主句谓语
未完成体现在时	未完成体过去时 完成体过去时

① Дерево нужно пересаживать, когда оно спит: или рано весной, или поздно осенью. А я этого не знал и пересаживал летом, *когда* дерево растёт. (П. Кондратов)

② Потом был Алгатов на Невском проспекте под вечер, *когда* на нём всё кипит и бурлит. (М. Пришвин)

③ Сейчас, *когда* мы сидим тут, он дважды пробегал мимо нас по коридору.

④ Каким, должно быть, жестоким холодом отозвался в сердце матери этот эгоизм дочери — теперь, *когда* нет отца, *когда* мать так одинока! (А. Фадеев)

第三组对应组合 在这组对应组合中,теперь 等时间状语使从句谓语的未完成体现在时表示从说话时刻扩展到将来的一个持续的行为过程,而主句谓语的未完成体或完成体将来时表示主句行为发生在从句行为过程中的某一段或某一点,构成部分同时关系。例如:

从句谓语	主句谓语
未完成体现在时	未完成体将来时 完成体将来时

① Вторым делом, насчёт житья своего решил так: ночью, *когда* люди, звери, птицы и рыбы спят — он будет моцион делать, ... (М. Салтыков-Щедрин)

② Теперь, *когда* он работает у нас, я буду часто с ним встречаться.

③ Теперь, *когда* он регулярно посещает занятия, он быстро догонит остальных.

④ Теперь, *когда* до отъезда остаётся всего один день, я не зайду к тебе.

这 10 对对应组合在口语中，特别是当从句用具有行为已经完成而其结果继续存在的意义的完成体过去时形式，主句谓语用未完成体现在时形式时，теперь 等时间状语有时也可省略不用。例如：

⑤ Папа, ты сам приказал послать за доктором Астровым, а *когда* он приехал, ты отказываешься принять его.（А. Чехов）

⑥ Итак, *когда* женщина избрала писателя, которого она желает заполонить, она осаждает его посредством комплиментов, любезностей и угождений…（А. Чехов）

3.2.2 主、从句动词谓语句法时间的转义运用

句法时间的转义运用是在上下文或语境的条件下由动词的词法形式所表达的、与该动词形式的词法意义不相适应的时间意义。例如在一定的上下文或语境中用动词现在时既可表示即将发生的行为：Завтра я еду（明天我去），又可表示已经发生的行为：Иду я вчера по улице, вдруг …（昨天我在街上走时，突然间……）。

时间句中句法时间的转义运用就有可能使主、从句谓语的不同时间形式表示的行为在句法时间上接触起来。例如 *Когда* гадюка укусит, яд стекает через эти зубы прямо в ранки.（每当蝮蛇咬人后，毒液通过它的牙齿直接注入伤口。）如果从词法时间来看，主、从句行为不仅在时间平面上不能接触，而且在逻辑上也是矛盾的。但是，如果借助句法时间的转义运用这个手段，即从句谓语的完成体将来时形式表示总是发生在另一行为之前的经常性行为，则主、从句的行为在时间平面上就可直接接触，表示一个接着一个的在后关系。

这类对应组合共有 10 对，其中有 7 对既可借助于加时间状语的手段，又可运用句法时间转义运用的手段。这类对应组合又分以下两种。

3.2.2.1 未完成体现在时形式句法时间的转义运用

维诺格拉多夫指出："当时间背景发生主观变化时，未完成体现在时形式可以用来描写过去时。它的用途是把过去的事实叙述成仿佛是在说话的时刻在听者或读者眼前完成的事实一样。"[①]由此可见，未完成体现在时为了把故事描绘得生动，可用做过去时。这种现在时叫做历史现在时。这组对应组合共有 4 对，具体有：

---

① В. В. Виноградов, Русский язык. М., 1947, стр. 572 – 573.

从句谓语	主句谓语
未完成体过去时 完成体过去时	未完成体现在时

从句谓语的未完成体或完成体过去时是句子的时间背景，主句谓语的未完成体现在时是历史现在时。主句谓语用的动词有所限制，只能用具有 аористическое значение 的动词，如 слышать, видеть, подходить, останавливать，говорить 等。通常不能用具有状态意义的动词，因为它们不具有 аористическое значение。在这组对应组合中，如从句谓语是未完成体过去时，则表示主句行为发生在从句行为过程中的部分同时关系，如从句谓语是完成体动词，则表示在后关系。例如：

① *Когда* я проходил мимо, слышу, он плачет.

② *Когда* Маша проходила мимо него, он вдруг останавливает её и шепчет что-то.

③ *Когда* дождь перестал, Вайткус и говорит: «Пойдём теперь заберём куртки».（М. Слуцкис）

④ *Когда* я вошёл в комнату, вижу, он стоит у окна.

从句谓语	主句谓语
未完成体现在时	未完成体过去时 完成体过去时

主句谓语的未完成体或完成体过去时是句子的时间背景，而从句谓语的未完成体现在时是历史现在时，从而与主句谓语的未完成体过去时构成同时关系，与主句谓语的完成体过去时构成部分同时关系。例如：

⑤ Время текло, как река, и, как река, *когда* плывёшь посредине неё, оно представлялось замкнутым и не имеющим выхода.（В. Катаев）

⑥ *Когда* глаза чистого человека устало останавливаются на нём, он, чуть приподнявшись, дотронулся рукою до шляпы и сказал, сквозь густые усы: — Добрый день, господин инженер.（М. Горький）

维诺格拉多夫在《俄语》一书中明确指出：“在观念中的时刻和说话的时刻一致时，将来的行为也可以被主观认做是在实现着的。在这种情况下现在时形式表示实现行为的决心或最近将来的行为的潜在开始。”①这就是说，如果把将来时行为主观想象为已经在眼前实现着，则现在时可以表示将要发生的行为。这组对应组合共有 2 对，具体有：

从句谓语	主句谓语
未完成体将来时 完成体将来时	未完成体现在时

从句谓语的未完成体或完成体将来时是句子的时间背景。主句谓语的未完成体现在时具有将来时的意义，通常要用具有运动意义的动词来表示。它与从句谓语的未完成体将来时构成部分同时关系，与从句谓语的完成体将来时构成在后关系。例如：

⑦ *Когда* будем проплывать мимо деревни, я схожу на берег.

⑧ *Когда* подплывём к нашей деревне, я схожу на берег.

3.2.2.2 完成体将来时形式句法时间的转义运用

“完成体将来时也可出现在用现在时表示过去事件的叙述里，但它们专门用来表达重复的，每次都是瞬间或完成的行为。”②这就是说，完成体将来时可能表示过去反复发生的、每次都达到其内在界限的短促行为。这组对应组合共有 2 对，具体有：

从句谓语的未完成体现在时或过去时都表示过去多次反复发生的行为，句中有时可以有语气词 бывало。从句谓语与主句谓语的完成体将来时构成过去多次反复发生的在后关系。例如：

从句谓语	主句谓语
未完成体过去时 未完成体现在时	完成体将来时

① *Когда* папа приходит с работы, он всегда сначала отдохнёт немного, а потом садится за чертежи для своего прибора или читает книжки. (Н. Носов)

---

① В. В. Виноградов, Русский язык. М., 1947, стр. 572.

② Современный русский язык. Морфология. М., 1952, стр. 298.

② *Когда* (бывало) начиналась гроза, мы сядем у окна и смотрим.

完成体将来时还可以"具有在另一个非一次完成的行为的每次出现之前的行为的意义"[①]。这就是说,完成体将来时可表示总是发生在另一行为之前的经常性行为。这组对应组合共有 2 对,具体有:

从句谓语	主句谓语
完成体将来时	未完成体过去时 未完成体现在时

③ *Когда* дядя Тихон изъездит его (поле) вдоль и поперёк, оно делалось чёрным и будто лоснилось. (И. Василенко)

④ А *когда* поломается, бывало, машина, садились на коней и за сутки отмахивали вёрст по полтораста, уезжая на заре, и к ночи возвращались к Уральску. (Д. Фурманов)

⑤ *Когда* же отворим дверь в тёплую комнату, то всегда дует ветер низом со двора в комнату, а верхом дует из комнаты на двор. (Л. Толстой)

⑥ *Когда* стемнеет, в глубине балок загораются ярко огни электрических фонарей на улицах селений и приветливо светятся окна хат. (С. Покровский)

完成体将来时还可以"表示过去的某些迅速的、瞬间的行为突然或急速到来的意义"[②]。这时句中通常伴有语气词 как, да как, да и 等。这组对应组合共有 2 对,具体有:

从句谓语	主句谓语
未完成体过去时 完成体过去时	完成体将来时

这组对应组合中,如从句谓语是未完成体过去时,则表示部分同时关系,如是完成体过去时,则表示在后关系。例如:

---

① В. В. Виноградов, Русский язык. М., 1947, стр. 579.

② В. В. Виноградов, Русский язык. М., 1947, стр. 579 – 580.

⑦ *Когда* я говорил ему об этом, он как вскочит.

⑧ *Когда* я сказал ему об этом, он как закричит.

⑨ *Когда* я подошёл к ней, она как раскроет глаза и уставится на меня.

3.3 无法组成的对应组合

有3对对应组合(когда + 未完成体将来时,未完成体过去时;когда + 未完成体将来时,完成体过去时;когда + 完成体将来时,完成体过去时)表示的行为在时间平面上通常无法接触,因此一般情况下在实践语言中无法运用。正如《70年语法》所指出的那样,在 когда 连接的时间句中"将来时与过去时的组合是不可能的"[①]。

① АН СССР, Грамматика современного русского литературного языка. М., 1970. стр. 728.

ПОСЛЕ ТОГО КАК 和 С ТЕХ ПОР КАК 连接的时间句

1 после того как 连接的时间句

带连接词 после того（,）как 的时间句,表示主句行为发生在从句行为结束之后,既可以是一个行为接着另一个行为的发生而发生,又可以在这两个行为之间有一段时间上的间隙。如有间隙,则在连接词 после того как 之前要加上具体化的时间状语 вскоре, через час, на другой день 等。通常可译为"在……之后"。例如:

① *После того как* кончили покос, подоспела рожь.

② *После того как* письмо к Петру было написано, он повеселел.（А. Чехов）

③ Это произошло вскоре *после того*, *как* греческие фашисты убили моего сына.（Б. Полевой）

④ Старик Потапов умер через месяц *после того*, *как* Та-тьяна Петровна поселилась у него в доме.（К. Паустовский）

после того（,）как 表示的在后关系完全排除两个行为同时存在的可能性,也就是说一行为结束后接着发生另一行为,两行为间在时间上不仅没有任何重合的地方,而且还可能有个间隙。而 когда 表示的在后关系,既可能是一行为结束后接着发生另一行为,两行为之间在时间上没有任何间隙,如 *Когда* я пришёл домой, я сразу лёг спать.（我回到家以后,就立即躺下睡觉了。）又可能是第一行为的结束阶段与第二行为的开始阶段在时间上有所重合,即表示在后关系的同时还兼有部分的同时关系,如 *Когда* я взял её за руку, она покраснела.（当我抓住她的手时,她的脸涨得通红。）как только 在表示一行为接着另一行为发生的同时,还强调其速度,即一行为被另一行为迅速代替,而 после того как 就不强调两行为的速度。试比较:

⑤ *После того как* я кончил университет, я стал работать на заводе. /我大学毕业以后就在工厂里工作了。

⑥ *Как только* я кончил университет, я стал работать на заводе. /我刚一大学毕业,就马上到工厂里工作了。

после того (,) как 连接的从句位于主句之前时,как 前通常不加逗号。从句位于主句之后时,как 前通常加逗号。如果在连接词前有被 после того 说明的时间状语,则 как 前通常加逗号。例如:

⑦ *После того как* работа была закончена, все разъехались по домам.

⑧ Наиболее крупные свои произведения Толстой написал *после того, как* оставил военную службу.

⑨ Вскоре *после того, как* они (часы) пробили полночь, послышались торопливые шаги. (А. Чехов)

⑩ Он (Фомин) его не сразу выдал, а так на пятый, на шестой день *после того, как* немцы пришли. (А. Фадеев)

这类时间句中主从句的时体对应关系如下:

从句谓语	主句谓语
完成体过去时	未完成体过去时 完成体过去时 未完成体现在时
完成体将来时	未完成体将来时 完成体将来时

这类时间句表示从句行为结束后才发生主句的行为,因此从句谓语通常用完成体动词表示。其主、从句谓语的时、体对应关系是:从句谓语用完成体过去时形式,主句谓语用未完成体现在时、过去时或完成体过去时形式;从句谓语用完成体将来时形式,主句谓语用未完成体或完成体将来时形式。这时主句谓语如用未完成体动词,则表示发生在从句行为之后的持续或多次发生的行为;如用完成体动词,则表示主句行为发生在从句行为之后,并即将或已经达到内在的界限。

⑪ Чудесное ощущение жизни захватывает его всякий раз *после того*, *как* он перенёс смертельную опасность.

⑫ Иди же ещё посмотреть немножко, как живут люди через несколько времени *после того*, *как* стали понимать то, что давно понимала ты. (Н. Чернышевский)

⑬ Даже *после того*, *как* он вовсе перестал быть работником, он всё ещё думал, Гаврила Петрович, что он главный в доме. (А. Фадеев)

⑭ Со вчерашнего вечера, *после того как* он побил Франциску, я не видел его. (Н. Островский)

⑮ Разошлись по домам *после того*, *как* отряд остановился в центре города и начал размещаться по квартирам. (Н. Островский)

⑯ Только *после того как* миновало часа четыре дежурства у постели Степана, Иван Иванович отошёл душой. (А. Коптяева)

⑰ Вы будете служить своей Родине *после того*, *как* вы закончите университет.

⑱ Через час буду здесь, *после того как* покончу с делом, … (В. Ажаев)

⑲ Скажу спасибо *после того*, *как* получу всё сполна. (В. Ажаев)

⑳ *После того как* я прочитаю книгу, я сдам её в библиотеку.

这类时间句只有在表示多次重复发生的在后关系时,从句谓语才能用未完成体动词。这时主、从句谓语要用同一时间的形式。例如:

㉑ Каждый год, *после того как* я сдавал все экзамены, я ехал в дом отдыха.

㉒ Несколько раз мать обыскивали, но всегда на другой день *после того*, *как* листовки появлялись на фабрике. (М. Горький)

㉓ Каждый раз *после того*, *как* в международной напряжённости наступает известное ослабление, империалисты начинают усиленно обострять эту напряжённость и мешать дальнейшему смягчению обстановки.

有时从句谓语可用完成体将来时形式,主句谓语用未完成体现在时或过去时形式。这时从句谓语的完成体将来时形式表示多次重复发生的行为,与主句谓语构成多次重复发生的在后关系。句中有时可加表示过去多次重复发生的插入语 бывало。例如:

㉔ *После того как* потеплеет, деревья оживают./每当天气变暖之后,树木就抽枝发芽了。

㉕ *После того*, *как* прекратится электрическая активность коры головного мозга, прекращается сердечная деятельность и дыхание./只要大脑皮层的电活性一停止,心脏和呼吸也就停止了。

㉖ … и он садился делать уроки *после того*, *как* мама раз двадцать напомнит. (Н. Носов)/总要在妈妈提醒20次左右之后,他才坐下来做功课。

㉗ Всегда, *после того как* скользнёт такая мысль, жизнь становилась темней и скучней. (М. Горький)/总是在闪过这样的念头之后,生活就越来越忧郁,越来越无聊。

㉘ Он и не мог вспомнить: ласкали его отец и мать *после того*, *как*, бывало, обидят? (М. Горький)/他想不起来了:每当他受到欺负以后,父亲和母亲是否安慰过他?

2 с тех пор как 连接时间句

带连接词 с тех пор(,)как 的时间句不仅表示主句行为在从句行为之后发生,而且还表示主句行为是以从句行为为其开始界限,与说话时刻一致为其结束界限的时段里进行的,即主句行为开始(с тех пор)于过去,而它的结束则与说话时刻(现在时)相一致。因此连接词 с тех пор, как 表示的在后关系附有两端限制的意义(с тех пор — до сих пор)。

连接词 с тех пор(,)как 书写时,常在 как 前加逗号,特别当从句位于主句中间时。这类时间句有时还可用 с того момента как; с того времени как; с той поры как; с той поры когда; с того дня как; с того мгновения как; с того часа как 等连接。它们与 с тех пор(,)как 同义。通常可译为"从……时起"。例如:

① Прошло два года *с тех пор*, *как* мы знакомились.

② *С тех пор как* я живу в этом городе, я чувствую себя лучше.

③ *С тех пор*, *как* мы расстались, мы ни разу не встретились.

④ *С того момента*, *как* Ваня попал в этот табор, у него уже не было другой цели, как только отыскать машину, на которой ехали Ковалёвы. (А. Фадеев) с тех пор (,) как 不仅表示主、从句行为的在后关系,而且还强调从句行为是主句行为开始的界限,即从句行为是主句行为的起点,而 после того (,) как 只表示单纯的在后关系。试比较:

⑤ *С тех пор как* поставили новые станки, качество продукции улучшилось. /从安装新车床时起,产品质量就有了提高。

⑥ *После того как* поставили новые станки, качество продукции улучшилось. /安装了新车床以后,产品质量就有了提高。

由于 с тех пор (,) как 表示从句行为是主句行为的起点,因此它在表示在后关系的同时还兼有主、从句行为的部分同时关系,也就是说主、从句行为在时间上有部分吻合。例如:*С тех пор как* я живу в этом городе, ты работаешь на автомобильном заводе. (从我住在这座城市时起,你就在汽车工厂工作。)而 после того (,) как 表示一行为结束后发生另一行为,因此完全排除两行为同时存在的可能性。

这类时间句中,主、从句谓语的时、体对应关系有以下几种。

2.1 由于这类时间句表示具有开始界限意义的在后关系,因此从句谓语通常用完成体过去时形式,这时主句谓语可用未完成体现在时、过去时或完成体过去时形式。

从句谓语	主句谓语
完成体过去时	未完成体过去时 完成体过去时 未完成体现在时

① *С тех пор как* он кончил университет, он работает на заводе.

② *С той поры, как* мы увиделись с тобой, в сердце радость, как солнышко, ношу. (В. Лебедев-Кумач)

③ *С тех пор как* я поселился за городом, расписание поездов менялось три раза.

④ *С тех пор как* сын уехал, старушка жила одна.

⑤ Мы не имели от него никаких известий *с тех пор, как* он уехал из Москвы.

⑥ Он заметно поседел *с тех пор, как* мы расстались с ним. (И. Тургенев)

⑦ Мне казалось, что, *с тех пор как* я явился сюда, на старое кладбище, прошло не менее суток, ...（В. Короленко）

⑧ *С тех пор как* он стал изучать синтаксис, интерес его к сложному предложению возрос.

2.2 从句谓语有时也可用未完成体现在时形式,主句谓语用未完成体现在时、过去时或完成体过去时形式。这时从句谓语的未完成体现在时形式是扩展现在时,表示从过去一直到说话时刻继续存在的持续行为。

从句谓语	主句谓语
未完成体现在时	未完成体过去时 完成体过去时 未完成体现在时

① *С тех пор как* я учусь в университете, моя семья живёт в Москве.

② *С тех пор как* мы с ним знакомы, мы всегда спорим.

③ Плачь, Русская земля! Но и гордись. *С тех пор*, *как* ты стоишь под небесами, /Такого сына не рождала ты и в недра не брала свои обратно.（Н. Некрасов）

④ *С тех пор как* я живу в этом городе, я с ним не встречался.

⑤ *С тех пор как* он работает у нас, его планы уже дважды подвергли обсуждению.

⑥ *С тех пор как* мы знаем друг друга, ты ничего мне не дал, кроме страданий.（Н. Лермонтов）

⑦ Он родился в Сталинграде и *с той поры*, *когда* в детской голове слагаются первые понятия о жизни, приучился гордо носить легендарную славу своего города.（Б. Полевой）

2.3 从句谓语有时也可用未完成体过去时形式,主句谓语用未完成体现在时或完成体过去时形式。这时从句的谓语只表示与现在无关的过去的行为,而连接词 до сих пор 的限制意义则靠主句谓语的现在时和过去完成时(перфект)来维持。

从句谓语	主句谓语
未完成体过去时	完成体过去时 未完成体现在时

① Не замечаю в себе никакой умственной или нравственной перемены *с той поры*, *как* ты видывал меня лично.（Н. Чернышевский）

② Он занимается регулярно лечебной гимнастикой *с тех пор*, *как* он лечился в санатории.

③ *С тех пор как* я учился в университете, произошли две мировой войны и две революции.

④ *С тех пор*, *как* не видал его князь Андрей, Кутузов ещё потолстел, обрюзг и оплыл жиром.（Л. Толстой）

这类时间句是以与说话时刻一致(现在时)为其结束的界限的,因此主、从句谓语不能表示在说话时刻以后发生的行为,也就是排除运用将来时形式的可能性。例如不能说:* *С тех пор как* я кончу университет, я буду работать на заводе.

但是,如果在一定的上下文中完成体将来时形式不表示说话时刻以后发生的行为,而表示多次重复发生的行为,则可以用在带连接词 с тех пор как 的时间句中。例如:

⑤ Обида взяла лису. И поклялась она никогда больше с людьми не разговаривать. *С тех пор*, *как* увидит лиса человека, отвернёт морду и прочь бежит. /狐狸感到委屈。它发誓不再跟人交谈了。从此它一看见人,就把脸一扭,跑开了。

这类时间句排除主、从句运用过去未完成时(имперфект)的组合,因为过去未完成时表示的是与现在无关的过去的行为,这与连接词 с тех пор как 的意义有矛盾,如不能说 * *С тех пор как* она уезжала из города, она оставляла ключи соседям.

如果主句或从句谓语的未完成体过去时形式带有界限意义的色彩,也就是具有结果意义的意味,则可以用在带连接词 с тех пор как 的时间句中。例如:

⑥ *С тех пор как* я учился в университете, моя семья несколько раз меняла своё местожительство. /从我在大学里学习时起,我家的住所已经变换几次了。

ПОКА 连接的时间句

与连接词 пока 同义的有 покамест(俗和旧),покуда(俗),покудова(俗),доколь(旧),поколь(旧)等。

1 主从句行为的同时关系

1.1 主、从句行为同时存在

пока 表示的同时关系与 когда 表示的同时关系在语义上有所不同:前者强调主句行为发生的时间是以从句行为发生的起讫点为界限的,而后者只表示两行为的同时存在。试比较:Я не видел конец передачи: я смотрел телевизор, *пока* брат писал сочинение, а потом мы пошли вместе гулять.(我没有看电视节目的结尾,因为弟弟在做作文的时候,我在看电视,而后来我们两个一起去散步了。)Я не знаю, как брат писал сочинение: *когда* он писал, я смотрел телевизор.(我不知道弟弟的作文是怎样写的,因为在他做作文的时候,我正在看电视。)前一句强调我看电视的时间是以弟弟做作文的时间为界限的,也就是弟弟做作文多长时间,我看电视就多长时间,两行为在时间上完全吻合。而后一句只表示弟弟做作文的时候,我正在看电视,并不强调两行为在时间上的完全吻合。

根据主、从句行为同时存在的情况,可分为全部同时关系和部分同时关系。前者是主、从句行为的存在在时间上完全吻合,即主句行为发生的时间以从句行为发生的时间为界限。后者是指主句行为发生的时间只与从句行为发生的时间段落中的部分时间吻合。这类时间句通常可译为"当……时候"、"趁……时候"。

在这类时间句中,主、从句谓语的时体对应关系如下:

(1) 表示全部同时关系时,主、从句谓语用未完成体同一时间的形式。

从句谓语	主句谓语
未完成体过去时 未完成体现在时 未完成体将来时	未完成体过去时 未完成体现在时 未完成体将来时

① *Пока* я спал，шёл дождь.

② *Пока* Володя читал，его сестра внимательно наблюдала за ним.

③ … *пока* дядя Терень сбрасывает с себя мокрую одежду，（Жданов）достаёт из сундука свою и даёт старику.（Б. Горбатов）

⑤ *Пока* существует капиталистический империализм，по-прежнему сохраняют свою силу и законы капитализма.

⑥ Я сам учился всю жизнь，продолжаю учиться и сейчас，буду учиться，*пока* будет хватать на это моих сил.（Н. Зелинский）

⑦ Я буду в институте，*пока* мои студенты будут сдавать экзамен.

（2）表示全部同时关系时，主、从句谓语可用完成体动词同一时间的形式。这类对应关系表示主句行为在为实现从句行为所需时间的全部期限中完成，从句通常可回答 за какое время？的问题。

从句谓语	主句谓语
完成体过去时 完成体将来时	完成体过去时 完成体将来时

① *Пока* я сделал уроки，братишка исписал целую тетрадь.

② *Покуда* нашла автомобиль，промочила ноги.

③ *Пока* вы купите билеты，я позвоню маме.

④ Подежурю на улице，*пока* соберутся.（А. Фадеев）

这类时间句有时可以具有泛指意义：主、从句中没有主语，谓语都用完成体将来时单数第二人称形式。

⑤ На полках у них такой беспорядок，что каждый раз，*пока* найдёшь нужную книгу，потеряешь всякий интерес к ней.

⑥ В сильные дожди，*пока* добежишь до дома，промокнёшь до нитки.

⑦ *Пока* напишешь статью, перечитаешь и просмотришь ворох книг.

在这种类型的时间句中，有时主句也可用人称句，但其谓语必须用完成体将来时形式。例如：

⑧ В сильные морозы, *пока* дождёшься автобуса, ноги замёрзнут.

（3）表示部分同时关系时，从句谓语用未完成体动词，主句谓语用完成体动词同一时间的形式。

从句谓语	主句谓语
未完成体过去时 未完成体将来时	完成体过去时 完成体将来时

① *Пока* я пел, кот Васька всё жаркое съел.（И. Крылов）

② Насилу мы его нашли, но, *пока* искали, потерялись те три шеста, которые уже были найдены.（Н. Носов）

③ *Пока* он будет лезть, они его застрелят из винтовки.（В. Катаев）

④ Слепительный милиционер придержит поток машин, *пока* шествие будет перебираться через перекрёсток.（Л. Леонов）

这类时间句如表示多次重复的行为，则主句谓语要用未完成体动词。例如：

⑤ Каждый день, *пока* жена готовила завтрак, Данилов выходил в огород.

有时主句谓语也可用运动动词 ходить, носить, водить 等加前缀构成未完成体过去时形式，表示往返的行为，与从句谓语的未完成体过去时形式构成部分同时关系。例如：

⑥ *Пока* пили кофе, несколько раз в кофейню заходили уличные торговцы и предлагали иностранцам свои товары.（В. Катаев）

⑦ *Пока* ели, приходил наверх повар Никанор справиться, что гости желают к обеду.（А. Чехов）

有时从句谓语也可用带有时间界限的前缀（如 по-, про- 等）的完成体动词，与主句谓语的完成体动词同一时间的形式构成部分同时关系，表示主句行为在从句行为过程中的某一段时间内完成。例如：

⑧ *Пока* я посидел дома, он успел сбегать на почту.

⑨ *Пока* я почитал газету, мать приготовила ужин.

（4）表示部分同时关系时，从句用未完成体现在时形式，主句谓语用未完成体、完成体过去时形式。这时从句谓语的未完成体现在时形式表示从过去到说话时刻的一个持续的行为过程；而主句谓语的未完成体、完成体过去时形式，表示主句行为已经发生，与从句行为过程中的某一段或某一点在时间上吻合，构成部分同时关系。

从句谓语	主句谓语
未完成体现在时	未完成体过去时 完成体过去时

① Вот и сейчас: *пока* мы сидим тут, он дважды пробежал мимо нас по коридору.

② Но именно сейчас, *пока* он здесь, в этом большом и тихом доме, его могли накрыть.（Н. Островский）

（5）表示部分同时关系时，从句谓语用现在时形式，主句谓语用未完成体、完成体将来时形式。这时从句中的现在时形式，表示行为从说话时刻扩展到将来的一个持续过程；而主句中的未完成体、完成体将来时形式表示主句行为即将发生，与从句行为过程中的某一段或某一点在时间上吻合，构成部分同时关系。

从句谓语	主句谓语
未完成体现在时	未完成体将来时 完成体将来时

① *Пока* сила есть, бастовать будут.（А. Фадеев）

② Отец у него почтальон, а почтальон, *пока* из дома в дом ходит, мало ли чего наслушается.（А. Гайдар）

③ *Пока* ты раздумываешь, идти или не идти в кино, я посмотрю, что идёт в нашем кинотеатре.

（6）表示全部同时关系或部分同时关系时，从句谓语用未完成体现在时或将来时形式，主句谓语用未完成体或完成体的命令式。

从句谓语	主句谓语
未完成体现在时或将来时	未完成体命令式 完成体命令式

① Трудись, *покамест* служат руки. (Н. Некрасов)

② А что? Хорошие деньги. Берите, *пока* дают. (В. Катаев)

③ А меня кормите и пойте, *покуда* буду жить, и погребите кости мои, когда умру и переселюсь в вечность. (А. Болотов)

④ Поживи у нас, *пока* родители отдыхают на юге.

⑤ Запиши адрес, *пока* ты помнишь его.

⑥ Вот и поговорим, товарищи, *пока* каша варится. (Л. Леонов)

需要指出的是,пока 连接的这类时间从句中如有 не,则是否定语气词,译成汉语时应将其否定意义译出来。例如:

⑦ Она колебалась, *пока* сама себя не знала. (Л. Толстой)/她自己还不了解自己的时候,曾经动摇过。

⑧ За пятнадцать дней, *пока* его здесь не было, увлечение выросло в настоящее чувство, какого она ещё не ведала. (В. Ажаев)/他不在这里的15天里,爱慕之心变为她还未感受过的那种真正的爱情。

⑨ *Пока* отец не приходил, Серёжка сел к столу, играя ножичком, и стал думать. (Л. Толстой)/父亲没有回来的时候,谢廖日卡坐到桌子跟前,摆弄小刀,开始思考起来。

⑩ *Пока* никто не мешает, можно прокатиться верхом. (А. Бикчентаев)/谁也不来打搅的时候,可以骑马兜兜风。

1.2 行为的结果与主句行为同时存在

这类时间句表示从句行为先于主句行为发生,并达到其内在的界限,但其结果状态继续存在,与主句行为构成同时关系。通常可译为"当……时候"、"趁……时"。如 Идите, *пока* он не вернулся. (趁他还没有回来的时候,你们走吧。)在这个句子中,"他还没有回来"发生在"你们走吧"之前,而"他还没有回来"行为结果的状态继续存在,一直延续到"你们走吧"这一行为的发生,并与它构成同时关系。

在这类时间句中,从句谓语既可用具有结果存在意义(перфектное значение)的完成体过去时形式,又可用具有持续意义的否定语气词 не

加完成体过去时形式。主句谓语通常可用未完成体、完成体陈述式的各种时间形式或命令式,但用完成体的为数较多。其时体对应关系是:

从句谓语	主句谓语
完成体过去时	未完成体、完成体过去时 未完成体现在时 未完成体、完成体将来时 未完成体、完成体命令式

① *Пока* дождь прекратился, они ушли.

② В избу, *пока* не переехали на новую квартиру, вселился небывалый порядок. (Л. Леонов)

③ *Пока* путь осветили, продвигаемся вперёд.

④ … а надо идти, *пока* не стемнело, в город, на барахолку и продавать пальто. (В. Катаев)

⑤ *Пока* перо не вывалилось из пальцев, я буду по-своему защищать революцию от врагов. (Л. Рахманов)

⑥ Я побегу, *пока* не рассвело. (А. Фадеев)

⑦ Молчи, *пока* глотку не заткнули! (А. Фадеев)

⑧ Примите меры, *пока* его не отчислили.

在这类时间句的从句中,如有 не,则是否定语气词。译成汉语时应将其否定意义译出来。试比较:

⑨ Бежим, *пока* не осветили путь./趁路还没有被照亮的时候,让我们跑吧!

⑩ Бежим, *пока* осветили путь./趁路被照亮的时候,让我们跑吧!

《54年语法》明确指出:Идёмте, *пока* нас *не* сшибли…(А. Фадеев)这类时间句是由连接词 пока 和丧失否定意义的语气词 не 构成的复合连接词 пока не 连接的,表示从句行为的发生中断或终止主句的行为。因此它把这类时间句与 Идёмте, *пока* нас *не* сшибут.(我们走吧,一直到我们被撞倒为止。)归为同一类型[①]。甚至有些语法著作(如莫斯科大学出版的《复合句》)认为,Здесь можно заниматься, *пока не* пришли студен-

---

① АН СССР, Грамматика русского языка. Т. Ⅱ, Ч. Ⅱ. М., 1954, стр. 309.

ты 和 Здесь можно заниматься, *пока не* придут студенты 可以互相转换,语义基本不变[1]。

这一看法被许多语法学家所接受,因此在苏联语法学界广为流传。但是,这一看法也有其自相矛盾之处。在这里冒昧提出来,供学者们商讨。

如果这两类句子同属一个类型,表示从句行为中断主句行为延续的界限,那就可以在这些句子的主句中加上具有界限意义的指示词 до тех пор, до того времени 等。但是,事实是,前一类句子中通常无法加这类指示词,而后一类句子却可以,如 Идёмте до тех пор, пока нас не сшибут; Здесь можно заниматься до тех пор, пока не придут студенты. 这恰好说明前一类句子的语义与指示词所具有的界限意义格格不入,在逻辑概念上有矛盾。由此可见,这两类句子在语义上并不同义。

米哈伊洛夫(М. М. Михайлов)在《带连接词 пока 的从句》一文中指出,这类时间句由连接词 пока 连接,语气词 не 具有否定意义。这时连接词 пока 与 прежде чем 的语义相近,其"界限意义减弱,一行为发生在另一行为以前的意义加强"[2]。

米哈伊洛夫的这一观点也有值得商榷的地方。既然这类时间句由连接词 пока 连接,否定语气词 не 就不可能是这类句子的结构要素。由此可以推论:这类时间句的从句中否定语气词 не 的有无并不影响其分类,尽管对于这一点米哈伊洛夫文章中没有涉及。于是就出现了矛盾:在从句不带 не 的这类时间句中,不表示主句行为发生在从句行为之前者为数也不少。例如:

⑪ Студенты отдыхают, *пока* их распустили на каникулы.

⑫ А *пока* полегла над хутором ночь, наверное, один Кондрат Майданников не спит во всём Гремячем. (М. Шолохов)

综上所述可以清楚地看出:这类时间句既不表示从句行为的发生中断或终止主句的行为,又不表示主句行为发生在从句行为之前,而表示从句行为的结果与主句行为构成同时关系。

---

① Сложное предложение. Под ред. С. А. Шуваловой. М., 1983, стр. 155.

② М. М. Михайлов, Придаточные предложения с союзом *пока*. Русский язык в школе, 1952, №6.

2 主从句行为的在前关系

目前在苏联语法学界占统治地位的意见是,连接词 пока 可表达在前关系,复合连接词 пока не 在表达在前关系的同时兼有从句行为指出主句行为界限的意义。连接词 пока 与失去否定意义的语气词 не 已构成复合连接词 пока не。《54 年语法》指出:"为表达某种意义,从句借助于连接词 пока (покамест) 和必需使用的语气词 не 与主句联系。因为在这种情况下该语气词是必需的,并在这里已失去其通常的否定意义,所以可以说,在现代俄语中已构成复合连接词 пока не。"①《80 年语法》与这一看法类似,认为 пока не 是复合连接词,"语气词 не 是该连接词本身的结构要素,不论其对连接词第一部的位置如何,没有否定意义。"②

与上述意见针锋相对的是苏联语法学家尼基京娜(Э. Г. Никитина)的看法。她在《带连接词 пока 和否定语气词 не 的时间从句的类型》中提出:"没有任何理由可以说在现代俄语中已形成复合连接词 пока не,因为在 пока 表达在前关系的句子里,语气词 не 始终保持其否定意义。"③

在这类时间句中,决定 не 是否成为复合连接词组成部分的关键是,не 是否具有否定意义。从收集到的大量例句中可以看出:在这类时间句的从句中,如有 не,则都含有否定意义,绝无例外。这些例句大致可分为以下两类:

2.1 大多数例句是,带 не 的从句与不带 не 的构成同义现象。因此不少语法学家就以此来证明 не 已丧失否定意义。这种看法值得商榷。因为带 не 的从句与不带 не 的构成同义现象,这并不等于 не 已丧失否定意义。如 Сиди здесь, *пока* я не приду!(在我没有回来以前,你就坐在这里吧!)和 Сиди здесь, *пока* я приду!(在我回来以前,你就坐在这里吧!)尽管"在我没有回来以前"和"在我回来以前"是同义现象,但是前一句中的 не 仍有其否定意义。类似这样的现象在现代俄语中也不是绝无仅有的。试比较:

---

① АН СССР, Грамматика русского языка. Т. Ⅱ, Ч. Ⅱ. М., 1954, стр. 309.

② АН СССР, Русская грамматика. Т. Ⅱ. М., 1980, стр. 550.

③ Э. Г. Никитина, Типы временных придаточных предложений с союзом *пока* и отрицательной частицей *не*. Филологические науки, 1964, №2.

① Товарищ водитель, я вчера оставила в автобусе зонтик. *Вы его видели*? /司机同志,昨天我把伞忘在汽车里了,您看到了吗?

② Товарищ водитель, я вчера оставила в автобусе зонтик. *Вы его не видели*? /司机同志,昨天我把伞忘在汽车里了,您看到了没有?

2.2 少数例句是,从句中或有强调否定语气的否定语气词 ни、否定副词 никогда、否定代词 ничто, никто 等,或有其他否定词(如 нельзя, нет)组成的谓语。这时从句中的 не 明显地具有否定意义,对此无论哪一位语法学家都是无法否认的。例如:

① Викторас глотал, *пока* в бутылке не осталось ни капли. (М. Слуцкие)/维克托拉斯把瓶中的水喝得一滴不剩。

② Задача комсомола — бить немецко-фашистских захватчиков, *пока* не останется ни одного. (А. Фадеев)/共青团的任务是打击德国法西斯侵略者,直到一个也不剩。

③ Захар, беззлобно посмеиваясь про себя, докурил *до поры*, *пока* уже нельзя было держать цигарку, ... (П. Проскурин)/扎哈尔边温厚地窃笑自己,边抽烟,直抽到无法叼住卷烟为止……

既然从句中的 не 都具有否定意义,是否定语气词,那它就无法与连接词 пока 构成一个整体,成为复合连接词的组成部分。

此外,还必须指出,当 пока 表示在前关系时,带 не 的从句虽然与不带 не 的构成同义现象,但是它们之间在语义上的细微差别依然存在。试比较:

④ Все остались, *пока* закончили работу. /在结束工作以前,大家都留了下来。

⑤ Все остались, *пока* не закончили работу. /在没有结束工作以前,大家都留了下来,直到结束工作。

在前一句的从句中只有一个由动词谓语表示的现实存在的行为,即 закончили работу,整个句子表示在结束工作以前大家都留了下来。后一句的从句中,由于 не 的存在,因此有由同一个动词谓语表示的,意义上相互对立的两个行为:现实存在的行为(не закончили работу)和替代它的现实中不存在的行为(закончат работу)。这两个行为依次与主句发生关系,表示在没有结束工作以前大家都留了下来,直到结束工作为止。这主要因为从句中的语气词 не 既具有否定意义,又具有一行为中断或终止另一行为的意义。

综上所述可以清楚地看出,пока 连接的时间句在表达在前关系时,有两种基本类型:(1)单纯表达在前关系,这时从句中没有否定语气词 не,通常可译为“在……以前”或“等到……时”;(2)在表达在前关系的同时兼有从句行为指出主句行为界限的意义,这时从句中有否定语气词 не,通常可译为“在尚未……以前”或“一直到……时候为止”。

在这两种基本类型中,主句中有时可加指示词 до тех пор, до того времени 等与从句呼应。这两种类型主、从句谓语的时体对应关系基本一致,通常是,从句谓语用完成体动词,主句谓语既可用未完成体动词,又可用完成体动词。但是在在前关系兼有界限意义的时间句中,由于从句行为中断或终止主句的持续行为,因此主句行为通常具有持续意义,多半用未完成体动词表示。

在前关系兼有界限意义的时间句中,主句谓语用完成体动词表示的大致有以下几种情况:

(1)当主句谓语由限制延续意义的动词(如带有时间界限的前缀 по-, про- 等的动词)表示时。例如:

① Они почитают, *пока* он не придёт.

② Леонтьев постоял, *пока* не стихли голоса женщин, и свернул к себе на кордон.(К. Паустовский)

③ ... они молча просидели в камере ещё некоторое время, *пока* немцы не перевязали всех заключённых.(А. Фадеев)

④ И три ночи после этого пролежал он с товарищем в кукурузе, *пока* голод не выгнал их на дорогу.(Б. Горбатов)

(2)当主句中有延续意义的状语时。例如:

① Валько несколько раз повторил адрес Олега, *пока* не затвердил.(А. Фадеев)

② Ваня два раза упал, *пока* не дотащил его брата к окну.(Л. Толстой)

③ Он сел за чай надолго, *пока* весь самовар не выпил.(М. Пришвин)

(3)当主句谓语用结果存在意义的完成体动词过去时形式表示时。例如:

① Я остался здесь до тех пор, *пока* он не вернётся.

② Маша отправила её в деревню, *пока* не наладит свои дела.

③ … заговорил Санка жарко и торопливо, *пока* не окрикнули, не оборвали. （Л. Леонов）

（4）当主句是否定结构时。这是因为否定致使完成体动词增添了延续的意义。例如：

① Он не сел за работу, *пока* совсем не стемнело.

② И я отсюда никуда не уйду, *пока* меня не отправят в Хвалынск. （К. Федин）

③ Не дам вам есть, *пока* не заплатите за прежнее. （Н. Гоголь）

3 主从句谓语的时体对应关系

3.1 从句谓语用完成体过去时、将来时形式，主句谓语用未完成体或完成体同一时间的形式。

从句谓语	主句谓语
完成体过去时	未完成体过去时 完成体过去时
完成体将来时	未完成体将来时 完成体将来时

① Студенты занимались спортом, *пока* их распустили на каникулы.

② *Пока* я добился от него ответа, я измучился.

③ Но *пока* мы дойдём, начнётся второе отделение. （В. Ажаев）

④ Из строя он не уходил, *пока* не иссякли силы. （Н. Островский）

⑤ Он два раза проехал со своим возом по двору, *покамест* не нашёл хату.

⑥ Так и я — буду беречься, *пока* не потеряю последние силы. （И. Василенко）

⑦ Пробудем там *до тех пор*, *пока* дело не пойдёт полным ходом. （В. Ажаев）

在单纯在前关系的时间句中，如表示多次重复发生的行为，则主、从句谓语都用具有泛指意义的完成体将来时单数第二人称形式。主句中通常有表示多次重复意义的状语。

从句谓语	主句谓语
完成体将来时单数第二人称	完成体将来时单数第二人称

⑧ В сильные дожди, *пока* добежишь до дома, промокнешь до нитки.

⑨ *Пока* напишешь статью, перечитаешь и просмотришь ворох книг.

在前关系兼有界限意义的时间句中,如表示多次重复发生的行为,主句中通常有表示多次重复意义的状语。其时体对应关系有以下 4 对:

从句谓语	主句谓语
未完成体过去时	未完成体过去时
未完成体现在时	未完成体现在时
未完成体将来时	未完成体将来时
完成体将来时	完成体将来时

① Он часто сидел у окна, *пока* не темнело.

② Когда нечего делать, мы начинаем скучать и скучаем *до тех пор*, *пока* не находим какого-нибудь дела. (Н. Носов)

③ Ежедневно его будут оставлять у сестры, *пока* за ним не будет приходить отец.

④ Бывало он заговорит о музыке и говорит о ней, *пока* кто-нибудь не прервёт его.

如果 пока 连接的从句中没有否定语气词 не,主、从句谓语都用完成体动词同一时间的形式,则通常是,既可表达同时关系,又可表达在前关系。只有在一定的上下文或语境中才能确定哪一种理解是正确的。例如:

⑤ *Покуда* нашла автомобиль, промочила ноги. /她找到汽车时,她的脚已经湿透了(在她找到汽车前,她的脚已经湿透了)。

⑥ *Пока* приехали пожарные, пламя удалось потушить. /消防队到

来的时候，火已被扑灭了(消防队到来之前，火已被扑灭了)。

⑦ *Пока* вы купите билеты, я позвоню маме. /您买票的时候，我给妈妈打个电话(在您买票以前，我给妈妈打个电话)。

⑧ Сколько птиц погибнет, *пока* стая долетит до тёплых краёв! /鸟群到达温暖地方的路上将死掉多少鸟啊(在鸟群到达温暖地方前，将死掉多少鸟啊)!

3.2 从句谓语用完成体将来时形式，主句谓语用未完成体或完成体过去时、未完成体现在时形式。

从句谓语	主句谓语
完成体将来时	未完成体过去时 完成体过去时 未完成体现在时

① Его оставляли у сестры, *пока* за ним придёт отец.

② На земляном полу электростанции временно, *пока* закончится постройка мастерской, расставили части и детали оборудования. (В. Ажаев)

③ Но я требую соблюдения внешних условий приличия, *пока* я приму меры. (Л. Толстой)

④ Сын не писал нам и не давал своего адреса *до тех пор*, *покуда* не прославится.

⑤ Лягу спать и шепчу стихи, закрыв глаза, *пока* не засну. (М. Горький)

⑥ Она оставила его на вокзале, *пока* не навестит Катерину. (Л. Леонов)

3.3 从句谓语用完成体将来时形式，主句谓语用未完成体或完成体命令式。

从句谓语	主句谓语
完成体将来时	未完成体命令式 完成体命令式

① Сиди здесь, никуда не уходи, *пока* я вернусь.

② Потерпи, отсидись, *пока* дуть перестанет. (В. Ажаев)

③ Иди по этой дороге прямо, *пока* не увидишь справа огромный дуб.

④ Почитай что-нибудь, *пока* мы не отправимся.

⑤ Поиграем, *пока* дети не заснут.

пока 连接的时间句有时可带有条件意味,这时主句谓语通常用 не 加完成体将来时形式或 не 加假定式形式,从句谓语用 не 加完成体将来时或过去时形式。例如:

⑥ Ты не успокоишься, *пока* не добьёшься своей цели. /不达到目的你就不会安心。

⑦ Я спрячу тебя в этот корабль, и ты не выйдешь из него *до тех пор*, *пока* не настанет время, о котором говорил мой отец... (А. Чехов)/ 我把你藏在这条船上。只要我父亲说起的那个时候还没有到来,你就不要从船里出来。

⑧ ... я бы не уходил с работы, *пока* не насытился ею. (Н. Островский)/只要不干够工作,我就不离开它。

Определительные предложения с союзным словом «который»

Принято считать, что сложные определительные предложения с союзным словом *который* имеют две основные разновидности. Эти разновидности квалифицируются по-разному. В данной работе семантико-синтаксические варианты сложного определительного предложения с союзным словом *который* обозначаются как ограничительное и распространительное предложения. Основное различие между выделяемыми вариантами может быть сведено к особенностям выражения подчинительной связи в каждой из рассматриваемых разновидностей, а также наличию или отсутствию позиции антецедента в главном предложении. Однако возможно более полное и последовательное разграничение и описание свойств рассматриваемых синтаксических вариантов сложного определительного предложения с союзным словом *который*, более дифференцированное представление о критериях их выделения.

В настоящей работе и предпринимается попытка такого описания. Последовательно рассматриваются особенности семантической организации определительных предложений, условия их контекстной и ситуативной обусловленности, характер структурно-семантических отношений в составе сложного предложения, анализируются возможности введения в структуру предложения указательного слова, исследуются особенности интонационного оформления изучаемых предложений.

1 Характер подчинительной связи в сложном определительном предложении

С точки зрения особенностей выражения подчинительной связи ограничительное предложение является нерасчлененной конструкцией: придаточное предложение относится к определяемому слову главного предложения, и в результате образуется распространенное атрибутивное сочетание определяемого слова с придаточным. Придаточное предложение по сути дела не имеет самостоятельной коммуникативной ценности и вместе с определяемым словом входит в состав одного сложного суждения. Придаточное в составе ограничительного предложения способствует уточнению соотносительного слова в главном предложении: выделяет некоторый предмет из класса ему подобных, делает его определенным и единичным. Таким образом, придаточное предложение в составе сложного предложения является семантически и структурно обязательным компонентом.

Сложное распространительное предложение представляет собой расчлененную конструкцию: придаточное предложение лишь по форме относится к определяемому слову главного предложения, а по существу характеризует все главное предложение в целом и распространяет его. Главное и придаточное такого сложного предложения — каждое в отдельности — имеют определенное коммуникативное значение и оформляют взаимосвязь и взаимозависимость двух суждений. Придаточное в составе распространительного предложения сообщает дополнительные сведения об уже определенном единичном предмете, поэтому не является обязательным структурным компонентом в составе сложного предложения.

Сравните: Это была записка, *которую* я нашел в архиве на Диксоне (Б. Горбатов); Он получил известие о кончине своего брата, *которое* его ввергло в жестокую болезнь.

Первый пример — это ограничительное предложение. Определяемое слово *записка* здесь является слишком общим по значению. Придаточное способствует его конкретизации, заключая в себе тот отличительный признак *записки*, который делает ее конкретным и единичным предметом. Второе предложение относится к распространительному типу. Слово *известие* уже достаточно определено в главном предложении (речь идет не об *известии* вообще, а об *известии о кончине своего брата*), поэтому придаточное предложение лишь формально относится к слову *известие*, а фактически характеризует все главное предложение в целом и содержит в себе некоторое дополнительное сообщение.

2 **Различные виды анафорической связи в определительном предложении**

Сложные определительные предложения ограничительного и распространительного типа демонстрируют различные виды оформления анафорической связи в составе сложного предложения. Анафорическая связь в определительном предложении выражается отношениями между определяемым словом в главном предложении и союзным словом. В ограничительном предложении предмет, обозначаемый определяемым словом, всегда совпадает с предметом, замещаемым союзным словом *который*: Я ведь боец *того самого батальона «инженеров человеческих душ»*, *который* здесь был так сурово раскритикован (Н. Островский).

В распространительном предложении возможно:

(1) Тождество двух понятий в результате их соотнесения с одним и тем же предметом:

① Через несколько минут явился слепой, таща на спине *мешок*, *который* положил в лодку. (М. Лермонтов)

② Он обхватил за толстую талию кока *Капитона Павловича Макарова*, *которого* все зовут Капитаном Павловичем или адмиралом Макаровым. (Б. Горбатов)

(2) Тождество двух понятий только в некотором отношении в результате их частичного совпадения:

③ Это был типичный донецкий *город*, жизнь *которого* без завода бессмысленна и невозможна. (В. Попов)

④ Я надел *фрак*, без *которого* никому не советую выезжать, даже на охоту. (И. Тургенев)

(3) Несовпадение понятий: одно обозначает конкретный и единичный предмет, а другое — много предметов того же класса, что и данный. Например:

⑤ Тройка то взлетала на пригорок, то неслась с *пригорка*, *которыми* была усеяна вся столбовая дорога. (Н. Гоголь)

⑥ Сарай был подарен ему за одну *услугу*, *которых* он много оказывал разным людям.

3 Характер определяемого слова в главном предложении

3.1 Семантическое своеобразие определяемого слова в главном предложении, как уже отмечалось рядом исследователей[①], весьма значимо с точки зрения выражаемого в сложном определительном предложении семантико-синтаксического значения. Наиболее важна такая особенность семантики соотносительного имени, как определенность или неопределенность его значения. Она оказывается существенной для характеристики каждого из рассматриваемых вариантов сложного определительного предложения. Соотносительное слово ограничительного предложения в той или иной степени синсемантично и неопределенно. Оно нуждается в определении, в частности, в придаточном предложении, чтобы стать обозначением конкретного, единичного предмета, выделяемого из ряда других. Соотносительное же слово распространительного предложения автосемантично и определенно: оно само по себе, без придаточного предложения, обозначает конкретный, единичный предмет.

---

① АН СССР, Грамматика современного русского литературного языка. М., 1970; АН СССР, Русская грамматика. М., 1980.

Неопределенными часто оказываются имена неконкретной семантики, обозначающие прежде всего общие понятия: имена со значением класса (вид, тип, категория, род, класс, разряд), внешнего признака (внешность, вид, лицо, рост, цвет, звук, голос), слова с общим значением (предмет, вещь, человек, место, время, способ, условие, причина, цель, действие, состояние, признак, чувство) [1] и т. д. Такие слова обычно «нуждаются» в ограничительном предложении. Например:

① Он принадлежал к тем людям, *которые* в дружбе больше дают, чем берут, для *которых* в дружбе нет корысти… (Б. Горбатов)

② Философ начал на досуге осматривать те места, *которые* он не мог разглядеть ночью. (Н. Гоголь)

③ Изобразить чувство, *которое* я испытал в то время, очень трудно. (В. Короленко)

Если соотносительное слово конкретно, достаточно определенно, то оно требует распространительного предложения. Это, как правило, собственные имена и названия уникальных предметов (такие, как вселенная, земля, луна, солнце, отец, мать, жена, муж, начальник, царь, президент) [2]. Например:

④ География — это наука о Земле, на *которой* мы все живем… (Н. Носов)

⑤ Дома у меня отец, *которого* я не видел два года и теперь должен увидеть при такой странной и загадочной обстановке… (А. Гайдар)

⑥ Тут не было ревности, но дружба Анны с Жарким, с *которым* Дубава не разговаривал, его раздражала. (Н. Островский)

К числу определяемых слов, значение которых характеризуется определенностью, принадлежат личные местоимения первого и второго лица. Например:

---

① АН СССР, Русская грамматика. Т. Ⅱ. М., 1980. стр. 522.

② АН СССР, Грамматика современного русского литературного языка. М., 1970. стр. 696.

⑦ Я, *который* сейчас только говорил Дмитрию, своему другу, о том, как деньги портят отношения, на другой день утром (…) взял у него двадцать пять рублей ассигнациями на дорогу. (Л. Толстой)

⑧ — И это говорите вы, *который* и устно и печатно так хвалил машину? (Б. Полевой)

3.2 Неопределенное по своей семантике имя в позиции соотносительного слова в главном предложении сложного определительного целого может «потерять» свою неопределенность в сочетании с соответствующим ограничительным определением или уточняющим приложением. Такое атрибутивное сочетание предполагает, как правило, придаточное в составе распространительного предложения. Например:

① Человек был аккуратно и ладно одет в *поношенный*, *ветрами и дождями отбеленный плащ*, из-под *которого* топорщились петельки телогрейки. (В. Астафьев)

② Именно в этот бессмысленный поток попала *запряженная двумя добрыми гнедыми конями селянская телега*, на *которой* ехали Уля Громова, Анатолий Попов, Виктор Петров и его отец. (А. Фадеев)

Напротив, может происходить усиление неопределенности соотносительного имени при сочетании его с группой слов, имеющих неопределенное значение. В русском языке эту группу составляют слова типа: один, какой-то, некий, любой, один из… и др.

При сочетании таких слов с синсемантичными, неопределенными по значению существительными, у последних происходит усиление неопределенности; а при сочетании с автосемантичными, определенными по значению именами — ее становление. В обоих случаях сложное определительное предложение является ограничительным. Сравните:

(1) Предложения с синсемантичным именем

① Такого кофе тебе нигде не предложат, мне один армянин, *которому* я свет вернул, такую кастрюлечку подарил, в которой кофе по-особому варится…(Б. Полевой)

② Постой, — сказал я себе, радостно хватаясь за спасительную нить. — Ну ладно (…) я красный. Это я об этом знаю, а есть ли какие-нибудь признаки, по *которым* могли бы узнать об этом они? (А. Гайдар)

(2) Предложения с автосемантичным именем

③ И в разговоре их часто мелькало имя какого-то Фёдора Ивановича, *который* всем им, по-видимому, был очень дорог и о котором они вспоминали теперь с особым вкусом. (Б. Полевой)

④ Есть книги, в которых первобытный охотник изображается каким-то Робинзоном, *который* упорным трудом сам до всего дошел. (М. Ильин, Е. Сагал)

3.3 Семантическая определенность или неопределенность соотносительного слова в ряде случаев может быть контекстуально или ситуативно обусловленной.

Синсемантичное имя в условиях некоторого контекста или ситуации может стать конкретным и определенным, обозначать предмет, ранее упоминавшийся и, следовательно, уже известный. Предложения с такими соотносительными словами являются распространительными. В качестве такого примера рассмотрим приведенный ниже отрывок из «Повести о настоящем человеке» Б. Полевого.

① Кусты раздвинулись, и *два мальчугана*, настороженные, как любопытные синички, готовые каждую минуту сорваться и убежать, осторожно, держась за руки, стали подходить к нему. *Старший*, *худенький*, *голубоглазый*, *с русыми волосами*, держал в руке наготове топор, решив, должно быть, применить его при случае … *Старший*, *которого* звали Серенькой, приказал брату Федьке бежать во весь дух в деревню звать народ, а сам остался возле Алексея караулить его. (Б. Полевой)

Сочетание с синсемантичным именем *старший мальчуган* приобретает в условиях контекста известную определенность, так как оно было введено в предтексте. Определительное предложение с соотносительным словом *старший* относится к распространенному типу.

Распространительными также являются определительные предложения, в которых соотносительное слово выражено личным местоимением третьего лица. Конструкции такого вида мы также относим к типу распространенных предложений с контекстно обусловленной определенностью соотносительного именного компонента в главном предложении. Например:

② Из ее глаз полились слезы, и она, *которая* была всегда такой стойкой и мужественной, как ни старалась, не сумела их сдержать. (М. Салтыков-Щедрин)

Часто предмет, не будучи упомянутым в контексте, представляется автору уже известным и определенным в силу своей связи с другим предметом, являющимся определенным с точки зрения говорящего и слушающего (воспринимающего речь). Например:

③ Письмо твое, в *котором* просишь ты нас о родительском нашем благословении и согласии на брак с Марьей Ивановной дочерью Мироновой, мы получили 15-го сего месяца…(А. Пушкин)

④ И наконец милиционер зажег зеленый свет, *который* сказал шоферам, вагонважатым, мотоциклистам и велосипедистам: путь свободен. (Е. Щварц, И. Фрев)

Предложения рассматриваемого типа являются распространительными.

Наблюдаются также случаи противоположного характера, когда уже упоминавшийся в контексте предмет предстает в новом свете, а поэтому может рассматриваться как неизвестный собеседникам. Имена, отсылающие к таким предметам или явлениям, выступают в предложении как неопределенные, а все предложение относится к ограничительному типу. Например:

⑤ Памятник был отлит из гладкого черного чугуна и поставлен на большой *камень* — гранит… Там они нашли *камень*, на *котором* стоял памятник: камень был расколот бомбой на две части (А. Кононов).

4 Структурно-семантические отношения между главным и придаточным сложного определительного предложения

Структурно-семантические отношения между главным и придаточным в ограничительном предложении могут быть квалифицированы как собственно-определительные или ограничительные. В таких предложениях придаточное служит уточнению признака предмета, обозначаемого соотносительным словом в главном. Например:

① Комната, в *которую* вступил Иван Иванович, была совершенно темна. (Н. Гоголь)

② Холм, на котором я на*ходился*, спускался вдруг почти отвесным обрывом. (И. Тургенев)

В распространительном предложении связь между главной и придаточной частями не является столь тесной. Придаточная, оставаясь формально прикрепленной к какому-либо имени главной части, уже не определяет это существительное, а распространяет главную часть в целом. Распространительные определительные предложения имеют самостоятельную коммуникативную значимость и оказываются близкими конструкциями сложносочиненного типа.

Структурно-семантические отношения между главной и придаточной частями распространительного предложения могут быть сведены к следующим основным видам:

4.1 Временное отношение

(1) Отношение временной последовательности

В распространительном предложении придаточная часть сообщает о действии, которое следует по времени за действием, выраженным в главной части. В этом случае сказуемые главной и придаточной частей могут быть выражены глаголами совершенного вида прошедшего времени с аористическим значением. Например:

① Капитан с капитаншею отправились спать, а я пошел к Швабрину, с *которым* и провел целый вечер. (А. Пушкин)

② Лет пять тому назад он, будучи пропагандистом, встретил в одном из своих кружков девушку, *которая* сразу обратила на себя его внимание. (М. Горький)

Иногда сказуемые главной и придаточной частей могут быть выражены глаголами несовершенного вида прошедшего времени. В таком распространительном предложении присутствует не только значение последовательности действий, описываемых в главной и придаточной частях, но и подчеркивается их повторяющийся характер. Например:

③ Ему купили множество деревянных кубиков, и с этой поры в нем жарко вспыхнула страсть к строительству: целыми днями он, сидя на полу своей комнаты, молча возводил высокие башни, *которые* с грохотом падали. (М. Горький)

④ Извозчики с криком и бранью колотили лошадей, *которые* фыркали, упирались и не хотели ни за что на свете тронуться с места, несмотря на красноречие кнутов. (М. Лермонтов)

В ряде случаев в распространительных предложениях возможно выражение сказуемых главной части глаголами несовершенного вида, а сказуемых придаточной части — глаголами совершенного вида прошедшего времени. При этом действия, выражаемые в главной и придаточной частях, последовательно сменяют друг друга; подчеркивается, кроме того, длительный характер действия, передаваемого в главной части. Например:

⑤ Вдруг сзади меня послышался топот ног. Это бежал рассыльный с вахты, молодой матрос, *который*, опередив меня, постучал в дверь. (А. Новиков-Прибой)

(2) Отношение одновременности

Это отношение реализуется в том случае, если в главной части сказуемое выражено глаголом совершенного вида прошедшего времени с перфектным значением, а в придаточной — глаголом несовершенного вида того же времени (что характерно для распространительных предложений). При этом подчеркивается одновременность действий, передаваемых в главной и придаточной частях сложного определительного предложения; отмечается процессуальный характер действия, выражаемого в придаточной части. Например: Много собралось к нам соседей, которые с большим почтением смотрели на моего офицера (Н. Павлов). (О других возможных видо-временных соотношениях глаголов в составе сложного определительного предложения см. в работах Н. С. Поспелова①.)

4.2 **Противительно-уступительное отношение**

Семантико-синтаксические отношения между главной и придаточной частями сложного распространительного предложения могут быть и противительно-уступительного типа. Иногда в главной части возможны соотносительные с противительно-уступительным значением частицы *все же*, *все-таки* и др. Например:

① Мне казалось, что уже месяц отделяет меня от Якутска, из *которого* мы выехали всего дней шесть назад. (В. Короленко)

② Развязка, *которую* он предвидел еще с осени, все же поразила его своей внезапностью. (М. Шолохов)

4.3 **Отношение причины и следствия**

В придаточной части распространительного предложения может содержаться указание на причину, основание или следствие того, о чем говорится в главной части. Например:

① Воздух свежий, прохладный, от *которого*, как от летнего купанья, пробегает по телу дрожь бодрости. (И. Гончаров)

② Она сиротку Лену, *которую* война без отца без матери оставила, удочерила. (В. Полевей)

4.4 **Присоединительное отношение**

Придаточная часть в распространительном предложении может уточнять, пояснять или распространять содержание главной части в целом. Например:

---

① Н. С. Поспелов, Изменения в строе сложноподчиненного предложения. М., 1964, стр. 37; Н. С. Поспелов, О различиях в структуре сложноподчиненного предложения (на материале сложноподчиненных предложений с придаточными временными и определительными). // Исследования по синтаксису русского литературного языка. М., 1956.

① И днем и ночью он (лес) гремел миллионами голосов, из *которых одни представляли агонизирующий вопль, другие — победный клик.* (М. Салтыков-Щедрин)

5 Типы указательных слов в главном предложении

Исследователями уже было отмечено, что употребление указательного слова в качестве определителя опорного существительного главной части сложного предложения с союзным словом *который* является наиболее показательным в различии между ограничительным и распространительным вариантами этого типа предложений: включение указательного слова наиболее естественно лишь в рамках ограничительного предложения①.

Нам представляется возможным выделение трех групп указательных слов:

5.1 Указательные слова с выделительно-ограничительным значением

Это слова типа *тот*, *тот же*, *тот самый* и др. Их употребление при соотносительном слове главной части позволяет сконцентрировать внимание на отличительных признаках описываемого предмета в целях его конкретизации. Осуществляется как бы выделение данного предмета из класса ему подобных. Например:

① Я могу в течение нескольких минут набросать силуэт, контуры той обстановки, в *которой* будут бороться герои моего романа. (Н. Островский)

② Метелица посмотрел вниз и вдруг признал в черноголовом парнишке того самого пастушонка, *которому* он оставил вчера свою лошадь. (А. Фадеев)

Указательные слова этой группы могут употребляться в ограничительном предложении и при собственных именах в результате возникающей в речи у имен собственных семантической неопределенности. Например:

---

① АН СССР, Грамматика современного русского литературного языка. М., 1970, стр. 696.

③ Перед Лизой стоял совсем не тот Цветухин, *который* только что ей улыбался. (К. Федин)

④ Позовите ко мне того самого Петрова, *который* разбил окно.

5.2 **Указательные слова с упомянуто-ограничительным значением**

К числу таких указательных слов относятся *тот*, *тот самый*, *этот*, *этот самый* и др. Употребленные при соотносительном слове в главной части, которое обозначает известный, данный предмет, т. е. при слове, достаточно определенном по семантике, они оказываются в составе распространительной конструкции с расчлененной структурой. В связи с этим показателен анализ распространительного предложения «Я сел на своего доброго коня, а Савельич на тощую и хромую клячу, которую даром отдал ему один из городских жителей (А. Пушкин)», приводимый В. В. Виноградовым. Он пишет: «Если бы было сказано *на ту тощую и хромую клячу, которую даром отдал ему один из городских жителей,* то смысл был бы другой, определительный: тут было бы указание на уже известную, ранее упомянутую клячу, с которой были связаны какие-то эпизоды в предшествующем повествовании; форма прошедшего времени отдал получила бы значение преждепрошедшего («некогда, когда-то отдал»). Местоимение тот служит для указания на конкретный, единичный, выделяемый из ряда других предмет.» ①

5.3 **Указательные слова с качественно-ограничительным значением**

Употребление указательных слов с таким значением способствует тому, что определяемое слово в главной части обозначает класс предметов, а в придаточной называется некоторый признак этого предмета, что и приводит к его конкретизации. Данную семантико-синтаксическую функцию часто выполняет указательное слово *такой* в составе ограничительного предложения. Например:

① Вот он тут, в клинике, где, по словам львовских врачей, «бог оку-

---

① АН СССР, Грамматика русского языка. Т. Ⅱ, Ч. Ⅰ. М., 1954, стр. 109.

листики» вершит свои чудеса. И он, Мечетный, сейчас в таком положении, о *котором* человек с его ранением может только мечтать. (Б. Полевой)

② Нет, это не такая война, про *которую* деды рассказывали. (Б. Горбатов)

6 Возможности интонационной расчлененности в определительном предложении

По-видимому, возможность интонационной расчлененности в сложных определительных предложениях может рассматриваться в качестве одного из показателей различий между семантико-синтаксическими вариантами таких предложений. В конструкциях ограничительного типа связь главной и придаточной частей является достаточно тесной. Эти предложения являются семантически нерасчлененными конструкциями, для которых характерна взаимодополнительность лексико-семантических составов главной и придаточной частей предложения. Им свойственна и интонационная нерасчлененность. Напротив, предложения распространительного типа отличает как смысловая, так и интонационная расчлененность. (Сходные наблюдения см. в книге «Изменения в строе сложноподчиненного предложения»①)

Интонационная нерасчлененность ограничительного предложения проявляется в том, что соотносительное или указательное слово в главной части произносится с заметным повышением тона, а перед придаточной частью отсутствует пауза. Например:

① Есть люди, / об уме *которых* можно верно судить по их голосу и смеху. (А. Чехов)

② И невольно мысли Воропаева вернулись к тому дому, / у порога *которого* он сидел. (П. Павленко)

③ Я думал о той молодой женщине с родинкой на щеке, / про *которую* говорил мне доктор. (М. Лермонтов)

---

① Н. С. Поспелов, Изменения в строе сложноподчиненного предложения. М., 1964, стр. 35.

В распространительном же предложении не происходит заметного повышения тона на определяемом слове главной части, а имеет место обычная повествовательная интонация. Перед придаточной частью отмечается более или менее продолжительная пауза. Например:

① В 1850 году Чайковский поступил в училище правоведения в Петербурге, / по окончании которого стал чиновником.

7 Переходный тип определительного предложения

Кроме ограничительного и распространительного вариантов сложного определительного предложения с союзным словом *который* в русском языке существует переходный тип синтаксических конструкций, совмещающий признаки этих двух основных видов определительного предложения. Например:

① Особенно поразила меня в нем смесь какой-то врожденной, природной свирепости и такого же врожденного благородства, смесь, *которой* я не встречал ни в ком другом. (И. Тургенев)

В главном предложении присутствует соотносительное слово, которое является здесь достаточно определенным по своей семантике: приводится целое развернутое сочетание «смесь какой-то врожденной природной свирепости и такого же врожденного благородства». Главная часть является структурно и коммуникативно самостоятельной и интонационно завершенной. Повтор определяемого слова поддерживает расчлененность конструкции. Все это несомненные признаки распространительного предложения. С другой стороны, придаточное предложение относится не к определяемому слову, а к его повтору. В предложении перед повтором может стоять (или легко восстанавливаться) указательное слово. Отмеченные признаки характеризуют предложения ограничительного типа. Еще приведем примеры:

② Да ведь это будущее России, той России, *которую* мы с вами знали, потеряли и, я верю, вернем. (М. Никулин)

③ Не было привычной рабочей обстановки, той, *которая* давала ему необходимое спокойствие. (Б. Горбатов)

Формы сказуемых придаточного в целевых предложениях

В работах по грамматике русского языка неоднократно освещался вопрос об употреблении глагола-сказуемого в придаточном цели. Ср. в «Русской грамматике» 1980 г. : «Придаточная часть может быть выражена инфинитивом (при совпадении субъектов действий главной и придаточной части) или — при несовпадении субъектов — предложением в форме сослагат. накл. В этом последнем случае союз, включающий в свой состав частицу ***бы***, выступает как неотъемлемый компонент синтаксического комплекса: «союз — глагольная форма на — ***л***»[①]. Это, несомненно, правильно. Но, вероятно, следовало бы объя-снить, что понимается под совпадением / несовпадением субъектов действий главного и придаточного предложений.

Целью настоящей статьи и является описание совпадения / несовпадения субъектов действий в главном и придаточном предложениях и способы выражения сказуемого в придаточном.

1 Отношения между сказуемыми главного и придаточного предложений

Если главное предложение является личным, то подлежащее главного предложения, как правило, представляет собой субъект его действия. В том случае, когда действия главного и придаточного предложений принадлежат одному и тому же субъекту, в придаточном упот-

① АН СССР, Русская грамматика. Т. Ⅱ. М., 1980, стр. 594. См. аналогичный подход к этому вопросу в «Грамматике современного русского литературного языка» (М., 1970) и «Грамматике русского языка» (М., 1952—1954).

ребляется инфинитив. Когда действия в главном и придаточном относятся к разным субъектам (подлежащим), в придаточном обычно сказуемое, выраженное глагольной формой на *-л*. Приведем примеры:

① Оленин перекинул ружье за плечи, *чтобы* освободить руки. (Л. Толстой)

② *Для того чтобы* они поняли нашу правду скорее, мы должны идти вперед. (М. Горький)

При несовпадении в личном предложении субъекта действия и подлежащего сказуемое может быть выражено: 1) кратким прилагательным (*нужен*, *необходим*) или глаголом с частицей *-ся* (*понадобиться*, *потребоваться* и т. д.), требующими субъекта действия в дательном падеже; 2) кратким страдательным причастием или глаголом со значением страдательности, требующими субъекта действия в творительном падеже; 3) глаголом-сказуемым, требующим субъекта действия в род. падеже с предлогом *у* (*у кого*). Ср.:

③ Эта книга нужна мне, *чтобы* послать ее брату.

④ Любовь к труду необходима *для того*, *чтобы* построить на земле новую, счастливую жизнь. (М. Горький)

⑤ Детердингу скоро понадобится вмешательство европейских войск, *чтобы* узнать, как пахнет кавказская нефть. (А. Толстой)

⑥ *Для того чтобы* воздух мог проходить в ящики и коробочки, крышки их все были истыканы толстой булавкой. (С. Аксаков)

Если главное предложение является неопределенно-личным и действия главного и придаточного мыслятся как принадлежащие одному и тому же субъекту, то глагол-сказуемое в придаточном предложении стоит в неопределенной форме. Например:

⑦ Это была новая и незначительная станция. Ее построили, *чтобы* заткнуть какую-то дыру в метеосети. (Б. Горбатов)

⑧ В каждом доме что-нибудь отбирали, отбирали и у бабушки Веры и у Елены Николаевны сало, мед, яйца, масло, *чтобы* ублаготворить и порадовать генерала в его тяжелом военном быту. (А. Фадеев)

Если действия главного и придаточного относятся к разным субъектам, то сказуемое в придаточном стоит в форме прошедшего времени. Например:

⑨ Чуть не через решета, говорят, песок просеивали, *чтоб* какая-нибудь старинная бляшка или бусинка для науки не пропала.

В безличном предложении субъект действия обычно выражается дательным падежом или предложно-падежным сочетанием *у кого.* В этих конструкциях также придаточное с инфинитивом употребляется тогда, когда действие относится к тому же субъекту, что и действие главного. Например:

⑩ Всякому человеку *для того*, *чтобы* действовать, необходимо считать свою деятельность важною и хорошею. (Л. Толстой)

⑪ Родина в опасности. Но у нее хватит сил, *чтобы* разгромить врага. (А. Фадеев)

В придаточном предложении форма на *-л* употребляется в том случае, если субъект действия придаточного не совпадает с субъектом главного. Например:

⑫ Уголь приходилось таскать наверх, бросать подальше, *чтобы* он не катился на голову. (Н. Островский)

Однако нам встретились и другие случаи, когда при совпадении субъектов главного и придаточного сказуемое последнего употребляется в форме на *-л.* Например:

⑬ Мне нужна Россия, *чтоб* был я в ней, как раньше, хозяин на своей земле. (Б. Горбатов)

Такое употребление известно уже в древнерусском языке. В своей книге «Очерки по историческому синтаксису русского языка» Т. П. Ломтев указывает: «... в древнерусском языке и форма прошедшего времени глагола и форма инфинитива соответствующего глагола могли употребляться как в односубъектных, так и в разносубъектных сложноподчиненных предложениях с придаточными цели. Это значит, что в одном и том же односубъектном сложноподчиненном предложении придаточное цели могло иметь в сказуемом и глагол прошедшего времени (голоса такого не имею, *чтоб* Феба я достойно величал) и инфинитив (голоса такого не имею, *чтоб* Феба достойно величать). С другой стороны, в одном и том же разносубъектном сложноподчиненном предложении придаточное цели могло иметь в сказуемом также глагол прошедшего времени (писал ему, *чтобы* он был непоколебим) и инфинитив (писал ему, *чтоб* ему быть непоколебиму)»[①]. В современном русском языке такое употребление обычно встречается в разговорной речи и устном народном творчестве. В литературном языке оно встречается редко. Рассмотрим подробнее эти случаи:

(1) Если объект действия в главном предложении совпадает с субъектом действия придаточного, то сказуемое последнего может выражаться инфинитивом. Например:

① Вы бы еще мне галстук на шею нацепили, *чтобы* до конца на буржуя походить. (А. Гайдар)

② Меня послала к вам наша коммунистическая партия, *чтобы* помочь вам организовать колхоз…(М. Шолохов)

(2) Если объект действия главного не совпадает с субъектом действия придаточного или в главном нет объекта действия, то в сказуемом придаточного иногда может употребляться инфинитив. В этом случае в придаточном субъект обычно стоит в форме дат. падежа. Например:

① Иду я вдоль по улице,
А месяц в небе светится,
А месяц в небе светится,
Чтоб нам с тобою встретиться. (М. Исаковский)

② На другой день разошлись поранее, *чтоб* молодым завтра пораньше встать и ехать в гости. (С. Аксаков)

Если субъект действия придаточного уже известен из контекста, то он может и опускаться. Например:

③ Возьми на час терпенье, *чтобы* квартет в порядок наш при-

---

① Т. П. Ломтев, Очерки по историческому синтаксису русского языка. М., 1956, стр. 531.

весть. (И. Крылов)

Если придаточное со сказуемым в инфинитиве употребляется при несовпадении субъектов действий, оно подчеркивает объективный фактор — возможность достигнуть цели при помощи объективного условия. Если же придаточное употребляется с формой на *-л*, то оно подчеркивает субъективный фактор, т. е. возможность достигнуть цели, прилагая усилия. Ср.:

④ Дайте мне, батенька, глаза-телескопы… э… э… *чтоб* увидеть за тысячи километров…(Б. Горбатов)

⑤ Дайте мне руки длиною в тысячу километров, *чтоб* я мог протянуть их… э… к ложу больной. (Б. Горбатов)

(3) Если субъект действия главного вместе с объектом действия являются субъектами придаточного, сказуемое последнего выражается неопределенной формой глагола. Например:

① В этот час начальник стройки собирал у себя руководителей районов и своих помощников, *чтобы* наметить и обсудить главные задачи завтрашнего дня. (Б. Полевой)

② На Петров день после обеда Андрей Андреич пошел с Надей на Московскую улицу, *чтобы* еще раз осмотреть дом, который наняли и давно уже приготовили для молодых. (А. Чехов)

2 Отношения между сказуемым придаточного и другими членами главного предложения

При отношении придаточного к определению, выраженному причастием, субъект действия причастия (т. е. существительное, определяемое действительным причастием, или субъект страдательного причастия в творит. падеже) совпадает с субъектом придаточного, сказуемое последнего выражается инфинитивом. В противном случае в сказуемом употребляется форма на *-л*. Например:

① Скучно мне стало глядеть вслед этой птице, улетающей от меня неизвестно куда, *чтобы* снова петь там свою песнь. (М. Горький)

② Олег, который тоже принимал участие в операции, и Стахович, взятый ими, *чтобы* проверить его в боевом деле, лежали на том же берегу, пониже, там, где речонка делала излучину. (А. Фадеев)

③ Исключая двух-трех стариков, вся нынешняя литература представляется мне не литературой, а в своем роде кустарным промыслом, существующим только *для того*, *чтобы* его поощряли, но неохотно пользовались его изделиями. (А. Чехов)

Если придаточное цели относится к определению главного, выраженному прилагательным (типа *готовый*, *нужный*, *необходимый* и др.), то субъект прилагательного (т. е. существительное, определяемое прилагательным, или субъект в дат. падеже, которого прилагательное требует) совпадает с субъектом придаточного, а в сказуемом придаточного употребляется неопределенная форма глагола или форма на *-л*. Ср.:

④ Когда я пью чай, ко мне входит моя Лиза, в шубке, в шапочке и с нотами, уже совсем готовая, *чтобы* идти в консерваторию. (А. Чехов)

⑤ Мы отстаиваем мир, необходимый нам, *чтобы* создать величайшие ценности, *чтобы* наша страна стала богатою, а мы все грамотными и культурными. (Н. Островский)

Если придаточное цели относится к неопределенной форме глагола, то в главном предложении возможны такие существительные, как *способ*, *задача*, *попытка*, *необходимость*, *умение*, *старание*, *желание* и др. Они требуют определения, выраженного неопределенной формой глагола. При совпадении субъектов главного и придаточного предложений употребляется придаточное с инфинитивом. Например:

⑥ Все старания Дибича сесть на пароход, *чтобы* ехать в Хвалынск, были напрасны. (К. Федин)

⑦ Откройте же артиллерийский огонь — это даст мне еще больше сил и желания немедленно же приняться за работу, *для того чтобы* закончить первую часть своего нового романа. (Н. Островский)

Из приведенных примеров видно: субъект инфинитива представляет субъект существительного, которое требует данного инфинитива. Их субъект обычно выражается родит. падежом. Так, в первом предложении *Дибича* — это субъект инфинитива. Иногда субъект инфинитива можно определить из всего предложения в целом. Так, во втором примере *мне* является субъектом инфинитива. Кроме того, если все предложение имеет обобщенное значение, то субъект инфинитива становится имплицитным. Например:

⑧ Исключительная жажда деятельности, желание проявить всего себя, желание вмешаться в жизнь людей, в их деятельность, *с тем чтобы* внести в нее что-то свое, более совершенное, быстрее оборачивающееся и наполненное новым содержанием, эта еще не вполне осмысленная, но охватывающая все его существо и составляющая основу его натуры духовная сила овладела Олегом. (А. Фадеев).

Сказуемое придаточного может быть выражено глаголом в форме на *-л* в том случае, когда субъект инфинитива не совпадает с субъектом придаточного:

⑨ Борьба за чистоту языка в художественной литературе должна быть направлена не только против искажения слов, — это лишь часть проблемы, главное же — это умение построить фразу, дать яркий образ, *чтобы* из грамотно написанных слов не получилась безграмотная путаница. (Н. Островский)

При отношении придаточного к объектному инфинитиву главного, который выступает в роли дополнения (при таких глаголах, как *приказывать*, *разрешать*, *просить*, *заставлять*, *велеть*), придаточное с инфинитивом употребляется тогда, когда объект действия в главном (т. е. субъект объектного инфинитива) совпадает с субъектом придаточного. Например:

⑩ Новый начальник разрешил ему поехать с семьей генерала Раевского на некоторое время на Кавказ и в Крым, *чтобы* поправить там свое здоровье...

⑪ ... они знают, что похвала и старику приятна, и — не скупятся на похвалы мастерам, заставляя их поглаживать усы и бороды, *чтобы* скрыть улыбки удовлетворения и удовольствия. (М. Горький)

Придаточное с формой на-*л* употребляется в том случае, если субъекты объектного инфинитива в главном и придаточного не совпадают. Например:

⑫ Твой сын, мой брат, в Красной Армии, а ты велишь мне идти немцу помогать, *чтобы* его скорей убили! (А. Фадеев)

Иногда придаточное цели следует за объектным инфинитивом, выступающим в роли дополнения главного, но оно относится не к этому инфинитиву, а к сказуемому главного предложения. Придаточное может находиться и перед главным, и это не оказывает влияния на значение всего сложноподчиненного предложения. Ср.:

⑬ Я настойчиво просил своих друзей открыть огонь критики, *чтобы* знать слабые места. (Н. Островский)

Придаточное может относиться к объектному инфинитиву, выступающему в роли обстоятельства цели в главном предложении, сказуемое которого выражено глаголами *посылать*, *приглашать*, *присылать*, *отправлять*, *направлять*, *уводить* и т. д. Когда объект действия в главном (субъект объектного инфинитива) совпадает с субъектом придаточного, то употребляется придаточное с инфинитивом. В противном случае в придаточном употребляется форма на-*л*. Например:

⑭ Его послали учиться в институт, *чтобы* овладеть передовыми научными знаниями.

⑮ Я приглашаю вас приехать ко мне в гости, *чтобы* отдохнуть.

⑯ Узнали, что зрение мое ослабло, что трудно читать мне стало, радиоточку послали ко мне бесплатно провести, *чтобы* я от жизни не отставала. (Б. Полевой)

表示程度和度量意义的成语化结构

对“слишком(достаточно 等)…, чтобы…”成语化结构的分类,苏联语法学家有分歧。别洛沙普科娃、马克西莫夫(Л. Ю. Максимов)等把它们划为目的句①,而福尔马诺夫斯卡娅(Н. И. Формановская)等则认为是行为方法、程度和度量句②。尽管他们在分类上有分歧,但是他们都指出,这类成语化结构既具有程度、度量意义,又具有目的意义。由此可见,这类成语化结构是程度、度量句与目的句之间的过渡类型。

在这类结构中,слишком 等已成了语法化的词形:它不仅是主句的一个成分,具有一定的词汇意义,而且还是个连接手段,与连接词 чтобы 一起起连接作用。这类结构主从句的排列顺序是固定的,不能颠倒。

1 слишком…, чтобы…

这一结构中 слишком 所说明的基础词可由形容词长尾或短尾、副词、谓语副词、动词、不定量数词 много 等表示。这种复合句在语义上表达的意思是,主句所述的“程度或数量超过限度”致使从句内容“不可能实现”。因此 чтобы 连接的从句表示非现实的结果,即假设的结果。通常可译为“……太……,以致(因此)不能……”。例如:

① … но у неё был *слишком* горячий нрав, *чтобы* спокойно переносить такое разглядывание. (А. Толстой)

② Но Герцен был *слишком* крупным человеком, *чтобы* долго пребывать в этой идиллии…(А. Луначарский)

---

① АН СССР, Грамматика современного русского литературного языка. М., 1970, стр. 726–727; С. Е. Крючков и Л. Ю. Максимов, Современный русский язык. Синтаксис сло-жного предложения. М., 1977, стр. 107.

② Н. И. Формановская, Стилистика сложного предложения. М., 1978, стр. 57.

③ Чай *слишком* горяч, *чтобы* пить.

④ Он (Левитан) был *слишком* честен, *чтобы* не видеть народных страданий. (К Паустовский)

⑤ Он шёл *слишком* быстро, *чтобы* все догнали его.

⑥ *Слишком* долго ждал я встречи, *чтобы* радоваться ей. (К. Паустовский)

⑦ Было *слишком* темно, *чтобы* видеть друг друга.

⑧ Было уже *слишком* поздно, *чтобы* в метель добираться до больницы.

⑨ Я *слишком* презираю вас, *чтобы* продолжать разговор с вами. (Е. Кошевая)

⑩ Я *слишком* устал, *чтобы* заниматься.

⑪ Но *слишком* знаем мы друг друга, *чтобы* друг друга позабыть. (М. Лермонтов)

⑫ Уля знала, что её мать и отец *слишком* привязаны к своему дому и *слишком* стары и больны, *чтобы* решиться на уход из дому. (А. Фадеев)

⑬ *Слишком* много мы видели горя, *чтобы* врагам снова дать разжечь войну. (Е. Долматовский)

⑭ … но он знал сейчас *слишком* мало, *чтобы* делать какие-либо выводы.

在少数场合 слишком 还可与名词表示的基础词发生关系。例如:

⑮ Вы *слишком* люди, *чтобы* не ужаснуться этих последствий… (А. Герцен)

⑯ Виктор Гюго никогда не был в настоящем смысле слова политическим деятелем. Он *слишком* поэт, *слишком* под влиянием своей фантазии, *чтобы* быть им. (А. Герцен)

在这一成语化的结构中,主句中的 слишком 有时可用 чересчур 来替代。但后者较为少见。例如:

⑰ Северное солнце *чересчур* скупое, *чтобы* на полях Латвии созревал хлопок.

⑱ Лиза была *чересчур* слаба, *чтобы* составить счастье сильного человека.（К. Федин）

在这一结构的主句中，强调特征程度过分的词有时也可用 уже，ещё 表示，它们通常与形容词的长尾或短尾连用，但是这种变体较为少见。例如：

⑲ Я *уже* большой，*чтобы* плакать.（В. Рыбин）

⑳ … и тогда я *уже* буду стар и слаб，*чтобы* отомстить за них.（М. Горький）

㉑ Молодой ты *ещё*，*чтоб* мне такие слова говорить.（А. Чехов）

㉒ Алька подбежала скоком — глупа *ещё*，*чтобы* девичьей поступью，но такая счастливая！（Ф. Абрамов）

这一结构通常在译成汉语时，如从句是肯定句，则译成否定句；如从句是否定句，则译成肯定句。例如：

㉓ Девочка *слишком* мала，*чтобы* посылать её в магазин. /女孩还太小，不要派她到商店去。

㉔ Книга написана *слишком* хорошо，*чтобы* вам не понравиться. /书写得太好了，您不会不喜欢的。

在这一结构中，主从句的行为分别属于不同的主体，从句谓语有时也可用动词不定形式。这时通常强调从句的泛指人称意义或不定人称意义。例如：

㉕ Он ещё *слишком* слаб，*чтобы* его выписывать из больницы.

㉖ Ваша идея *слишком* заманчива，*чтобы* отказаться от неё.

从句谓语的动词不定形式既可用未完成体，又可用完成体。前者否定行为过程的发生，否定行为的必要性，通常表示无须、不该或不宜进行的行为。后者否定行为的结果，否定行为的可能性，通常表示不可能获得所需的结果。试比较：

㉗ Мы *слишком* устали，*чтобы* идти дальше. /我们太累了，无法往前走了。

㉘ Он *слишком* глуп，*чтобы* догадаться о её намерении. 他太笨了，揣摩不透她的意图。

在这一结构中，如加上目的意义的指示词 для того，则该结构的程度、度量意义减弱，目的意义加强。例如：

㉙ Они оба *слишком* ценные *для того*，*чтобы* сидеть без дела.

㉚ Мы стали *слишком* умны *для того*, *чтобы* верить в бога.（М. Горький）

2 достаточно（недостаточно）（adv）…, чтобы…

这一结构中 достаточно 等是程度副词,它们所说明的基础词可由形容词长尾或短尾、副词、谓语副词、动词或不定量数词 много 等表示。这种结构语义上表达主句所述行为或特征的程度足以或不足以使从句的内容得到实现或不可能实现。因此 чтобы 连接的从句表示非现实的结果。通常可译为“……太或不太……,以致(因此)能或不能……”。例如:

① Вы *достаточно* взрослый человек, *чтобы* решать такие вопросы самостоятельно.

② Но он был ещё *достаточно* наивен, *чтобы* заподозрить её в чём-либо.（А. Фадеев）

③ Я отрапортовал тихо, но *достаточно* отчётливо, *чтобы* генерал услышал.（А. Первенцев）

④ В дворницкой всё же было *достаточно* светло, *чтобы* умыться…（А. Фадеев）

⑤ Он *достаточно* окреп, *чтобы* ходить.（Н. Островский）

⑥ … я *достаточно* знаю порядок выборов, *чтобы* не бояться никаких случайностей по отношению к своей персоне.（В. Овечкин）

⑦ Он знал о нём *достаточно* много, *чтобы* не придавать значения его официальной биографии.（Л. Лагин）

⑧ Руки у неё были *недостаточно* сильные, *чтобы* подтянуть Сергея, …（А. Фадеев）

⑨ Он *недостаточно* здоров, *чтобы* его послали работать в таких тяжёлых условиях.

⑩ Он был молчалив, *недостаточно* красив, *чтобы* бесплатно нравиться девушкам.（Л. Лагин）

⑪ Сейчас *недостаточно* тепло, *чтобы* можно было ходить без пальто.

⑫ Книга написана *недостаточно* хорошо, *чтобы* вам понравиться.

⑬ Я *недостаточно* знаю радиотехнику, *чтобы* браться за ремонт рации. (Л. Лагин)

在这一结构中,有时可用 довольно 来替代 достаточно, 但前者常用在口语中。例如:

⑭ Я *не довольно* богат, *чтобы* выписывать себе славных докторов и платить им за своё лечение.

⑮ Наступило молчание, *довольно* красноречивое, *чтобы* нарушать его бесполезными объяснениями. (А. Грин)

如果是 недостаточно…, чтобы… 的结构,通常可译为:"……不太……,以致(因此)不能(无须)……"。例如:

⑯ Статья написана *недостаточно* хорошо, *чтобы* послать её в журнал./文章写得不太好,因此不能寄给杂志社。

⑰ Я *недостаточно* подготовился к экзамену по химии, *чтобы* пойти сдавать его завтра./化学考试我准备得不好,明天无法去参加考试了。

在 достаточно…, чтобы… 的结构中,достаточно 可以表示两种程度:(1) 最高的程度,具有"过分"、"太"的意思,通常可译为"……太……,以致(因此)不能……",这时它与 слишком 的词义相近,可以相互换用;(2) 较高的程度,具有"足够"、"相当"的意义,通常可译为"……很……,(因此)可以……",这时它与 слишком 的词义不相近,不能相互换用。例如:

⑱ Я *достаточно* (*слишком*) устал, *чтобы* заниматься./我太累了,无法再学习了。

⑲ Вы, кажется, *достаточно* культурные люди, *чтобы* обсудить и решить всё это мирным путём./看来你们都是有文化修养的人,可以心平气和地讨论和解决这一切了。

有时这一结构可以有两种理解,如 Он *достаточно* талантлив, *чтобы* решать такие задачи 这个句子,既可理解为"他很有才能,对这样简单的习题不屑一顾";又可理解为"他很有才能,因此能够解答这样难的习题"[①]。这两种理解只有在一定的上下文中才能确定哪一种理解是正确的。

---

① АН СССР, Русская грамматика. Т. Ⅱ. М., 1980, стр. 601.

在 достаточно（недостаточно）…，чтобы…的结构中，有时还可加上具有目的意义的指示词 для того，这时该结构程度-结果意义减弱，目的意义加强。试比较：

⑳ Река *недостаточно* глубока, *чтобы* по ней могли ходить пароходы.（强调程度-结果意义）/河水不够深，不能行驶轮船。

㉑ Река *недостаточно* глубока *для того*, *чтобы* по ней могли ходить пароходы.（强调目的意义）/要在河上行驶轮船，水的深度还不够。

这一结构表示程度-结果意义时，句序不能颠倒。如句序颠倒，即从句位于主句之前，则该结构强调目的意义。例如：

㉒ *Чтобы* по реке могли ходить пароходы, она *недостаточно* глубока.

3 N_1 + достаточный（недостаточный），чтобы…；… доста-точный（недостаточный） + N_1…，чтобы…

这一结构的主句中，достаточный 或 недостаточный 是具有特征程度或数量意义的形容词。它们或者与系词 быть，казаться，оказаться，считаться 等组成谓语，这时它们既可能是长尾，又可能是短尾；或者说明名词，在句中作定语。чтобы 连接的从句与由 достаточный 等或它和其他词组成的成分发生关系。整个结构表示特征的程度或事物的数量足以或不足以使从句所述内容得以实现。通常可译为“……足（不足）以……”或“……足够（不够）的……，以致能够（不能）……”。例如：

① Думаю, что вред от неё будет изрядный, но *достаточный* ли, *чтоб* вверенный край от него процвёл, …（М. Салтыков-Щедрин）

② Он говорил, с жаром и жестами; но видно, что он не находил слов, и все слова, которые ему приходят, кажутся *недостаточными*, *чтобы* выразить всё.（Л. Толстой）

③ Как ни глупы слова дурака, а иногда бывают они *достаточны*, *чтобы* смутить умного человека.（Н. Гоголь）

④ Ветер замирал, но всё же был *достаточен*, *чтобы* двигать парусники, разбросанные по просветлённой водной шири.（А. Новиков-Прибой）

⑤ Сосредоточены *достаточные* силы, *чтобы* обрушить их на головы изменников и предателей. (М. Шолохов)

主句中的 достаточный 有时还可在句中用做独立定语。例如:

⑥ …голос его приобрёл тот чрезвычайный оттенок, вполне *достаточный*, *чтобы* убедить и дерево. (Л. Леонов)

在这一结构中如加上目的意义的指示词 для того,则程度、度量意义减弱,目的意义增强。例如:

⑦ Ни одна из этих сил не обладала *достаточными* данными *для того*, *чтобы* самостоятельно пойти на свержение Советской власти.

4 достаточно (недостаточно, хватает, хватит, много, мало, довольно, …)(Praed) + N_2, чтобы…

这一结构的主句中,достаточно 等是谓语副词,хватает 等是无人称动词,它们与名词第二格的形式构成无人称句。结构主句中可加第三格的主体。整个结构表示作为充分根据的事物数量或特征的程度、行为间的时间间隙等足以或不足以使从句内容得以实现。因此 чтобы 连接的从句具有结果意义,兼有目的意味。通常可译为"只要……就足(不足)以……"。例如:

① *Достаточно* малейшего шороха в сенях или крика во дворе, *чтобы* он поднял голову и стал прислушиваться… (А. Чехов)

② Одного этого было *достаточно*, *чтобы* государственное равновесие пошатнулось. (А. Толстой)

③ Им было *достаточно* трёх дней, *чтобы* добраться до посёлка. (А. Михальченко)

④ Но ежели и этого будет *недостаточно*, *чтобы* спасти душу, то она и другой выход найдёт. (М. Салтыков-Щедрин)

⑤ Времени до отхода поезда было *недостаточно*, *чтобы* осматривать город.

⑥ Боюсь, что моего воздействия будет *недостаточно*, *чтобы* в корне перетрясти её характер. (М. Шолохов)

⑦ Однако колоссального роста и могучего голоса оказалось далеко *недостаточно*, *чтобы* стать вторым Петром. (С. Сергеев-Ценский)

⑧ Гороха и картофеля у них *хватит*, *чтобы* не умереть с голода.

（А. Толстой）

⑨ Мне и этой беды *хватит*, *чтобы* белый свет стал немил.（М. Шолохов）

⑩ Голов у них *не хватит*, *чтобы* дойти до Москвы.（М. Бубеннов）

⑪ Ютанинского домишка было *мало*, *чтобы* вместить гостей.（С. Злобин）

⑫ Но света было *довольно*, *чтобы* разглядеть множество голов, которые чуть-чуть шевелились, заслоняя стойку.（К. Федин）

⑬ Этого *довольно*, *чтоб* открыть глаза слепому.（И. Гончаров）

《复合句句法(俄语固定结构)》①中指出,结构主句中的第二格通常可用:

(1)表示行为的名词, 它们通常具有短时间的特征, 如 взгляд, движение, улыбка 等。如强调数量,则用 один взгляд, даже взгляд 等,如强调性质,则用 этот взгляд, такой взгляд 等,如既强调数量,又强调性质,则用 один этот взгляд 等。例如:

① Одного этого взгляда было *достаточно*, *чтобы* Коростышев вспыхнул и вскочил с места.（Н. Игнатьев）

(2)表示数量时,它们既可是确定的数量,又可是不定的数量。例如:

② Двух картофелин *много*,*чтобы* накормить зверька.

③ Народу на улицах было *достаточно*, *чтобы* затеряться и ускользнуть.（С. Злобин）

(3) 表示上文中的事件与后一部分行为之间时间间隙的词组,如 этот срок, два дня, пять минут 等。例如:

④ Этого срока оказалось вполне *достаточно*, *чтобы* затонцы, вполне насытившись, немного успокоились.（М. Алексеев）

⑤ *Достаточно* пяти минут, *чтобы* он надоел мне так, как будто я вижу и слушаю его уже целую вечность.（А. Чехов）

(4) 用指示词 этот 替代上文中的事件。例如:

---

① Синтаксис сложного предложения（Устойчивые структуры русского языка）. Казань. 1985, стр. 76–78.

⑥ «На похороны тоже приходил!»— крикнула она, и этого было *достаточно*, *чтобы* все поняли провинность Ренне.（Л. Леонов）

有时还可以用紧缩命题的手段来替代上文中的事件,如 Электричество погасло, и этого было *достаточно*, *чтобы* она приткнулась где-нибудь в углу… и затихла в смертельной тоске 中,上文中的事件 электричество погасло 可采用紧缩命题的方法转换成词组。例如:

⑦ Погасшего электричества было *достаточно*, *чтобы* она приткнулась где-нибудь в углу… и затихла в смертельной тоске.（А. Толстой）

5 … достаточно（недостаточно, довольно, …）(Advquant) + N_2…, чтобы…

对于这一结构类型俄罗斯语法学家通常不单独划分。他们把它划归前一结构类型,即 достаточно + N_2, чтобы… 中[①]。这样的划分值得商榷。前一类结构中的 достаточно 是谓语副词,与第二格连用,在句中作谓语;而这一结构中,достаточно 等是数量副词,与名词第二格形式组成词组,作句中的主语或补语。由此可见,两者各有特点,不可相互混淆,分别划分为两个类型为宜。

这一结构表示作为根据的事物数量足以或不足以使从句所述内容得以实现。因此从句具有结果意义,兼有目的意味,通常可译为"……足(不足)以使……"。例如:

① У меня было *достаточно* книг, *чтобы* учиться, учиться и учиться, несмотря ни на что.（А. Грин）

② О, у нас всегда *достаточно* сил, *чтобы* перенести несчастье ближнего.（Д. Гранин）

③ Несмотря на болезнь, в нём *достаточно* ещё сохранилось сил, *чтобы* раскидать своих подчинённых, как щенят.（А. Новиков-Прибой）

④ Небо, покрытое облаками, всё же давало *достаточно* света,

---

① Синтаксис сложного предложения（Устойчивые структуры русского языка）. Казань. 1985.

чтобы мокрые леса могли загораться вдали, как багряные пожары. (К. Паустовский)

⑤ Однако Олеся нашла в себе *достаточно* силы, *чтобы* достоять до конца обедню. (А. Куприн)

⑥ Я ощутил в себе *довольно* сил, *чтобы* противиться заблуждению. (А. Радищев)

⑦ Я имею *довольно* свободного времени, *чтобы* повествовать вашему превосходительству сие происшествие в должностном порядке. (И. Лажечников)

表示条件意义的成语化结构

1 **стоит（стоило）…，как（и，чтобы）…**

这种复合句的第一分句是无人称句，由 стоит 或 стоило 加完成体动词不定形式构成，主体用名词的第三格形式，在 стоит 或 стоило 之后有时可加 только，лишь。第一分句表示条件，第二分句表示所述条件的结果。句子的排列顺序不能颠倒。

стоит…，как（и）…的结构具有现在时或将来时的意义，因此第二分句的谓语要用现在时或将来时形式；在 стоило…，как（и）…的结构中，第二分句的谓语要用过去时形式；在 стоит（стоило）…，чтобы…的结构中，第二分句谓语可用动词不定形式或过去时形式。

在 стоит（стоило）…，как（и）…的结构中，如表示多次重复的行为，第二分句谓语要用未完成体动词；如表示一次性的行为，第二分句谓语要用完成体动词。第二分句谓语如用完成体动词将来时形式，则它既可表示多次重复的行为，又可表示一次性的行为，这要由上下文来决定。在 стоило…，как（и）…的结构中，如表示非现实的条件，第二分句谓语用假定式，或两个分句谓语都用假定式。

стоит（стоило）…，как（и）…的结构表示的条件-结果关系兼有时间意味。第二分句如用 как 连接，则具有结果迅速来临的意味，通常可译为"只要……，就……"或"刚……，就……"；而 стоит（стоило）…，чтобы…的结构只表示条件-结果关系，不兼有其他的意义色彩。第二分句由于受 чтобы 的词汇-语法意义的影响，具有情态意义，表示虚拟、预期或可能发生的结果。通常可译为"只要……，就会……"。стоило…，чтобы…的结构有时可表示非现实的条件意义。例如：

① *Стоит* ему заговорить，*как* все кругом замолчат.

② Но *стоит* эту же речевую единицу произнести с законченной интонацией, *как* она уже будет предложением.

③ *Стоит* ему только бросить Надежду Фёдоровну и уехать в Петербург, *как* он получит всё, что ему нужно.

④ *Стоило* мне выйти на берег с самоловом… *как* тотчас рядом появлялся Толя-капитан и брал команду в свои руки. (К. Паустовский)

⑤ Но *стоило* ей заговорить с Леной, *как* она снова почувствовала острый луч его взгляда на своей разгорячённой щеке. (П. Павленко)

⑥ *Стоит* сдать очерк в срок, *и* его опубликовывают.

⑦ *Стоит* только на эту горку подняться, *и* дом будет виден. (И. Тургенев)

⑧ *Стоит* только одну рюмку выпить перед обедом — *и* всё как рукой снимет. (Н. Гоголь)

⑨ *Стоило* ему увлечься "тенденциозной" сюжетностью — *и* он создавал шедевры. (К. Чуковский)

⑩ *Стоило* лишь сделать намёк, *и* она уже всё поняла.

⑪ *Стоит* только поколебать партию, ослабить её, *чтобы* мигом поколебалась и ослабла диктатура пролетариата.

⑫ Да и *стоит* прочитать несколько страниц, *чтобы* в том удостовериться.

⑬ *Стоило* взглянуть на Пекторалиса, *чтобы* оценить, как он серьёзно понимает значение этой торжественной минуты.

⑭ Но *стоило* ей это признать, *как* неизбежно возник бы разговор о самом главном, о том, что она скрывала.

⑮ Вам *стоило* только слово сказать, протянуть руку, *и* я пошла бы за вами без оглядки хоть на край света. (А. Островский)

⑯ *Стоило* бы передним или задним колёсам сойти хоть чуть-чуть в сторону, *и* грузовик бы провалился. (К. Симонов)

这一结构的第二分句句首,特别在口语中可用连接词 а 或其他词,如 так 等。

⑰ *Стоит* только раз с нею познакомиться, *а* там уж ни за что не захочешь расстаться.

⑱ Ведь мне только рассердиться *стоит* да уйти от вас, *так* вы после слёзы-то кулаком станете утирать. (А. Островский)

第二分句句首有时也可不用连接词,两分句间用逗号或破折号隔开。例如:

⑲ *Стоило* ей выйти в коридор, Ланговой следовал за ней, как тень.

⑳ Помните, *стоит* одному замешкаться — всё отделение задержится.

㉑ *Стоит* сдать очерк в срок — его опубликуют.

在这一结构中,两个分句的排列顺序不能颠倒,但是有时也可遇见分句排列顺序颠倒的情况。这时该结构成语化性质丧失。стоит 或 стоило 引出的句子条件意义已经消失,替代它的是带有"应该"意味的限制意义,并含有接续的性质。例如:

㉒ Ведь есть же лекарство, думаешь, против этой болезни, *стоит* только найти. (И. Тургенев)

㉓ Всегда он возникал возле, *стоило* только появиться Полине Георгиевне…

㉔ У них же всегда готовы в голове превосходные проекты для всякого рода реформ, стоит только присесть да написать. (В. Белинский)

2 достаточно (довольно) (Praed) + Inf, как (и, чтобы) …

结构的第一分句中,достаточно 或 довольно 是谓语副词,加完成体动词不定形式构成无人称句,主体用名词的第三格形式,时间由系词 быть 表达。第一分句表示条件,由 как (и, чтобы) 连接的第二分句表示结果。两分句的排列顺序不能颠倒。достаточно…, как… 和 достаточно…, чтобы… 分别与 стоит (стоило) …, как …; стоит (стоило)…, чтобы… 是同义结构,但它们之间有细微差别,差别在于 достаточно 和 довольно 的词义中含有"足够(以)"的意味,即前一分句有充分根据足以使后一分句所述内容得以实现。通常可译为"只要……,就(足以)……"。例如:

① *Достаточно* было ему посмотреть на неё, *как* она сразу краснела.

② *Достаточно* коснуться проволочного заграждения, *как* тёмное небо озаряется множеством ракет.

③ *Достаточно* было командиру дивизии сказать начальнику своего штаба о приезде командующего, *как* весть эта мгновенно прошла по всей дивизии.

④ *Довольно* было прорваться сквозь шум особенно зычному голосу, *как* начиналось выспрашиванье, кто кричит?

⑤ *Достаточно* будет один раз посмотреть мне работу этого станка, *и* я всё пойму.

⑥ *Достаточно* добавить ещё одного человека, *чтобы* выполнить эту работу.

⑦ *Достаточно* было кому-нибудь из сотрудников сделать пустяковую ошибку, *чтобы* заслужить его вечное презрение. (К. Паустовский)

⑧ Ей *довольно* было дохнуть, *чтобы* погасить огонь в его очаге, … (М. Ильин, Е. Сегал)

在 достаточно…, чтобы…的结构里,如在第二分句中加上副词 тотчас же, тут же, сразу же 等,则整个结构除表示条件-结果意义外,还兼有时间意味,强调一行为紧跟另一行为的发生而发生。这时它可和 достаточно…, как…的结构替换使用。通常可译为“刚……,就……”。例如:

⑨ *Достаточно* мне было вспомнить о предстоящем визите, *чтобы* настроение тут же испортилось. (А. Чехов)

⑩ *Достаточно* создать нормальные условия температуры и питания, *чтобы* клетки сразу же восстановили свои функции.

结构的第一分句中,动词不定形式通常用完成体,但有时也可用未完成体,这时一般具有行为持续或多次重复的体的意义。例如:

⑪ *Достаточно* по разу в месяц подливать в водоём керосина, *чтобы* в нём пропало всё комарное потомство.

⑫ *Достаточно* знать, что ожидает тебя впереди, *чтобы* жизнь потеряла всю свою прелесть. (В. Григорьев)

结构的第一分句可加语气词 и，только，лишь 和副词 вполне，совершенно等以加强充分根据的意义。例如：

⑬ Семену Ивановичу *достаточно* было только повернуть голову, *чтобы* увидеть, что делается в той половине за перегородкой.（А. Толстой）

⑭ Не отозваться о стихах положительно было вполне *достаточно*, *чтобы* Будякин перестал с тобой здороваться.（Ю. Алексеев）

有时充分根据可能是主观想象的,这时在第一分句中可加表示主观情态意义的插入语 конечно，вероятно，разумеется，должно быть 等。例如：

⑮ Конечно, *достаточно* было повнимательнее посмотреть ей в глаза, *чтобы* понять, что все это говорится в утешение моего самолюбия.（Л. Кассиль）

在 достаточно…，чтобы…的结构中,两分句的行为分属于不同的主体,通常 чтобы 后用动词过去时形式,但是,有时也可用动词不定形式。这时或强调第二分句的泛指人称、不定人称意义,或第一分句的客体为后一分句的主体①。例如：

⑯ Ведь *достаточно* им сбить один самолёт, *чтобы* всё раскрылось.（И. Эренбург）

⑰ Для меня *достаточно* будет рассказать что-то один раз, *чтобы* запомнить очень надолго.（Д. Салмина）

достаточно…，чтобы…的结构除表示条件-结果关系外,还兼有目的意义。如果结构中有目的意义的指示词 для того，затем 等,并且两个分句的排列顺序颠倒,则该结构就只强调目的意义了。例如：

⑱ *Чтобы* понять это, *достаточно* представить себе, какие массы людей и военной техники были приведены в движение согласно единому плану.（А. Фадеев）

---

① 参看 У И-и, Формы сказуемых в сложноподчиненных предложениях с придаточными цели. Русский язык в школе, 1987, №1.

3 что касается..., то...

苏联语法学家对这一结构的看法有分歧。《54 年语法》、泽姆斯基（А. М. Земский）等认为这一结构是复合句①。他们主要是以这一结构的形态组成为其依据。而别洛沙普科娃、马克西莫夫等语法学家把它归为简单句②。别洛沙普科娃在《现代俄语复合句》中明确指出，что касается...“不是述谓单位，它没有其他述谓单位所固有的情态–时间意义。касается 的形态在固定组合 что касается... то... 中已失去动词的特性（这一形态不可能有时间上的变化）。что касается... то...整个组合在现代俄语中是具有区分功能的特殊虚词。……值得注意的是，短语 что касается... то..., что до...在某些使用场合与前置词 насчёт, относительно 同义……”。对这一结构苏联语法学家众说纷纭，莫衷一是。他们之所以会对这一结构有不同的看法，主要是因为该结构本身在结构与语义、功能上是互相矛盾的，即它在形态上是多述谓结构，但在语义上却只报导一个情景。科洛索娃称这一现象为复合句的不对称性，也就是复合句的表达单位（形态组织）与内容单位（语义组织）之间的不一致，不对称③。这就是这一结构的特点。

在该结构的第一部分中，что касается 加名词、人称代词的第二格或加前置词 до 和名词、人称代词的第二格连用，第一部分指出吸引人们注意的人或物，具有一定的条件意义，后一部分由 то 引出，它是对第一部分所述的人或物加以说明，两个部分的排列顺序不能颠倒。该结构多用在书面语体中，通常可译为“至于（说到）……，那……”。例如：

① *Что касается* меня, *то* я лишь ученик Ленина, и моя цель быть достойным его учеником.

② *Что касается* второго вопроса, *то* мнение у всех одинаково.

③ *Что касается* меня, *то* я по-прежнему живу в Ялте...（А. Че-

---

① АН СССР, Грамматика русского языка. Т. Ⅱ, Ч. Ⅱ. М., 1954, стр. 358–359; А. М. Земский и др., Русский язык. Ч. Ⅱ. М., 1955.

② В. А. Белошапкова, Сложное предложение в современном русском языке. М., 1967, стр. 36–37; С. Е. Крючков, Л. Ю. Максимов, Современный русский язык. Синтаксис сложного предложения. М., 1977, стр. 104.

③ Т. А. Колосова, Русские сложные предложения асимметричной структуры. Воронеж. 1980.

хов)

④ *Что же касается* материальной стороны, *то* вот извольте спросить у Ивана Ивановича: табачку иной раз купить не на что.(А. Чехов)

⑤ *Что касается до* моего личного дела, *то* нет необходимости говорить здесь.

⑥ *Что же касается* до Нежданова — *то* нечто ещё худшее установилось внезапно между им и хозяином дома…

⑦ *Что касается до* второго обстоятельства, *то* есть до столь страшного для меня экзамена, то оно почти с ума меня сводило.(А. Болотов)

⑧ *Что касается до* меня, *то*, признаюсь, известие о прибытии молодой и прекрасной соседки сильно на меня подействовало…(А. Пушкин)

在口语中有时可遇到这种结构的变体 что до…, то…,即第一部分中动词 касается 省略不用。例如:

⑨ *Что до* меня, *то* я ни за что не соглашусь.

⑩ *Что до* меня, я не собираюсь с ним мириться.(В. Ажаев)

⑪ *Что до* Кати, *то* она за два года вполне поняла своего мужа.

在 18 世纪的作品中,该结构的第一部分除用 касаться 外,还可用 надлежать 和 принадлежать。例如:

⑫ *Что принадлежит до* улиц, *то* они очень нешироки.(Н. Карамзин)

表示时间意义的成语化结构

在现代俄语中,表示时间关系的成语化结构在结构上和语义上都有自己的特色。这些结构的共同特点是:各分句的排列顺序是固定的,不能颠倒;语气词 не 往往不表示否定意义;各分句间是并列关系还是从属关系界限不清(如在从属连接词 как 的位置上通常可使用并列连接词 и, а 等);结构中主句与从句的界限不清(如不带连接词的分句,在形式上是主句,但在语义上却说明带连接词的分句,即形式上的从句)。

1 не успел…, как

这种结构表示两个行为的迅速交替:或表示第一分句行为还未发生就被第二分句行为所代替,这时 не 具有否定意义,通常可译为"还没有来得及……,就已经……";或表示第一分句行为刚一发生,第二分句行为就随即发生,这时 не 不具有否定意义,通常可译为"刚……,就已经……"。

如果结构的第一分句中有 ещё, и, даже, ещё и 等词,则 не 具有否定意义。例如:

① Ещё *не успел* я снять пальто, *как* в дверь постучали. /我还没有来得及脱大衣,就有人敲门了。

② Ещё *не успеешь* раскрыть рта, *как* они уже готовы спорить. (Н. Гоголь)/你还没有来得及张嘴,他们就已经作好争辩的准备了。

③ *Не успел* я прочитать и полстранички, *как* уснул. /我还没有来得及看完半页,就睡着了。

④ *Не успел* я написать и четверти страницы, *как* из большого дома вышел Гайдар…(К. Паустовский)/我还没有写完四分之一页,盖达尔就从高楼里走了出来……

⑤ Ещё *не успел* он сказать и двух слов, *как* его перебили. /他还没

有说两句话就被打断了。

⑥ Яков *не успел* даже предупредить Акима, *как* уже подошел к нему. (М. Алексеев)/雅可夫还没有来得及预先告诉阿基姆,就走到他跟前了。

如果结构的第一分句是否定结构,则 не 具有否定意义。例如:

⑦ Жена Ивана Тимофеевича, Анна, ... *не успела* ничего ответить, *как* муж ответил за неё...(А. Яшин)/伊凡·季莫费耶维奇的妻子安娜还没有来得及回答,她丈夫就代替她回答了……

⑧ *Не успел* я произнести ни одного слова, *как* голова моя мотнулась в одну сторону, затем в другую. (А. Новиков-Прибой)/我一个字还没有说出来,我的头就被打得向一边晃动,然后向另一边晃动。

⑨ Фёдор Фёдорович внезапно отделился от стены, и никто *не успел* уследить, *как* он уже был возле солдата, тащившего раненого. (А. Фадеев)/费多尔·费多洛维奇出奇不意地离开了墙壁。谁也来不及拦阻,他已经到了那个拖着伤兵的士兵身旁。

如果动词不定形式位于 не успел 之前,这种词序强调 не успел 的否定意义。例如:

⑩ Крестьянин ахнуть *не успел*, *как* на него медведь насел. (И. Крылов)/农夫还没有来得及叫喊,熊就扑到了他的身上。

⑪ Для меня было что-то неясное в этой мысли, но спросить Владимира Ильича я *не успел*, он уже интересно говорил об «эксцетризме» ... (М. Горький)/我思想上有些模糊不清的东西,但我还没有来得及问弗拉季米尔·伊里奇,他就有趣地说到戏剧中的"插科打诨"了……

如果结构的词汇组成能够确切表示 не 不具有否定意义,则 не успел 就与 только успел,едва успел 同义。例如:

⑫ *Не успела* она войти в комнату, *как* увидела на столе письмо./她刚一进屋就看见桌上有封信。

⑬ *Не успел* я задать вопрос, *как* все ученики закричали, заглушая ответы друг друга./我刚一提出问题,所有的学生就嚷嚷起来,相互压倒别人的回答声。

⑭ *Не успели* мы втроём выйти из сада, *как* за нами хлопнули ворота...（Л. Пантелеев）/我们三人刚走出花园，背后的大门就砰地一声关上了……

⑮ *Не успел* он выйти из аудитории, *как* друзья бросились его поздравить. /他刚走出教室，朋友们就跑去向他祝贺。

有时这类句子可以作两种理解，如 *Не успел* я ответить на первый вопрос, *как* он задал мне второй и третий 既可理解为"我还没有来得及回答第一个问题，他就已经对我提出了第二、第三个问题"，又可理解为"我刚回答第一个问题，他就已经对我提出了第二、第三个问题"。这两种理解一般可通过上下文来确定哪一种理解是正确的。

这类复合句各分句谓语的时、体对应关系通常有以下几种情况：

（1）第一分句谓语用 не успел 加完成体动词不定形式，第二分句谓语既可用完成体过去时形式，表示第二个行为已达到内在界限，又可用未完成体过去时或现在时形式，表示第二个行为是持续的。但前者更为常见。

第一分句谓语	第二分句谓语
не успел ＋ 完成体不定形式	完成体过去时 未完成体过去时 未完成体现在时

① Крестьянин ахнуть *не успел*, *как* на него медведь насел.（И. Крылов）

② *Не успел* я приблизиться к забору, *как* увидел Зинаиду.（И. Тургенев）

③ Но *не успел* я этого сделать, *как* уже стал раскаиваться.（Л. Толстой）

④ *Не успел* я занять место в вагоне, *как* поезд тронулся.

⑤ Фёдор Фёдорович внезапно отделился от стены, и никто *не успел* уследить, *как* он уже был возле солдата, тащившего раненого.（А. Фадеев）

⑥ *Не успели* отзвенеть на лугах косы, *как* уже август стоял у ворот, истомившийся, душный, пыльный, клоня к земле тяжёлые колосья.

⑦ Попрыгунья Стрекоза Лето красное пропела, /Оглянуться *не успела*, *как* зима катит в глаза. （И. Крылов）

⑧ *Не успела* отойти раняя обедня, *как* к Шерстобитовым тянутся бабьи полчища. （К. Федин）

有时第一分句谓语可用 не успевал 加完成体动词不定形式,第二分句谓语用未完成体过去时形式。这类结构具有多次重复的意义。例如:

⑨ *Не успевала* схлынуть молва о крупной аварии где-нибудь на юге, *как* уже накатывалась новая — о гибели целого транспорта с бензином на севере.

⑩ *Не успевал* я, бывало, прочитать и полустранички, *как* засыпал.

（2）第一分句谓语用 не успею, не успеешь 等加完成体动词不定形式,第二分句谓语用未完成体现在时、完成体将来时或完成体过去时形式。这类结构表示"超时间"或过去经常、多次重复的迅速交替的行为。

第一分句谓语	第二分句谓语
не успею + 完成体不定形式	未完成体现在时 完成体将来时 完成体过去时

① Плывут караси пощипать зелёных листочков, не чуют опасности, но *не успеют* и рта открыть, *как* из зелени стремительно выплывает щука, и уж кто-нибудь да попадёт в зубастый её рот. （З. Кривоносова）

② *Не успеем* выйти из самолёта — навстречу бегут школьники с букетами в руках…（В. Солоухин）

③ А как я рад, когда по необходимости остаюсь где-нибудь ночевать! *Не успеешь* бултыхнуть в постель, *как* уж спишь. （А. Чехов）

④ Вернёшься с работы, *не успеешь* раздеться, *а* он сразу прыг на колени. （П. Проскурин）

在 не успеешь （успел） + оглянуться 或 мигнуть, как… 结构中,第一分句没有主语,结构已经固定化了,语义也融合在一起,具有泛指意义,表示"转瞬间就……"、"一眨眼就……"。例如:

⑤ *Не успел* оглянуться, *как* пришла зима.

⑥ Мигнуть *не успеешь*, *как* он тебя обобрал да и прочь отошёл.（П. Мельников-Печёрский）

在 не успел…, как…的结构中,第二分句的句首有时可不用 как 连接,而用 а（а уже）, но（но уже）, и（и вот уже）, когда 等连接;或不用任何连接词,两部分间用逗号、破折号等分开。这些结构与 не успел…, как…的结构相比较,前者强调两个行为在时间上的对比,后者除了表示两个行为在时间上的对比外,还强调第二分句行为的突然性或意外性。例如:

⑦ *Не успел* я вернуться, *а* меня уже схватили трое десятских за шиворот.（В. Соллогуб）

⑧ Грицько *не успел* поднять левое весло, *и* она（лодка）закружилась.

⑨ Они *не успели* допить, *когда* перед ними возникли Цветухин и Пастухов.

⑩ *Не успело* солнце пригреть землю, всё встрепенулось.

⑪ *Не успело* солнце пригреть землю — загудело всё небо…（М. Бубёнов）

连接词 едва, едва только, только что, лишь только 等连接的时间从句中,谓语既可用 успеть 表示,又可用其他动词表示。这类时间句与 не успел…, как…的结构有所不同,它们并没有,而且也不可能成为成语化的固定结构。例如:

⑫ Я *едва* успел приготовить всё, что мне было нужно для работы, как она уже вернулась.（В. Гаршин）

⑬ Но *едва* мелькнула эта мысль, как я вспомнил, что…（Н. Павлов）

⑭ Араб *только что* успел встать, как вошёл секретарь кабинета министра.（И. Лажечников）

⑮ Он *только что* проснётся у себя дома, как у постели его уже стоит Захарка.（И. Гончаров）

2 не прошло (прошёл)..., как

这类结构的第一分句是 не прошло (прошёл) + N_2,第二格名词通常用表示时间段落的名词(如 минута, час, неделя, месяц, год 等)或表示空间度量的名词(如 метр, километр, верста, шаг 等)。前者通常与 пройти (протечь, миновать) 的无人称形式搭配,如 Не прошло и пяти минут, как...等;但偶尔也可与 пройти (проехать) 的人称形式搭配,如 *Не проехали* мы и пяти минут, *как*...等。后者通常与 пройти (проехать, отойти, отъехать) 的人称形式搭配,如 *Не прошли* мы и километра, *как*...等。

这类结构表示两行为的迅速交替:或表示第一分句行为尚未结束,第二分句行为即已发生,这时 не 具有否定意义,通常可译为"还没有过……(多少时间),就……"、"还没有走出……(多少路程),就……";或表示前一行为刚刚完成,后一行为随之发生,这时 не 不具有否定意义,通常可译为"刚过……(多少时间),就……"、"刚走出……(多少路程),就……"。

如果结构的第一分句中有 ещё, и, ещё и 等词,则 не 具有否定意义。例如:

① Часу ещё *не протекло*, *как* явился к Литвинову кельнер. (И. Тургенев)/没有过一个小时,堂倌就来到了利特维诺夫跟前。

② Но он *не отбежал* ещё пятидесяти шагов, *как* вдруг остановился, словно вкопанный. (И. Тургенев)/但是他没有跑出 50 步远,就突然纹丝不动地站住了。

③ *Не прошло* и часа, *как* он позвонил мне. /不到一个小时,他就给我打电话了。

④ *Не прошёл* Никитин и двухсот шагов, *как* и из другого дома послышались звуки рояля. (А. Чехов)/尼基金没有走出两百步远,就听见从另一所房子里传来了钢琴声。

⑤ *Не прошло* ещё и двух месяцев, *а* мой Алексей был уже влюблён без памяти. (А. Пушкин)/没过两个月,我的阿列克赛就如醉如痴地坠入情网了。

⑥ Но мы ещё *не отъехали* и ста шагов, *как* вдруг нашу телегу сильно толкнуло.（И. Тургенев）/但是还没有走出一百步远，我们的大车就突然被撞了一下。

如果结构的第一分句中有 какой-нибудь 说明第二格名词，则 не 不具有否定意义，не прошло каких-нибудь пяти минут 或 не прошли каких-нибудь пяти километров 就等于 прошло всего лишь пять минут 或 прошли всего лишь пять километров。例如：

⑦ *Не прошло* какого-нибудь месяца, *как* цех восстановили./刚过一个月车间就恢复了生产。

⑧ *Не прошло* каких-нибудь пяти минут, *как* он позвонил мне./刚过五分钟他就给我打电话了。

⑨ Мы *не проехали* каких-нибудь пяти километров, *как* машина сломалась./我刚驶出五公里，汽车就坏了。

⑩ Я *не прошёл* каких-нибудь сто шагов, *как* почувствовал, что не могу ходить./我刚走出一百步远就觉得不能走路了。

如果结构的第一分句中既没有 ещё, и, ещё и 等词，又没有 какой-нибудь 说明第二格名词，则 не 不具有否定意义，не прошло недели 或 не проехали километра 就等于 прошло около недели 或 проехали приблизительно километр。例如：

⑪ *Не прошло* минуты, он опять начал стучаться.（А. Пушкин）/大约过了一分钟他又敲起门来了。

⑫ *Не прошло* десяти минут, *как* на конце площади показался тот, которого мы ожидали.（М. Лермонтов）/大约过了 10 分钟我们等待的那个人从广场的那一边出现了。

⑬ *Не прошло* часа после этого разговора — он был уже в саду у князя.（Н. Павлов）/这次谈话之后大约过了一小时，他已经到了公爵的花园里。

⑭ *Не проехали* мы пяти километров, *как* машина сломалась./我们大约才驶出了五公里，汽车就坏了。

这类复合句第二分句谓语既可用完成体过去时形式，表示第二个行为已达到内在界限，又可用未完成体过去时或现在时形式，表示第二个行为是持续的。但是，前者更为常见。

第一分句谓语	第二分句谓语
не прошло（не прошёл） + 第二格名词	完成体过去时 未完成体过去时 未完成体现在时

⑮ *Не прошло* и десяти минут, *как* все мотоциклисты вновь сели на машины и помчались в город.（А. Фадеев）

⑯ *Не прошло* и четверти часа, *как* нараставший стрекот моторов наполнил собой всё вокруг…（А. Фадеев）

⑰ *Не проехали* мы четверти часа, *как* ямщик, остановив лошадей, передал вожжи Алёшке.（Л. Толстой）

⑱ *Не прошёл* я в лесу и версты, *как* мне послышалось, будто впереди навстречу едет телега.（М. Пришвин）

⑲ Мы *не проехали* ещё и четверти дороги, *как* вдруг я услышал за собой крик.（Ф. Достоевский）

⑳ *Не прошло* и получаса с его приезда, *как* уж он с самой добродушной откровенностью рассказывал свою жизнь.（И. Тургенев）

㉑ Данилка вскочил и побежал к машине. И одной минуты *не прошло*, *как* он уже сидел рядом с шофёром на кожаном сиденье…（И. Воронкова）

㉒ *Не прошло* и десяти минут, *как* Сергей сидел в самолёте.（С. Бабаевский）

㉓ *Не проехали* ещё и десяти вёрст, *а* он уже думал: «Пора бы отдохнуть».（А. Чехов）

㉔ *Не прошло* ещё 25 лет после его смерти, *как* его уже никто не читает.（М. Дмитреев）

не прошёл…, как…结构的第一分句中有时还可以用带前缀до-或с-的运动动词来代替прошёл,这时在这些动词后面不能直接跟第二格名词,而需要加上适当的前置词。例如:

㉕ Мы *не добежали до* дома, как пошёл дождь.

㉖ По мере, как я читал, вы улыбались, но я и *до* половины *не дошёл*, *как* вы остановили меня.（Ф. Достоевский）

㉗ Я поклонился ей и вышел молча, … но *не сошёл* ещё *с* лестницы, *как* догнала меня Настасья Егоровна. (Ф. Достоевский)

有时第一分句也可用 не сказал двух слов 或 не просидел, не проспал, не прожил 等 + 表示时间段落的名词第二格表示。例如:

㉘ Он *не сказал* и трёх слов, *как* все уже поняли, что это настоящий оратор.

㉙ Но *не просидел* он и четверти часа, *как* вдруг, очень где-то вблизи, послышался аккорд гитары. (Ф. Достоевский)

㉚ *Не проспал* и часу, *как* меня разбудили.

㉛ *Не прожили* и двух лет, *как* получили новую квартиру.

有时这一结构可与 не успел…, как…的结构混合在一起用,如 не успел пройти (проехать, отойти 等) + 空间度量的名词二格 + как。例如:

㉜ *Не успели* мы *пробежать* полдороги, *как* услышали позади крик. (А. Гайдар)

㉝ *Не успел* старшина *проскакать* и десяти метров, *как* земля под ним с треском взорвалась.

㉞ Но *не успел* он *сделать* и шага, *как* увидел за деревом фигуру человека. (А. Рыбаков)

не прошло…, как…的结构有时可变体为 не пройдёт…, как + 将来时形式或 не проходит…, как + 现在时形式的结构。例如:

㉟ *Не пройдёт* и пяти минут, *как* пойдёт дождь.

㊱ *Не проходит* и пяти минут, *как* дети опять хохочут и мирно беседуют. (А. Чехов)

не прошло…, как…的结构有时可变体为"表示时间段落的名词第一格 + прошёл, как…"的结构。例如:

㊲ *Не прошла* и неделя, *как* я получил ответ от брата.

㊳ *Не пройдёт* минут десять, *как* он, верно, придёт поглядеть на меня. (Н. Гоголь)

在 не прошло (не прошёл)…, как…的结构中,有时第二分句可以不用 как 来连接,而用 а, но, и 等连接,或不带任何连接词,两分句间用逗号或破折号分开。如果第二分句不用 как 连接,则不强调第二分句行为的突然性。例如:

㊴ *Не прошло* и недели, *а* штабели заметно поредели.

㊵ *Не прошло* трёх минут, он опять вернулся.

㊶ *Не прошло* часа после этого разговора — он был уже в саду у князя. (Н. Павлов)

3 не проходит (проходило)..., чтобы не...

在这类结构中,第一部分由 не проходит, не проходило 的无人称形式加表示时间段落的名词第二格,有时也可以用其他名词来表示时间段落,如 обед, ужин, чай, урок, собрание 等。在这些名词前除数词 один 外,通常不能加其他数词。这类结构在语义上表示:第二分句所谈的内容就是在第一分句所表示的这个时间段落里发生的事情。第一分句和第二分句中的两个否定语气词是双重否定,在语义上等于肯定,通常可译为"没有一天(小时等)不……"或"每天(小时等)都……"。这类结构除表示时间关系外,还兼有定语意味,即第二分句对第一分句中表示时间段落的名词起修饰作用。例如:

① *Не проходит* дня, *чтобы* он *не* зашёл ко мне.

② Верите ли, году *не проходит*, *чтобы* он мне денег *не* прислал... (Л. Толстой)

③ *Не проходило* ни одного дня, *чтобы* он собственноручно *не* избил пятнадцать-двадцать человек из команды. (А. Новиков-Прибой)

④ Между тем дня *не проходило*, *чтобы* Серёжа *не* говорил о скрипке.

⑤ Манилова проговорила..., что муж её, *не проходило* дня, *чтобы не* вспомнил о нём.

⑥ *Не проходит* обеда и чая, *чтобы* вы *не* поднимали шума. (А. Чехов)

⑦ *Не проходило* урока, *чтобы* наш учитель по истории *не* рассказывал нам какой-нибудь интересный эпизод, связанный с тем или иным историческим событием.

这类结构的第二分句中,谓语通常用未完成体动词,但有时也可用完成体动词,强调其结果意义。例如:

⑧ *Не проходило* дня, *чтобы* аэродром *не* подвергался жестокой бомбёжке. (Ю. Нагибин)

⑨ *Не проходит* месяца, *чтобы* мать *не* получила от него письма.

在这类结构中,第一分句中的 не проходит (проходило) 词义已发生了变化,不表示"运动",而表示"存在"。因此有时可用 нет, не было, не бывает, не бывало 来代替。例如:

⑩ *Нет* дня, *чтобы* они *не* ссорились.

⑪ *Не было* дня, *чтобы* разведчики *не* добывали ценных сведений.

⑫ Впрочем, *не было* года, *чтобы* в N-ском полку *не* застрелили кого-нибудь из офицеров. (А. Куприн)

⑬ Ещё *не бывало* дня, *чтобы* мы *не* встретились. (В. Кетлин-ская)

这类结构的第一分句中偶尔还可以遇见用完成体动词 не прошло 的情况。例如:

⑭ С тех пор *не прошло* ни одного дня, *чтобы* я *не* думал о мщении. (А. Пушкин)

这类结构的第一分句中,在表示时间段落的名词第二格前有时可加指示词 тот,这时第二部分的定语意味更加突出。例如:

⑮ Дня того *не проходит*, *чтобы* мы приступ под стены *не* делали. (В. Шишков)

这类结构的第一分句有时可变体为人称结构:既可带否定语气词 не,又可在形式上不带否定语气词 не,但在意义上却具有否定意义(通常用 редкий 等词)。例如:

⑯ Ни один престольный праздник *не проходил*, *чтоб* по селу Пожары не раздавался клич: «Бей жилу!» (В. Тендряков)

⑰ *Редкий* день *проходил*, *чтобы* они *не* встретились.

这一结构还可变体为 не проходит (дня) без того, чтобы не… 或 (Ни один день) не проходит без того, чтобы…[①]。例如:

⑱ Однако спать приходилось мало: ни одна ночь *не проходила без того*, *чтобы* Сережа *не* играл на скрипке.

---

① 参见吴贻翼:《现代俄语复合句句法学》中的《带…без того, чтобы…的主从复合句》,北京大学出版社 1999 年版,第 373–382 页。

⑲ Ни одни сутки *не проходили без того*, *чтобы* на том или другом корабле что-нибудь *не* случилось: ... (А. Новиков-Прибой)

⑳ Ни одной зимы *не проходило без того*, *чтобы не* приезжала какая-нибудь звезда. (А. Чехов)

㉑ Неудивительно также, что вокруг имени Рафлза Хоу росли все новые легенды, ибо *не проходило* дня *без того*, *чтобы не* последовало еще какого-нибудь доказательства его неограниченного могущества и беспредельной сердечной доброты. (журн.)

超句子统一体及其句际联系

对超句子统一体(简称超句体)的研究可以从两个不同的角度:一个是从句法的角度来研究,把超句体看做是大于句子的句法单位;另一个是从语篇语言学的角度来研究,把超句体看做是语篇的单位——小语篇。本文是从句法的角度来阐述超句体及其句际联系的。

1 超句体是大于句子的结构-语义统一体

超句体和词组、句子一样是句法单位,但是,它们之间是有区别的,区别在于:词组的逻辑基础是概念,句子的逻辑基础是判断,而超句体的逻辑基础是思维的另一种结构单位"逻辑统一体"。从逻辑学、心理学和心理语言学的角度对语流进行研究表明,一个思想并不总是同单个句子的界限相吻合。通常,一个思想不能放在一个句子的框框里,而往往是在一定逻辑和句法联系的基础上,由一个句子转向另一个句子,构成逻辑统一体。

超句体由两个或几个句子构成,是具有结构上的完整性和意义上的独立性的一段话语。在结构上超句体以联系手段把独立的句子联结成一个整体。这些联系手段有:连接词、带有处所或时间意义的副词或前置词-名词结构、代词、谓语的时-体对应、词序、词汇重复、插入语和语调等。在意义上超句体具有自己特殊的小主题,统一体中每个句子都是为揭示小主题而联结在一起的。换言之,超句体就是有着共同小主题的句子的总和。例如:

① Итак, может быть, не полностью, а, как, говорят, "в первом приближении", мы все-таки разобрались, что такое робот. Во-первых, это искусственно созданная система (в отличие от живых организмов, в том числе выращенных с тем или иным искусственным вмешательством). Во-вторых, это система, способная достаточно самостоятельно выполнять те или иные полезные для человека функции. Наконец, в-третьих, — система, адекватно реагирующая на изменение окружающих обстоятельств, причем степень восприятия ею внешнего мира (а следовательно, и диапазон возможных реакций) относительно велика. («Лит. Газета»)

首先,这一超句体的意义是完整的、独立的。它揭示一个小主题——什么是机器人。统一体中的第二、三、四句依次说明第一句中所提出的小主题。其次,在结构上采用的联系手段有:词汇的重复运用(робот — это искусственно созданная система; это система, способная..., система, адекватно реагирующая...),联结句子的插入语(во-первых, во-вторых, наконец, в-третьих),与第一句依次联结的后三个句子结构上的并行关系、语调的联结性和完整性。

从例子中可以看出,超句体中每个句子意义上的一致性是绝对必需的,否则,就不能区别于相邻的超句体。而结构上的这些联系手段并不是每个超句体都必须全部使用的,可以根据需要进行选择,但是不管选择什么手段,语调都是必需的。这就是说,超句体必须具有统一的语调,超句体之间的停顿比句子之间的要大。

2 超句体的句际联系

超句体的句际联系可以从语义、交际和形态三个方面来加以研究。

2.1 超句体是由构成它的句子的意思组成的,因此构成超句体的单个句子参与了它内部的某种意义关系,即参与了统一体句际间的意义关系。超句体的句际联系从语义方面看大致有以下几种:

(1)一般与个别对应的关系

在大多数情况下超句体先把小主题点出来,然后对它进一步详细叙述。例如:

① По сторонам лепились старые одноэтажные дома под черепичной крышей. Будочка сапожника. Бойкая парикмахерская с одним оконцем, вделанным в двери. Показалась вокзальная площадь... (Е. Ржевская)

有时小主题第一个引介句可概括后面所列举的事实、事物、现象等,而后面的句子对它加以注释或确切,使被描写的对象具体化。有时超句体的第一句还可是对某一事物总的评价，而后面所有的句子都为揭示这一评价的具体内容而存在。例如：

② Равного Путиловскому заводу в России в то время не было. Огромная армия рабочих с утра и до глубокой ночи трудилась в грохочущих цехах. Каждый делал свое: ковал или сверлил, нагревал или шлифовал, растачивал, полировал, красил, спускал, поднимал, откатывал…（А. Шишков）

（2）列举关系

表示列举关系的超句体通常可与带有同一类型、同一功能组成部分的无连接词复合句相对应。表示列举关系的超句体对同时进行的或同时存在的事件加以报导。通过列举关系联系起来的句子在信息上互相补充，而列举关系也只有在总体中才能得到充分的描写。例如：

① По дереву лодки неугомонно стучал дождь, мягкий шум его наводил на грустные мысли, и ветер свистел, влетая в проломленное дно — в щель, где билась какая-то цепочка, билась и трещала беспокойным и жалобным звуком. Волны реки плескались о берег, они звучали так монотонно и безнадежно, точно рассказывали о чем-то невыносимо скучном и тяжелом… Шум дождя сливался с их плеском, и над опрокинутой лодкой плавал протяжный, тяжелый вздох земли…（М. Горький）

表示列举关系的超句体除报导同时进行或同时存在的事件外，还可表达接续事件。例如：

② Отдали документы. Отец ушел, нерешительно шагая по тяжелому льду. Павел побрел за офицером. Они попали в бесконечный коридор, окрашенный внизу масляной краской, а сверху выбеленный.（В. Шкловский）

（3）对照关系

表示这一关系的超句体通常是通过报导相同或不同的现象，共存的、但并不相互排斥的两个行为表现出来的。因此参与表达这一关系的有被对照句子述谓部分的语义以及句中单个词汇的意义，有时还可考虑添加或替换相应连接词。由此可见，这类超句体形态上的特征不十分明显。例如：

① Он вертелся на месте, потирал руки, всплескивал ими, тер себе лоб, дергал усы и то бледнел, то краснел. Хмель выходил из его головы. Я не торопился сказать истину, желая знать, в какой мере эффект моего сообщения Степку о смерти товарища зависит от хмеля и сколько от эффекта останется, когда хмель пройдет…(М. Горький)

该超句体的第一部分描写 Степок 喝醉酒的情况下所进行的各种行为。报导的第二部分与第一部分是鲜明的对照(试比较:Он вертелся…, а я не торопился…)。

(4)条件-结果关系、因果关系以及其他关系

超句体中所表现的各种语义关系大体上与无连接词或有连接词复合句中所表示的各种意义关系相对应。但是,如果没有表达句子间关系的形态手段,则只能表示最一般的关系,如条件-结果关系、因果关系、时间关系等。

因果关系表现为前面的句子是预示报导第二部分的基础,第二部分指出前面句子的原因或理由。例如:

① Ему нравилась степь. Днем, идя по ней, он любил смотреть вперед, туда, где свод неба опирается на ее широкую грудь… Там он представлял себе большие чудные города, населенные невиданными им добрыми людьми, у которых не нужно будет просить хлеба — сами дадут без просьб. (М. Горький)

有时超句体的第二部分是第一部分所述内容的结果或结论。例如:

② Деловитый спокойный вопрос. Голос немолодой, надтреснутый. Лешка представлял себе сторожа ветхим стариком. (Е. Ржевская)

2.2 众所周知,实义切分理论主张揭示"该句在相应的上下文或语境中直接的、具体的意义"[①]。就其实质而言,实义切分是与语篇、上下文或语境等概念密不可分的。因此也可以说,语篇就是实义切分的主位-述位各种不同的组配。

从实义切分的理论来观察超句体的句际联系,最常见的是所谓的"含有前一句述位逐级主位化的简单线性级数"[②],即按顺序替换主位-述

---

① АН СССР, Грамматика русского языка. Т. Ⅱ, Ч. Ⅰ. М., 1954, стр. 91.

② О. И. Москальская, Грамматика текста. М., 1981, стр. 22.

位的句子组成的非层次链状组织那样的组配,也就是前一句的述位成为后一句的主位,并要求后一句有新的述位。其模式如下:

$$
\begin{array}{lll}
T_1 — R_1 & & \\
\quad\downarrow & & \\
& T_2 — R_2 & \\
& \quad\downarrow & \\
& & T_3 — R_3 \ldots\ldots
\end{array}
$$

例如:Он курил и слушал ночь. Она была наполнена звуками. Они то замолкали, то вновь приближались к нему.

第二种较为常见的模式是带有贯穿主位(сквозная тема)的切分。这就是说,超句体中各句用词汇或代词来重复同一主位。其模式如下:

$$
\begin{array}{l}
T_1 — R_1 \\
\downarrow \\
T_1 — R_2 \\
\downarrow \\
T_1 — R_3 \ldots\ldots
\end{array}
$$

例如:Еще из дверей он оглядывал комнату... Потом он присаживался, закуривал, справлялся, как дела... Иногда он приносил пирожных или яблок, или шелковую заграничную блузу... Он предлагал ей денег, дров для плиты...(Ю. Герман)

后一句的主位是前一句的主位加述位,也就是后一句切分的一个成素是前一句成素的总和。因此后一句的综合主位通常用总括词 все, это, все это 等表示。这是第三种模式。

$$
\begin{array}{l}
T_1 — R_1 \\
\quad T_2 (= T_1 — R_1) — R_2 \ldots\ldots
\end{array}
$$

例如:Конечно, он мог вкусно есть, мягко спать... Он мог купить себе даже обстановку, мог одеваться; он был бережлив...Обстановка, одежда — это все сбережения, но это не устраивало его. (Ю. Герман)

超句体有时可用各句中的述位组成,通常借助不可切分的句子,即带有零位主位的句子构成,这类句子主要是报导事件、事物或现象存在的存在句。有时句中也可出现动词,通常位于句首,在意义上已经弱化,如

Был чудесный день, грело солнце, пели соловьи 等。此外,带有直接客体的不定人称句也可起类似的作用,如 В колхозе собрали урожай, молотили зерно 等。在上述句子中有逻辑重音的、起述位功能的名词必须位于谓语之后,整个句子与带 быть 的存在结构相近。总之,所描写的意思是确定总的情景中事物的存在,并指出它们之间的空间关系。它们的模式是:

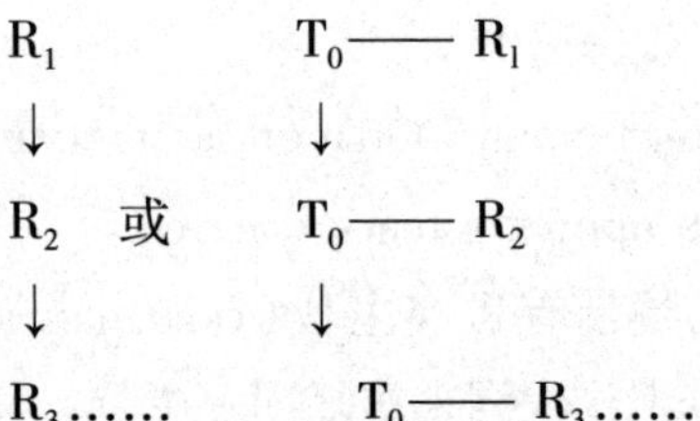

例如: Заходила на кухню к Вишнякову. Тут пылал очаг, огромный из белого кафеля; повара что-то встряхивали на противнях, выло пламя, шипели и фыркали соуса, мерно шумели приводные ремни — работали картофелечистки, мясорубки, шинковки. Из моечной тянулся пар. Стучали огромные поварские ножи. Было жарко, шумно, парно. (Ю. Герман)

第五个模式是"上下文-证实述位(верификативная рема)"。所谓证实述位就是句中不是报导新的信息,而是肯定或否定事件或事实的真实存在。因此这些句子的核心(即述位)由情态(肯定的情态或否定的情态)所表达。例如:

Он лег спать с этими мыслями, но думал, что все это пройдет и он вернется к старой жизни. Но старая жизнь не вернулась. (Л. Толстой)

2.3 超句体的句际联系根据其形态表现可分为以下三种类型:

(1)并行联系

表示并行联系的超句体中各个句子在结构上是同等的,并行的,这就是说,各个句子在结构上或都是双部结构,或都是单部结构,它们都具有同样的词序、同样的动词谓语的时-体对应形式等。在语义上它们都具有独立的含义,即与前面的句子没有词汇-语法联系而独立存在。这类超句体通常用来描写一系列的事件、行为、状态、景象等。例如:

① Буря бушевала над Петербургом, как возвращенная молодость. Редкий дождь хлестал в окна. Нева вспухала на глазах и переливалась через гранит. Люди пробегали вдоль домов, придерживая шляпы. Ветер хлопал черными шинелями. Неясный свет, зловещий и холодный, то убывал, то разгорался, когда ветер вздувал над городом полог облаков. (К. Паустовский)

在这一超句体中每个句子在结构上都是并行关系,因为它们都是双部结构,都有同样的词序,它们的动词-谓语都用同一个时-体形式。在意义上每个句子都具有独立的含义,因为句中填入的词汇是完全独立的,既没有指示词和概括整个结构意义的词,又没有代表其他结构的词。作为这一超句体基础的逻辑-意义统一体包含着在景色描写上的一般(Буря бушевала)与个别(Нева вспухала…; Люди пробегали…; Ветер хлопал…; Свет то убывал, то разгорался…)的对应。

并行联系中各个句子不仅可以具有同样的结构,而且还可以具有同样的句首。这就是说,各句子的句首可以是用同一词汇所表示的句子成分。这种在词汇上并行的句首更进一步加强了句子结构上的并行。同样的句首既可以是主语或谓语,又可以是次要成分。例如:

② Книга — хранилище знаний. Книга — вместилище всего великого опыта человека. Книга — неистощимый источник высокого эстетического наслаждения, глубоких раздумий…

③ Надо очень внимательно и очень строго, по косточкам разбирать, проверять БСЭ (Большая советская энциклопедия). Надо доброжелательно, нисколько не стесняясь, раскритиковать ее недостатки. Надо обсуждать все допущенные редакцией и авторами словаря промахи. Это совершенно необходимо прежде всего в интересах самого словаря. (М. Кольцов)

(2)顺序联系

顺序联系又称链状联系(цепная связь)。在表示顺序联系的超句体中各个句子在结构上和语义上是非同等的。第一个句子通常点出超句体所要揭示的小主题,所以它在结构和语义上是独立的,完整的。而后面的句子或者重复前面句子中的某一成分,或者对前面句子的内容进行补充或解释,或者是前面句子内容的结论。它们在形态上通常有所表示,如后两种情况中后句常用 мало того что, кроме того что, вдобавок; так, таков, такой, вот почему 等开头。总之,它们在结构和语义上都是不独立的,是依赖于前面的句子的。整个超句体中各个句子间的联系是,后句扣住前句,像链条那样,一环扣住一环。例如:

① Стеклянные корабли пенили воду. Ветер трубили в их снастях. Этот звук незаметно переходил в перезвон лесных колокольчиков. (К. Паустовский)

② Он курил и слушал ночь. Она была наполнена звуками. Они то замолкали, то вновь приближались к нему.

(3) 混合类型

这类超句体兼有并行联系和顺序联系的特点。它们通常有以下两种情况:一种情况是,在超句体中有些句子之间是并行联系,而另一些则是顺序联系。例如:

① Падавший снег останавливался и повисал в воздухе, чтобы послушать звон, лившийся ручьями из дома. А Золушка смотрела, улыбаясь, на пол. Около ее босых ног стояли хрустальные туфельки. Они вздрагивали, сталкиваясь друг с другом, в ответ на аккорды, долетавшие из комнаты Грига. (К. Паустовский)

在这一超句体中前两句是并行联系。第二、三、四句是顺序联系:第三句中的物主代词 ее 重复第二句中的 Золушка,第四句中的人称代词 они 重复第三句中的 хрустальные туфельки。因此这一超句体是兼有并行联系和顺序联系的混合类型。

另一种情况是,在超句体中各句子间既有并行联系,同时又有后句重复前句某一成分的顺序联系。在这种统一体中通常是后句省略了与前句相同的某些成分,所以后句一般是不完全句。例如:

② Тонкие губы подобраны, сжаты. Сжаты так плотно, что по краям проступила бескровная полоска. (А. Рекемчук)

这一超句体由两个句子组成。这两个句子既是并列联系,同时又是顺序联系,因为后句省略了与前句相同的主语 тонкие губы,而且还重复前句的 сжаты,这就致使后句依赖于前句,像链条那样扣住前句。

这种超句体有时可用在下列场合:前一句的某一成分由于带有各种不同的次要成分而显得十分累赘,因而在后一句中省略某些成分,并重复某一成分,使它获得扩展。这样既可避免前一句的冗长、累赘,又可强调

该成分,引起对它的注意。例如:

③ Там, у входа из поликлиники, в скверике сидела та самая девушка, с очень густыми волосами, которая пришивала пуговицу. Сидела, покачивая смуглой ногой в темном носочке. (А. Рекемчук)

参考文献

[1] 布龙菲尔德:《语言论》,商务印书馆 1980 年版。

[2] 沈开木:《现代汉语话语语言学》,商务印书馆 1996 年版。

[3] 邓　军:《篇章中的优控述位》,《外语学刊》1996 年第 4 期。

[4] 邓　克:《现代俄语词序——句法体系的新发展》,中国国际广播出版社 1994 年版。

[5] 恩格斯:《自然辩证法》,《马克思恩格斯选集》第 3 卷,人民出版社 1972 年版。

[6] 龚人放、李廷栋等:《俄语语法·词法》,北京大学出版社 1983 年版。

[7] 桂诗春:《应用语言学》,湖南教育出版社 1988 年版。

[8] 哈特曼等:《语言与语言学词典》,上海辞书出版社 1981 年版。

[9] 胡壮麟:《系统功能语法概论》,湖南教育出版社 1994 年版。

[10] 华　劭:《现代俄语语法新编》下册,商务印书馆 1979 年版。

[11] 华　劭:《华劭论文集》,黑龙江人民出版社 1991 年版。

[12] 科　德:《应用语言学导论》,上海外语教育出版社 1983 年版。

[13] 李兆同等:《语言学导论》,新疆人民出版社 1981 年版。

[14] 李战国:《俄语简单句结构模式研究》,上海外国语学院博士论文,1990 年。

[15] 李战国:《论俄语句子模式化研究的两个原则》,《外国语》1995 年第 4 期。

[16] 李战国:《论俄语句子模式化研究的两个原则》,《外国语》1995 年第 5 期。

[17] 李　勤:《俄语主从复合句及其分类》,上海外国语学院博士论文,1987 年。

[18] 李　玮:《从超句体到片段》,中央编译出版社 2001 年版。

[19] 列　宁:《哲学笔记》,人民出版社 1956 年版。

[20] 刘涌泉:《应用语言学》,上海外语教育出版社 1991 年版。
[21] 刘晓波、吴贻翼等:《俄语语法·句法》,北京大学出版社 1983 年版。
[22] 宁　琦:《现代俄语简单句模型》,北京大学博士论文,1997 年。
[23] 宁　琦:《现代俄语简单句结构模式、语义结构及模型》,《中国俄语教学》1987 年第 4 期。
[24] 宁　琦:《谈建立现代俄语简单句模型的理论基础》,《中国俄语教学》1999 年第 1 期。
[25] 宁　琦:《论俄语句子的模型化问题》,《北京大学学报(外国语言文学专刊)》,1998 年。
[26] 宁　琦:《现代俄语简单句模型的特征》,《中国俄语教学》1999 年第 4 期。
[27] 史密斯等:《现代语言学》,外语教学与研究出版社 1983 年版。
[28] 索绪尔:《普通语言学教程》,商务印书馆 1985 年版。
[29] 索振羽:《语用学教程》,北京大学出版社 2000 年版。
[30] 乔姆斯基:《句法结构》,中国社会科学出版社 1979 年版。
[31] 王　钢:《普通语言学基础》,湖南教育出版社 1988 年版。
[32] 王福祥:《俄语话语结构分析》,外语教学与研究出版社 1981 年版。
[33] 王福祥:《俄语实际切分句法》,外语教学与研究出版社 1984 年版。
[34] 王福祥、吴汉樱:《现代俄语句法(复合句)》,人民教育出版社 1984 年版。
[35] 王福祥:《汉语话语语言学初探》,商务印书馆 1989 年版。
[36] 王福祥:《话语语言学》,外语教学与研究出版社 1988 年版。
[37] 王德孝、段世骥等:《现代俄语理论教程》下册,上海外语教育出版社 1989 年版。
[38] 吴贻翼:《现代俄语句法学》,北京大学出版社 1988 年版。
[39] 吴贻翼:《现代俄语功能语法概要》,北京大学出版社 1991 年版。
[40] 吴贻翼:《现代俄语复合句句法学》,北京大学出版社 1999 年版。
[41] 吴贻翼、宁琦:《现代俄语模型句法学》,北京大学出版社 2001 年版。
[42] 吴贻翼等:《现代俄语语篇语法学》,商务印书馆 2003 年版。
[43] 吴贻翼:《现代俄语句法研究》,商务印书馆 2004 年版。
[44] 伍谦光:《语义学导论》,湖南教育出版社 1995 年版。
[45] 叶蜚声等:《语言学纲要》,北京大学出版社 1981 年版。

[46]《语言学百科词典》,上海辞书出版社 1994 年版。
[47] 袁毓林:《汉语动词的配价研究》,江西教育出版社 1998 年版。
[48] 张会森:《现代俄语语法新编》上册,商务印书馆 1979 年版。
[49] 周春祥:《现代俄语复合句》,外语教学与研究出版社 1980 年版。
[50] 周海燕:《现代俄语中的双成素无动词句》,北京大学博士论文,2002 年。
[51] Адамец П. Порядок слов в современном русском языке. Praha. 1966.
[52] Адамец П. Образование предложений из пропозиций в современном русском языке. Praha. 1978.
[53] Адамец П. Изучение валентности русских глаголов на философском факультете Карлова университета. // Актуальные проблемы русского синтаксиса. М., 1984.
[54] Адмони В. Г. Двучленные фразы в трактовке Л. В. Щербы и проблемы предикативности. Филологические науки, 1960, №1.
[55] Акимова Г. Н. Новое в синтаксисе современного русского языка. М., 1990.
[56] АН СССР Грамматика русского языка. Т. Ⅱ, Ч. Ⅰ. М., 1952—1954.
[57] АН СССР Грамматика современного русского литературного языка. М., 1970.
[58] АН СССР Русская грамматика. Ч. Ⅱ. М., 1980.
[59] Арват Н. Н. Аспекты изучения простого предложения. Черновцы. 1972.
[60] Арват Н. Н. Семантическая структура безличных предложений в современном русском литературном языке. М., 1975.
[61] Арутюнова Н. Д. Предложение и его смысл. М., 1976.
[62] Арутюнова Н. Д. и др. Русское предложение. Бытийный тип. М., 1983.
[63] Арутюнова Н. Д. О номинативном аспекте предложения. Вопросы языкознания, 1971, №6.
[64] Балли Ш. Общая лингвистика и вопросы французского языка.

М., 1955.

[65] Белошапкова В. А. и др. Деривационная парадигма предложения. Вестник МГУ, 1981, №2.

[66] Белошапкова В. А. О понятии «формула предложения» на уровне синтаксиса сложного предложения. // Единицы разных уровней грамматического строя языка и их взаимодействие. М., 1969.

[67] Белошапкова В. А. Сложное предложение в современном русском языке. М., 1967.

[68] Белошапкова В. А. Современный русский язык. Синтаксис. М., 1977.

[69] Березин Ф. М. Общее языкознание. М., 1979.

[70] Богданов В. В. Семантико-синтаксическая организация предложения. Л., 1977.

[71] Богданов В. В. Структурная схема и семантика предложения. // Исследования по семантике. Уфа. 1986.

[72] Бондарко А. В. Принципы функциональной грамматики и вопросы аспектологии. М., 1983.

[73] Бондарко А. В. и др. Теория функциональной грамматики. Л., 1987.

[74] Бондарко А. В. Функциональная грамматика. Л., 1984.

[75] Булаховский Л. А. Курс русского литературного языка. Т. I. Киев. 1952.

[76] Буслаев Ф. И. Историческая грамматика русского языка. М., 1959.

[77] Бухарин В. И. Коммуникативный синтаксис в преподавании русского языка как иностранного. М., 1986.

[78] Валгина Н. С. Синтаксис современного русского языка. М., 1991.

[79] Васильев Л. М. Современная лингвистическая семантика. М., 1990.

[80] Виноградов В. В. Избранные труды. Исследования по русской

грамматике. М., 1969.

[81] Виноградов В. В. Русский язык. М. - Л., 1947.

[82] Гак В. Г. К проблеме синтаксической семантики. // Инвариантные синтаксические значения и структура предложения. М., 1969.

[83] Галкина-Федорук Е. М. и др. Современный русский язык. Синтаксис. М., 1958.

[84] Гвоздев А. Н. Современный русский литературный язык. Ч. 2. М., 1958.

[85] Головин Б. Н. Введение в языкознание. М., 1983.

[86] Дешериева Т. И. Субъектно-объектные отношения в разноструктурных языках. М., 1985.

[87] Золотова Г. А. и др. Коммуникативная грамматика русского языка. М., 1998.

[88] Золотова Г. А. Коммуникативные аспекты русского синтаксиса. М., 1982.

[89] Золотова Г. А. Монопредикативность и полипредикативность в русском синтаксисе. Вопросы языкознания, 1955, №2.

[90] Золотова Г. А. Очерк функционального синтаксиса русского языка. М., 1973.

[91] Золотова Г. А. Синтаксический словарь. М., 1988.

[92] Изменения в строе сложноподчиненного предложения в русском литературном языке 19 века. Под ред. В. В. Виноградова и др. М., 1964.

[93] Ильенко С. Г. К вопросу о структурных типах сложноподчиненного предложения. Русский язык в школе, 1964, №1.

[94] Капенок Н. М. Сложное предложение фразеологического типа с союзом *чтобы*. Русский язык в школе, 1962, №2.

[95] Кацнельсон С. Д. К понятию типов валентности. Вопросы языкознания, 1987, №3.

[96] Кацнельсон С. Д. Общее и типологическое языкознание. М., 1986.

[97] Кацнельсон С. Д. Типология языка и речевое мышление. Л., 1972.
[98] Ковтунова И. И. Современный русский язык. Порядок слов и актуальное членение предложения. М., 1976.
[99] Кодухов В. И. Общее языкознание. М., 1986.
[100] Кокорина С. И. Еще раз о структурной схеме предложения.// Проблемы учебника русского языка как иностранного. Синтаксис. М., 1980.
[101] Кокорина С. П. Принципы описания грамматики в русском языке как иностранном.// Русский язык как иностранный. Актуальные вопросы описания и методики преподавания. М., 1982.
[102] Крушельницкая К. Г. К вопросу о смысловом членении. Вопросы языкознания, 1956, №5.
[103] Крылова О. А. Коммуникативный синтаксис русского языка. М., 1992.
[104] Крылова О. А. и др. Порядок слов в русском языке. М., 1984.
[105] Крючков С. Е., Максимов Л. Ю. Современный русский язык. Синтаксис сложного предложения. М., 1977.
[106] Крючков С. Е., Максимов Л. Ю. Типы сложноподчиненного предложения с придаточной частью, относящейся к одному слову или словосочетанию в главной части. Вопросы языкознания, 1960, №1.
[107] Курилович Е. Очерки по лингвистике. М., 1962.
[108] Лингвистический энциклопедический словарь. М., 1990.
[109] Ломтев Т. П. Общее и русское языкознание. М., 1976.
[110] Ломтев Т. П. Предложение и его синтаксические категории. М., 1972.
[111] Ломтев Т. П. Структура предложения в современном русском языке. М., 1979.
[112] Лосев А. Ф. Языковая структура. М., 1979.
[113] Лосева Л. М. Как строится текст. М., 1980.

[114] Лосева Л. М. К изучению межфразовой связи (абзац и сложное синтаксическое целое). Русский язык в школе, 1967, №1.

[115] Матезиус В. О системном грамматическом анализе. // Пражский лингвистический кружок. М., 1967.

[116] Михайлов М. М. Сложные предложения с временным союзом *когда* в современном русском языке. // Труды института языкознания. М., 1954.

[117] Михайлов М. М. Придаточные предложения с союзом *пока*. Русский язык в школе, 1952, №6.

[118] Москальская О. И. Проблемы системного описания синтаксиса. М., 1974.

[119] Москальская О. И. Грамматика текста. М., 1981.

[120] Мухин А. М. Валентность и сочетаемость глаголов. Вопросы языкознания, 1987, №6.

[121] Никитина Э. Г. Продолженное время в сложноподчиненных предложениях с союзами *пока* и *когда*. Вестник МГУ, 1985, №4.

[122] Никитина Э. Г. Типы временных придаточных предложений с союзом *пока* и отрицательной частицей *не*. Филологические науки, 1964, №2.

[123] Норман Б. Ю. Грамматика говорящего. СПБ., 1994.

[124] Одинцов В. В. Стилистика текста. М., 1980.

[125] Основы построения описательной грамматики современного русского литературного языка. М., 1966.

[126] Петров В. В. Язык и логическая теория: в поисках новой парадигмы. Вопросы языкознания, 1988, №2.

[127] Пешковский А. М. Русский синтаксис в научном освещении. М., 1956.

[128] Поспелов А. С. О различиях в структуре сложноподчиненного предложения. // Исследования по синтаксису русского литературного языка. М., 1956.

[129] Поспелов А. С. Сложное синтаксическое целое и основные осо-

бенности его структуры. // Доклады и сообщения Института русского языка. М., 1948.
[130] Поспелов А. С. Сложноподчиненное предложение и его структурные типы. Вопросы языкознания, 1959, №2.
[131] Потебня А. А. Из записок по русской грамматике. Т. 1 – 2. М., 1958.
[132] Распопов И. П. и др. Основы русской грамматики. Воронеж. 1984.
[133] Распопов И. П. Спорные вопросы синтаксиса. Ростов-на-Дону. 1981.
[134] Распопов И. П. Строение простого предложения в современном русском языке. М., 1970.
[135] Розенталь Д. Э. и др. Словарь-справочник лингвистических терминов. М., 1976.
[136] Русская грамматика. Т. II. Praha. 1979.
[137] Самойленко О. А. Придаточные предложения с союзом *пока*. Русский язык в школе, 1963, №6.
[138] Сиротинина О. Б. Лекции по синтаксису русского языка. М., 1980.
[139] Сиротинина О. Б. Порядок слов в русском языке. Саратов. 1965.
[140] Сложное предложение. Под ред. С. А. Шуваловой. М., 1989.
[141] Смирницкий А. И. Синтаксис английского языка. М., 1957.
[142] Современный русский язык. Под ред. В. А. Белошапковой. М., 1981.
[143] Солганик Г. Я. О синтаксической структуре текста. Русский язык в школе, 1984, №2.
[144] Солганик Г. Я. От слов к тексту. М., 1993.
[145] Солганик Г. Я. Синтаксическая стилистика. М., 1973.
[146] Солганик Г. Я. Стилистика текста. М., 1997.
[147] Соссюр Ф. де Курс общей лингвистики. М., 1956.
[148] Стеблин-Каменский М. И. Спорное в языкознании. Л., 1974.

[149] Фигуровский И. А. Синтаксис целого текста и ученические письменные работы. М., 1961.

[150] Формановская Н. И. Сложное предложение в современном русском языке. М., 1989.

[151] Формановская Н. И. Стилистика сложного предложения. М., 1978.

[152] Фортунатов Ф. Ф. Избранные труды. Т. 1. М., 1956.

[153] Хавронина С. А. и др. Обучение иностранцев порядку слов в русском языке. М., 1989.

[154] Химик В. В. Категория субъективности и ее выражение в русском языке. Л., 1990.

[155] Холодович А. А. К вопросу о доминанте предложения. // Проблемы грамматической теории. Л., 1979.

[156] Хомский Н. Аспекты теории синтаксиса. М., 1972.

[157] Хомский Н. Язык и мышление. М., 1972.

[158] Шапиро А. Б. Модальность и предикативность как признаки предложения в современном русском языке. Филологические науки, 1958, №4.

[159] Шахматов А. А. Синтаксис русского языка. Л., 1941.

[160] Шведова Н. Ю. Входит ли лицо в круг синтаксических категорий, формирующих предикативность? Русский язык за рубежом, 1971, №4.

[161] Шведова Н. Ю. О соотношении грамматической и семантической структуры предложения. // Славянское языкознание. М., 1973.

[162] Шведова Н. Ю. О структурной схеме сложного предложения. // Единицы разных уровней грамматического строя языка и их взаимодействие. М., 1969.

[163] Шведова Н. Ю. Очерки по синтаксису русской разговорной речи. М., 1960.

[164] Шведова Н. Ю. Парадигматика простого предложения в современном русском языке. // Русский язык. Грамматические ис-

следования. М., 1967.

[165] Шведова Н. Ю. Спорные вопросы описания структурных схем простого предложения и его парадигм. Вопросы языкознания, 1973, №4.

[166] Шмелева Т. В. Смысл предложения и семантика минимальной структурной схемы. Русский язык за рубежом, 1978, №5.

[167] Шмелева Т. В. О семантике структурной схемы предложения. Известия АН. Серия литературы и языка, 1978, Т. 37, №4.

[168] Шувалова С. А. Смысловые отношения в сложном предложении и способы их выражения. М., 1990.

[169] Шутова Е. И. Вопросы теории синтаксиса. М., 1984.

[170] Firth J. R. Synopsis of Linguistic Theory. // Studies in Linguistic Analysis. Blackwell. 1957.

[171] Halliday M. A. K., Hasan R. *Cohesion in English*. London. 1976.

[172] Tesnière L. *Elément de syntaxe structurale*. Paris. 1959.

《吴贻翼集》收录论著索引

俄语的动词配价和述体配价

………………原载《Russian Language Journal》, 1993,№156 – 158

俄语动词的顺向配价和逆向配价

………………………原载 «Русский язык, литература и культура в современном обществе «Ceskoslovenská rusistika». (Материалы международной научной конференции)», Иваново, 2002

俄语复合句及其特征……………………原载《外语研究》1994 年第 1 期

俄语复合句的结构模式

…………选自《现代俄语模型句法学》,北京大学出版社 2001 年版

现代俄语句子发展的趋向…………原载《中国俄语教学》1991 年第 2 期

俄语语篇语言学的建立、发展以及语篇语法的研究对象

………………选自《现代俄语语篇语法学》,商务印书馆 2003 年版

俄语中 «нельзя + Inf» 的结构

………选自《现代俄语功能语法概要》,北京大学出版社 1991 年版

带-нибудь, -то, кое-不定代词在句子中的用法

………选自《现代俄语功能语法概要》,北京大学出版社 1991 年版

现代俄语中的无动词句

………………………原载《中国俄语教学》2000 年第 1 期和第 2 期

когда 连接的时间句

………选自《现代俄语复合句句法学》,北京大学出版社 1999 年版

после того как 和 с тех пор как 连接的时间句

………选自《现代俄语复合句句法学》,北京大学出版社 1999 年版

пока 连接的时间句

………选自《现代俄语复合句句法学》,北京大学出版社 1999 年版

带关联词 который 的定语句

…………………………原载 «Русский язык за рубежом», 1985, №2

目的句中从句谓语的形式

…………………………原载 «Русский язык в школе», 1987, №1

表示程度和度量意义的成语化结构

………选自《现代俄语复合句句法学》,北京大学出版社 1999 年版

作 者 传 略

我是北京大学俄罗斯语言文学系教授、博士生导师。曾任北京大学俄罗斯语言文学系副系主任，中国俄语教学研究会常务理事、副会长。2002 年荣获国际俄罗斯语言文学教师协会颁发的普希金奖章。

我生于 1934 年，江苏苏州人。1957 年毕业于北京大学俄罗斯语言文学系，同年留校任教。上一世纪 80 年代赴苏联列宁格勒大学普通语言学教研室进修，师从著名语言学家波格丹诺夫（В. В. Богданов）教授。

我长期从事俄语语法的教学与研究，尤以研究俄语句法见长。著有高等学校文科用书《俄语》（试用本）1—3 册（合著）、《俄语语法 · 句法》（合著）、《现代俄语句法学》、《现代俄语复合句句法学》、《现代俄语句法研究》、《现代俄语功能语法概要》、《现代俄语模型句法学》（合著）、《现代俄语语篇语法学》（合著）等。曾在我国和苏联或俄罗斯、捷克斯洛伐克、美国等的学术刊物上发表论文 70 多篇。

我在我们系学习和教学的过程中常常发现一些俄罗斯人不易感觉到问题的问题，例如目的句中主从句的主体不一致，从句谓语有时可用动词的不定形式；而当它们一致时，从句谓语有时也可用动词过去时。这到底是为什么？又如，权威的说法是，时间连接词 пока не 是由 пока 和 не 组成一个连接词，не 已失去否定意义。这一说法就无法解释 Задача комсомола — бить немецких захватчиков, пока не останется ни одного. 因为这一句中的 не 具有明显的否定意义。再如，在 Сиди здесь, пока я не приду 和 Сиди здесь, пока я приду 两句中，其连接词是 пока не，还是 пока？如果是连接词 пока не，那为什么后句中的 не 被省略？…… 这些问题俄罗斯语法学家很少涉及，而我们中国人学习俄语时又很难掌握，因此，我就产生了寻求这些问题答案的兴趣。

由于众所周知的原因，我真正能坐下来进行俄语语法研究还要从上世纪70年代开始。研究俄语语法对我来说是非常困难的,因为俄语非本族语,我的俄语水平与俄罗斯语法学家无法相比,这是我生来就具有的缺陷。为了弥补这一缺陷,从70年代初,我就针对问题搜集例句,从大量的语言材料中归纳、总结出语法结构的一些结构-语义特征,从而取得了某些成果。

上世纪70年代初,在我国俄罗斯语文学界的前辈、恩师田宝齐教授(1907—1999)的鼓励和支持下,我着手研究俄语句子的结构模式及其语义结构。后于80年代中期前往苏联列宁格勒大学普通语言学教研室进修,在著名语言学家波格丹诺夫的指导下继续该课题的研究,并搜集了不少资料。回国后一直从事这方面的工作,从未间断过。90年代初宁琦博士参加了课题的研究。我们又经过了一段时间的潜心研究,终于提出了把句子结构模式及其语义结构有机结合在一起的句子模型的概念,并初步建立了一个框架——《现代俄语模型句法学》。

现代俄语模型句法学是研究俄语中抽象的句子模型与具体的现实句子之间关系和转换的科学。因此,引入句子模型的概念不仅符合各种不同语言学流派对语言规则公式化、句子模型化的要求,而且也满足句法应用(计算机翻译、语言教学等)的需要。

吴贻翼

于北京大学中关园

2007年9月

БИОГРАФИЧЕСКИЕ СВЕДЕНИЯ

Я, У И-и, профессор факультета русского языка и литературы Пекинского университета, родился в 1934 году в городе Сучжоу провинции Цзянсу КНР. В 1957 году окончил Пекинский университет. В этом же году начал работать на факультете русского языка и литературы. Занимал должность замдекана этого факультета и вице-президента Китайской ассоциации преподавателей русского языка и литературы (КАПРЯЛ). В 2002 году был награжден медалью А. С. Пушкина по решению Президиума МАПРЯЛ.

В 80-х годах проходил стажировку на кафедре общего языкознания Ленинградского государственного университета (ЛГУ). Моим научным руководителем был известный лингвист профессор В. В. Богданов.

Долгие годы занимаюсь преподаванием и исследованием русской грамматики, в частности синтаксиса. Имею ряд публикаций: «Русский язык для студентов гуманитарных наук» 1—3 Ч. (соавтор); «Русская грамматика. Синтаксис» (соавтор); «Синтаксис современного русского языка»; «Очерки по функциональной грамматике современного русского языка»; «Синтаксис сложного предложения в современном русском языке»; «Синтаксис модели в современном русском языке» (соавтор); «Грамматика текста в современном русском языке» (соавтор); «Исследование синтаксиса в современном русском языке». Кроме этого, имею более 70 научных статей, напечатанных в научных журналах Китая, СССР и России, Чехословакии и США.

В спектре моих научных исследований имеются вопросы, на которые, по моему мнению, носители русского языка мало обращают внимание. Приведу примеры. В целевых предложениях при совпадении субъектов действий главного и придаточного предложений сказуемое последнего иногда может быть выражено глаголом в форме сослагательного наклонения или — при несовпадении субъектов — инфинитивом. Почему это? Принято считать союз «пока не» сочетанием союза «пока» и частицы «не», теряющей отрицательное значение. Но как объяснить отрицательное значение в предложении «Задача комсомола — бить немецких захватчиков, пока не останется ни одного»? А также в предложениях «Сиди здесь, пока я не приду» и «Сиди здесь, пока я приду», где союзами являются «пока» или «пока не»? Если «пока не» является союзом, то почему во втором предложении отсутствует «не»?... Этих вопросов русские грамматисты редко касаются, но они представляют трудности для китайцев. Таким образом, у меня появился интерес к подобным вопросам.

По общеизвестной причине я по-настоящему начал заниматься научными исследованиями с 70-х годов прошлого века. Исследование русской грамматики для меня очень трудное дело, потому что русский язык не мой родной язык, мой уровень русского языка не сравним с уровнем русских лингвистов. Чтобы восполнить лакуны, я с 70-х годов начал собирать примеры, имеющие конкретные отношения к ним. Исходя из огромного количества языкового материала, я обобщил некоторые структурно-семантические признаки грамматических конструкций, и в этом добился известных успехов.

С начала 70-х годов прошлого века при поддержке русиста старшего поколения в Китае, многоуважаемого профессора Тянь Баоци, я начал работать над структурной схемой и семантической структурой русских предложений. В середине 80-х годов, находясь на стажировке в ЛГУ под руководством профессора В. В. Богданова, я не прекращал этой работы и собрал немало полезных материалов. После возвращения на родину я непрерывно продолжаю это исследование. В 90-е годы доктор Нин Ци присоединилась к этой работе. В результате многолетнего исследования мы совместно выдвинули понятие модели простого предложения, соединяющей структурную схему и семантическую структуру, и тем самым создали первоначальную систему — «Синтаксис модели простого предложения в современном русском языке».

Синтаксис модели простого предложения в современном русском языке — это наука об исследовании отношений и трансформации абстрактных моделей предложений и конкретных реальных предложений в русском языке. В связи с этим введение понятия модели предложения не только соответствует требованиям лингвистов к формализации языковых правил и моделированию предложений, но и отвечает целям практического применения описательного синтаксиса.

У И-и

Пекинский университет

Сентябрь 2007 года

后　记

承蒙黑龙江大学出版社、黑龙江大学俄语学院、黑龙江大学俄语语言文学研究中心、中国俄语教学研究会的抬举，要我整理书稿，出版文集。谨此致以深挚的谢意。称“名家”，我很不安，感到汗颜。还是摘掉这顶“桂冠”吧！我只是一个普普通通的俄语教师，仅仅对俄语语法有兴趣而已，何况随着年龄的增长，思维日益迟钝，因此，写出来的东西还只是一些探索和心得，没有形成什么系统的观点，也谈不上有价值的研究。我出书的目的在于，把散见于不同时期各种书刊上的书稿、论文汇编成册。这样，既可使它们免于流失，又可抛砖引玉，起到相互交流、相互探讨的作用。

在整理书稿的过程中，得到了北京大学俄罗斯语言文学系同仁宁琦副教授、周海燕副教授以及北京大学外国语学院资料室黄金鹏老师、史秀芝老师和马兰老师的热情帮助，他们做了大量细致的工作。在此一并向他们表示由衷的感谢！

吴贻翼

于北京大学中关园

2007 年 9 月